保險公司中介業務檢查指引

辛卯冬 傑兵

孟龙 主编

中国财政经济出版社

书名题字：赵杰兵

图书在版编目（CIP）数据

保险公司中介业务检查指引/孟龙主编．—北京：中国财政经济出版社，2011.12

ISBN 978-7-5095-3245-4

Ⅰ.①保… Ⅱ.①孟… Ⅲ.①保险公司-中介组织-业务管理-中国 Ⅳ.①F842.3

中国版本图书馆CIP数据核字（2011）第230956号

责任编辑：郁东敏　　责任校对：周丽君

封面设计：李运平　　版式设计：苏　红

中国财政经济出版社 出版

URL：http：//www.cfeph.cn

E-mail：cfeph@cfeph.cn

社址：北京市海淀区阜成路甲28号　邮政编码：100142

营销中心电话：010-88190406　北京财经书店电话：010-64033436

涿州市新华印刷有限公司印刷　各地新华书店经销

787×1092毫米　16开　23.75印张　326 000字

2011年12月第1版　2011年12月第1次印刷

定价：42.00元

ISBN 978-7-5095-3245-4/F·2749

（图书出现印装问题，本社负责调换）

本社质量投诉电话：010-88190744

本书编委会

主　编

孟　龙

副主编

陈　丽　　赵庆晗　　薛　江

编　委

文　锋	毋金叶	王宝敏	王建魁
王　勉	王晓东	龙　翔	刘　勇
刘　梅	吉立群	孙慧君	朱英桃
汤学斌	祁建华	闫　力	余祖典
吴　珺	吴朝生	张曼红	张雪峰
李纯安	李　峰	杨立旺	邹东山
陈清华	罗　青	施　强	赵宇龙
赵　巍	唐　迪	徐德宁	涂东阳
贾沛文	高晓辉	康爱锦	盛　晔
黄余莉	景晋生	程健荣	谢　磊
鲁　青	廖小林	蔡兴旭	谭　论
颜　韬	魏竹勇		

执笔人

马长林	刘　文	刘　昕	杜　鑫
郑立平	金　鼎	封　扬	葛立章

注：排名均以姓氏笔画为序。

序

当前，我国保险业发展站在新起点，进入新阶段。一是行业的基本面貌变了。截至2010年年底，保险公司由“十一五”初期的93家增加到146家，保费收入由4 931亿元增加到1.47万亿元，总资产由1.5万亿元增加到5.05万亿元，行业整体格局、市场体系、业务规模、资本实力达到了一个新的水平。二是行业的作用和地位变了。保险越来越成为企业转移风险、提高再生产能力的重要机制，成为个人管理财富、化解人生风险的重要手段，成为政府强化服务、促进和谐的重要依托。行业在风险保障、资金融通、社会管理等多方面的作用达到了一个新的高度。三是对行业的期望和要求变了。作用和地位的提升，意味着责任和使命的加重，如依法合规经营的要求更高了，诚信规范经营的要求更高了，防范系统性风险的要求更高了。只有这样，企业才会更加倚重保险业，老百姓才会更加认可保险业，政府才会更加支持保险业，行业发展才具有更加广阔的空间和更加坚实的基础。

实践证明，保险业越发展，行业监管越重要，监管任务越繁重。这些年，作为行业监管部门，中国保监会深入学习实践科学发展观，认真审视和把握行业发展态势，始终将保护保险消费者利益作为出发点和落脚点，牢固树立监管为民和为民监管的理念，积极探索科学监管、依法监管和有效监管的方式和途径，把规范保险市场秩序、防范化解风险作为保险监管的重点工作。最近几年来，中国保监会把强化监管摆在更加突出的位置，更加集中精力抓监管，在保护保险消费者利益、规范市场秩序、防范系统性风险等方面都发挥了较大的作用，开展保险公司中介业务检查就是其中的重要举措。

开展保险公司中介业务检查，是中国保监会针对保险中介市场中的突出问题、着力提高保险中介监管有效性所作出的一项工作部署，其核心就是通过依法严厉查处保险公司利用中介业务和中介渠道弄虚作假、套取资金等违法违规行为，督促引导保险公司与保险中介之间建立真实、合法、透明的关系，着力规范保险中介市场秩序。检查已经连续进行3年，2009年的“解剖麻雀”有力地揭示了问题，提高了认识；2010年和2011年持续深入的全面检查，查出了大量违法违规问题，严肃处理了一批违法违规机构和责任人员。中介业务检查在规范市场秩序方面成效明显，有力推动了保险中介监管工作。概而言之，就是全面揭示了保险公司中介业务违法违规问题，有力惩治和震慑了违法违规机构和人员，巩固、深化了对保险中介监管规律的认识，同时较大地促进了监管机制和监管队伍建设。

也应该清醒看到，保险公司中介业务检查是一项常规的长期性工作，仍任重道远。绝不能在成绩面前沾沾自喜，绝不能放松监管力度。必须珍惜来之不易的良好局面，对保险公司中介业务违法违规继续保持高度警觉，继续持之以恒地深入开展检查，不断完善现场检查、非现场监管和行政处罚工作机制；持之以恒地巩固扩大检查成效，逐步督促引导保险公司中介业务走上依法合规经营的健康轨道。

中介业务检查工作要取得成效，依赖于监管干部高超的检查能力和丰富的检查经验。在过去3年的中介业务检查中，广大一线检查人员积极探索，积累了许多行之有效的方法和经验，这是保险监管上的一笔宝贵财富。为及时总结这些在探索中形成的好经验、好做法，形成制度化、规范化的检查工作机制，以保险公司中介业务检查实践为基础，组织编写《保险公司中介业务检查指引》，将众多的实践经验加以总结和推广，供广大监管干部在今后检查工作中参考和借鉴，这是一件十分有意义和有价值的事情。

本书作为一本中介业务检查的参考书，来源于检查一线，服务于检查一线，有以下一些特点：一是全面性。本书既有总结提炼的检查方法，也有完整具体的检查案例；既包括非现场监管的内容，也有现场检查的详尽方法。二是针对性。本书聚焦于保险公司中介业务，紧密结合中介业务检查工作，力求说深说透。三是实践性。本书采用的方法、案例都是来源于保险公司中介业务检查实践的第一手材料，内容丰富、资料翔实可靠，可直接借鉴应用于中介业务检查。四是不求全责备。本书提供的一些方法和思路可能仅对一家公司，或者仅在一个地区，或者仅在一个时期内适用，但这些都不影响其参考和借鉴意义。

最近，保险公司中介业务检查项目获中国保险学会“保险管理科学创新奖”，这项工作作为保险监督管理领域在创新科学发展方面的有效成果，顺应大局、成效显著，得到了业界、学界及社会各方面的广泛认可。希望本书有助于进一步持续深入地做好保险公司中介业务检查工作、进一步强化规范市场秩序和保护保险消费者利益的能力、进一步增强保险中介监管的科学性和有效性。

陈文辉

2011 年 11 月

目　录

第一部分　综　　述

第二部分　法律依据

第三部分　非现场监管与内控检查

第四部分　现场检查

第五部分　相关问题

第六部分　附　录

索 引

专 栏 （侧重于摘选监管部门领导批示、检查方法、检查经验等）

延伸阅读　（侧重于摘选市场主体违法违规行为及有效内控措施）

相关链接　（侧重于摘选保险行业外部有关的政策、动态）

附加阅读（侧重于摘选保监局在现场检查中总结提炼使用的系统性方法）

第一部分　综　述

保险公司中介业务检查，是中国保监会针对保险公司利用保险中介机构等保险中介渠道虚构中介业务、套取资金等违法违规行为实施的监管措施。这项工作，立足保险市场和保险中介监管实际，抓住保险中介监管中的突出问题和主要矛盾，突出强调保护保险消费者利益，注重监管理念、监管制度以及监管实施过程的创新，有效整合了监管资源，提升了监管效果；经过最初的“解剖麻雀”试点到全面铺开，是一个整合监管资源、体现监管导向、反映实践经验的较为系统的、完整的检查体系。

一、保险公司中介业务是什么

在我国保险市场上，保险中介日益发展成为一支独立的市场力量，这是保险市场分工深化、提高资源配置效率的要求。与之相对应，当前我国保险公司越来越多地通过保险中介进行产品销售、理赔、客户服务等活动，并由此产生了与保险中介相联系的一系列经营管理行为，也由此形成了一个相应的业务体系——保险公司中介业务。作为一个指定性称呼（狭义上的理解），保险公司中介业务主要是指保险公司借助保险中介进行保险产品销售活动，如保险公司常常提及的“经代”（经纪代理渠道）业务、“个代”（个人代理渠道）业务、“银保”（银行代理保险渠道）业务等都属于这一范畴。作为一个属性定义（广义上的理解），保险公司中介业务则涉及保险公司在与保险中介进行业务合作过程中形成的业务、财务往来关系。如：保险中介接受保险公司委托完成保险销售活动、收取保费，保险中介代表保险公司进行的理赔、客户服务，保险公司向保险中介支付报酬（按照称谓习惯，一般使用“佣金”或“手续费”两种表述）等等。也就是说，保险公司中介业务涉及并包括保险公司同保险中介之间的业务、财务、资金等相关往来，实际上可以理解为保险公司管理中介业务的一系列制度、机制、行为和结果等。

保险公司中介业务整个交易过程，均应遵守和符合保险监管部门的有关法律和政策。如：对于保险专业中介机构行政审批、业务范围及流程、市场定位的规定；对于保险营销员管理的规定、身份的认定、合法资格的认定；对于兼业代理机构申请兼业代理资格范围的审批，以及对于批准兼业代理机构的政策要求；对于网络销售等新兴销售方式的监管；开展代理市场清理整顿等。保险中介监管法律和政策规范着保险中介的市场准入、资格、经营规则等，保险公司中介业务必须符合这些法律和政策的要求。

随着保险市场的快速发展、保险市场内部功能分工更加精细专业化和保险中介市场体系逐步完善、功能作用日益发挥，保险中介越来越多地参与到保险经营的各个环节和各个保险产品领域，保险公司中介业务的管理日益成为保险经营管理中不可忽略的一个重要方面。目前，通过保险中介进行产品的销售和服务已经成为保险公司最重要的依托。如在保险公司业务来源中，中介业务（也就是保险公司通过各类保险中介取得保费收入的业务，即狭义上的中介业务）所占的比重多年来一直维持在80%以上。与之相对应的是，保险公司在经营战略上也越来越重视中介业务，部分保险公司调整组织架构，设置了专门的中介业务管理部门，建立完善了一系列的管理制度。

专栏1：

保险公司中介业务发展情况

保险中介一般包括保险专业中介机构（含保险专业代理机构、保险经纪公司、保险公估公司和保险销售公司等）、保险兼业代理机构（含银行、车商等机构）以及保险营销员三大类。随着市场的创新与发展，可能出现新形式的保险中介渠道。

截至2011年上半年，全国共有保险专业中介机构2 588家，保险兼业代理机构超过19万家，保险营销员超过300万人。全国保险公司通过保险中介渠道实现保费收入7 042.63亿元，占同期全国总保费收入的87.48%。其中，实现财产险保费收入1 741.78亿元，占同期全国财产险保费收入的71.42%；实现人身险保费收入5 300.85亿元，占同期全国人身险保费收入的94.45%。

市场经济是法治经济，有着规范透明的经营规则以及讲求公平竞争的市场体系。在一个规范竞争的市场上，保险公司对中介业务的经营管理，必须以真实为基础、以合法为前提、以透明为原则。真实就是保险公司中介业务没有人为的虚构、篡改，不但数据是真实的，数据所反映的经济事实也必须是真实发生、保持其本来面目；合法就是保险公司中介业务经营管理要符合法律法规的要求，必须依法进行；透明就是保险公司中介业务的资金往来是可以被监控的，没有去向不明的资金，不存在为了不正当竞争目的变相、暗中、非明账地向相关机构或者人员支付费用或给予补贴。合法规范的保险公司中介业务有以下几个显著特征：一是保险中介必须取得合法资格；二是保险公司和保险中介需要签订合法有效的合作协议；三是在保险公司和消费者之间有保险中介作为第三方实质性促成交易或提供服务；四是保险公司需要通过合法规范渠道及形式向保险中介支付该项业务对应的手续费或佣金。

专栏2：

判断保险公司中介业务是否合规要把握的关键点

某保监局结合中介业务检查实践，从以下方面认定保险公司中介业务违法违规行为：

（1）未发生中介业务行为，即保险中介未开展法律法规规定业务范围内或委托协议约定的任何工作。

（2）手续费、佣金支付保险中介后，资金直接或间接回流至保险公司或相关个人。

（3）保险公司手续费、佣金支付对象与保险公司记录的中介业务情况不符。

（4）保险公司或投保人未与保险中介签订相关委托协议。

（5）保险中介机构不能提供中介业务台账，或业务台账与保险公司记录的中介业务情况不符。

（6）中介发票为假发票或中介发票的开具单位与发票领购单位不符。

(7) 保险公司记录为中介业务，但投保人明确表示直接与保险公司联系进行投保，未通过保险中介投保。

同时，该保监局按照以下五项条件认定手续费依法合规：

(1) 手续费支付对象合规。不向无资格保险中介支付。

(2) 手续费支付手续完整，发票真实有效。

(3) 手续费支付依据真实。不存在直接业务支取手续费或直接业务挂靠中介渠道支取手续费。

(4) 手续费支付方式合规。不存在现金支付，不存在以虚假批退、虚列业务及管理费用、非车险业务坐支保费、虚挂应收保费等方式支付。

(5) 手续费支付记录完整。严格按权责发生制进行确认。

二、开展保险公司中介业务检查有哪些考虑因素

为督促引导保险公司与保险中介之间按照法律的规定、监管的要求建立真实、合法、透明的业务合作关系，2009 年以来，中国保险监督管理委员会（简称“中国保监会”）针对保险公司与保险中介之间不真实、不合法、不透明的业务财务关系开展保险公司中介业务检查。这项检查，是中国保监会认真总结多年来保险中介监管经验、深刻剖析保险中介监管中所遇到的问题和困境、积极优化监管资源的结果。这项检查工作直接瞄准解决保险中介市场中的突出问题与矛盾根源，来源于监管实践，服务于监管大局。

（一）着眼于解决当前影响保险中介市场秩序的突出问题

目前市场上保险公司中介业务存在大量不真实、不合法、不透明的操作方式，即保险公司通过利用保险中介虚构中介业务、虚开中介服务发票等多种违法违规手段套取资金，并利用所套取的资金进行不正当竞争、商

业贿赂，或者形成小金库等，以此达到招揽业务、维持业务关系等目的，形成实质上违法违规的行为。典型的如保险公司为了某种不法目的，将直接业务或某一渠道的中介业务虚挂在另一中介渠道名下，利用不同渠道之间不同的业务费用提取标准套取资金，再用于各种不合法用途。另外，保险公司还存在与不具备销售资格、与无真实合作协议的保险中介进行业务合作等行为。这些行为偏离了保险中介业务经营管理的正常轨道和本来定位，造成了保险中介市场的混乱，是保险中介监管的重点。2009 年中国保监会在北京、上海和河南三地选点进行检查、“解剖麻雀”，揭示出保险公司存在虚构中介业务、虚增营销员、虚列业务及管理费用套取资金等严重问题。如某保险公司某支公司 2008 年度虚列中介渠道保费 7 256.14 万元，占其该年度总保费的 33.03%，套取资金 478.13 万元；某保险公司某营业部虚列业务及管理费用达1 510.41万元，占全部业务及管理费用的 87.78%；某保险公司某分公司经随机抽查 100 名营销员资料，81% 的人员是虚构的。这次“解剖麻雀”，选的都是最基层的支公司，中介业务经营管理中的问题却都很普遍、很严重。检查事实表明，保险公司中介业务弄虚作假问题严重。中国保监会对保险公司中介业务违法违规问题的判断是正确的、对保险中介市场态势的把握是准确的，开展保险公司中介业务检查是一项亟须的针对性监管措施。

（二）着眼于提高保险中介监管的科学性、有效性

中国保监会成立以来，在保险中介监管方面采取了不少举措，开展了大量的现场检查。以 2008 年为例，现场检查 546 家保险中介机构，处罚机构 112 家，吊销 12 家保险中介机构业务许可证，罚款 287.9 万元，检查范围和处罚力度都是比较大的。然而总体上看，却没有达到标本兼治的监管效果，反而在监管过程中出现了一些带倾向性的现象。如在执行检查及处罚过程中，对保险公司借助和依托保险中介机构的违法违规行为只查保险中介机构而没有对保险公司做到同查同处；对保险公司中介业务共同违法违规的情况出现罚保险中介机构重、罚保险公司轻的做法。这些做法导致保险中介市场秩序

难以彻底改观，一些严重违法违规问题难以得到根本遏制。如此，一方面，监管部门不断查处保险中介机构虚开发票等违法违规行为；另一方面，保险公司不真实、不合法、不透明的中介业务操作得不到及时、有力、有效的制约。保险中介监管陷入“公司违法——查处——反弹——再查处”的困境，监管成本较高。

保险中介监管工作原有思路和方式必须认真反思。应该看到，随着我国保险业发展站在新起点、进入新阶段，保险中介市场不断发展变化，保险中介监管需要着力解决的问题、矛盾也在变化。如果不及时调整和适应，中介监管在规范市场秩序、保护保险消费者利益方面就会出现不适应，形成“就中介论中介、就中介管中介”的思维定式。保险中介监管不能局限于保险中介，不能将保险中介市场中的问题简单归咎于保险中介，认为管好了保险中介，中介市场秩序就好了；不能在思路上只关注和查处保险中介本身，而忽视对保险公司中介业务经营管理源头的监管。实践证明，保险中介监管必须走出“就中介论中介，就中介管中介”的模式。规范保险中介市场秩序必须走标本兼治之路，必须从源头入手，针对保险中介市场中的突出问题和主要矛盾，以保险公司中介业务为切入点，把加强保险公司中介业务监管作为重要监管取向，并以持续深入开展保险公司中介业务检查为着力点，着力构建保险公司与保险中介之间真实、合法、透明的合作关系。

（三）着眼于锻炼保险中介监管队伍

监管干部不但要有宽广的视野，还要有扎实的专业知识和检查能力。开展保险公司中介业务检查，为广大中介监管干部提供了难得的实践锻炼机会，使全体干部能够在干中学，在学中干，提高业务检查技能，丰富查处经验，提高对市场的判断把握能力和对监管规律的认识能力。

保险公司中介业务检查，在目标上就是要为保险中介市场的发展创造一个合法有序的环境，保护保险消费者利益；在理念上将保险公司中介业务作为中介监管的一个重要方面，中介监管工作应涵盖中介市场各方参与者；在思路上坚持抓中介市场上的主要矛盾和突出问题，将保险公司中介业务作为规范保险中介市场秩序的重点突破口；在组织实施上注重上下联动、内外协调、形成合力，由中国保监会统一部署、保监局在辖区内具体落实、自主开展检查工作。可以说，开展保险公司中介业务检查，是目前解决保险中介业务领域违法违规、保护保险消费者利益的有力抓手，也是着力规范保险中介市场秩序、履行监管职责的必然选择。

专栏 3：

中国保监会高度重视保险公司中介业务检查

2009 年 8 月 11 日，中国保监会召开第 12 次主席办公会，专题研究保险公司中介业务专项检查工作，要求高度重视保险公司中介业务违法违规问题，把保险公司中介业务合规性检查作为保险中介监管的重要内容，从 2010 年正式启动加强保险公司中介业务监管这项工作。2009 年 12 月 24 日吴定富主席就保险公司中介业务检查工作作出重要批示："前一时期，保监会有关部门和北京、上海、河南等保监局，对部分保险公司的中介业务进行了检查和调研，揭示了保险市场中的一些严重问题。针对这些问题，保监会及时出台《保险公司中介业务违法行为处罚办法》。贯彻落实这个办法，采取强有力的监管措施，严肃查处保险公司中介业务违法违规行为是 2010 年保险监管的一项重要任务。保监会有关部门和各保监局务必高度重视，抓出成效。一是要敢抓敢管，态度坚决；二是要集中力量，突出重点；三是要周密部署，查深查透；四是要对违法违规的机构和责任人员进行严肃处理，对涉嫌犯罪的案件要依法向有关部门移送。这项工作要早部署早动手，明年上半年要集中通报各保监局的查处结果。"

三、开展保险公司中介业务检查对保险中介监管工作有哪些促进作用

（一）保险公司中介业务检查是保险中介监管的重要内容

保险中介市场上的活跃主体既包括保险中介，也包括保险公司。保险公司的价值导向与政策会传导至整个市场，进而影响保险中介的价值取向和市场行为选择。保险中介监管要实现科学监管、有效监管，必须强化保险公司的管控责任，并加强对保险公司中介业务的监督管理。可以说，加强保险公司中介业务检查是保险中介监管的重要着力点，开展保险公司中介业务检查正是实现中介监管目标的重要抓手和有力途径。

（二）开展保险公司中介业务检查是强化保险中介监管最直接、最有效的手段

某些保险公司中介业务违法违规问题由来已久、根深蒂固，以“行业惯例”“业务潜规则”的形式存在，从经营管理层到具体一线业务人员都习以为常、见怪不怪。这种情形下必须通过依法揭露一批典型案件、查处一批典型机构、狠抓一批典型人员，才能真正起到震慑、警示和教育的作用。从实践上看，2009 年三个地区“解剖麻雀”、2010 年全国开展现场检查、2011 年深入推动现场检查，在全面揭示问题的基础上，通过依法从重处罚、依法对外移送等果断有力的措施，给整个行业发出了明确信号，表明了监管态度，有效树立了监管权威。

（三）开展保险公司中介业务检查，将有力促进完善机制，发挥制度约束力

现场检查在着力查处市场中突出问题的基础上，为查找、弥补制度缺陷

和不足提供了可能。所以，现场检查应与制度建设、体制创新等非现场监管工作并重，并逐步倚重于后者力量的发挥。因此，监管应树立长远的职业眼光，在切实做好保险公司中介业务检查的同时，加大制度建设步伐，通过制定行之有效的“市场游戏规则”，对保险公司以及保险中介的市场行为进行科学引导和有效约束，将强有力的外部约束变为保险中介市场主体合规经营的内生动力。

目前，保险公司中介业务检查形成了上下一体、内外协调的工作机制，保监局检查组织领导、工作规范、实施控制都已成体系，检查效率大为提高。中介监管干部在检查中锻炼了现场检查的实战能力，深化了对市场问题和监管规律的认识，提高了对市场系统性风险的敏锐度，增强了从整体上把握判断保险中介市场问题和风险的能力，对于组织开展检查更加得心应手，信心明显增强。目前，保险公司中介业务检查已经成为保险中介监管的重要组成部分，与保险中介监管的其他工作形成有机整体，在着力规范保险中介市场秩序、保护保险消费者利益上发挥着越来越显著的作用。

专栏4:

中国保监会会领导充分肯定三年来保险公司中介业务检查成效

陈文辉副主席在2011年保险公司中介业务检查工作厦门现场座谈会上讲话指出：“保险公司中介业务检查从开始的‘解剖麻雀’、定点研究，到2010年在全国范围内的全面铺开，再到2011年的进一步加大查处力度，从探索到推行，取得了很好的效果，成绩有目共睹。简单地说，体现在以下几个方面：一是对市场问题‘揭了盖子’，让行业内外、监管上下看到了这些违法违规行为的严重危害性。二是对市场主体‘敲了警钟’，切实让违法违规机构和责任人员付出了代价，对整个行业和所有从业人员发出了明确的警示。三是在监管上‘找了感觉’，监管工作在不断强化，行业科学规范发展的内涵更加清晰，证明监管与发展两者内在目标是完全一致和统一的。四是在检查实践中‘练了本领’，一些监管干部逐渐成长为业有所长的监管能手，特别是年轻干部获益匪浅。五是通过检查‘想了问题’，从更宽广的视角审视了保险中介监管工作，思考怎样形成强化检查与完善制度机制双结合的监管模式，力争从制度机制等方面多管齐下、对影响保险中介市场秩序的问题进行标本兼治。”

四、保险公司中介业务检查的目标、要求和特点是什么

（一）保险公司中介业务检查的基本目标

一是要通过多年持续深入、坚持不懈的检查，对保险公司中介业务违法违规行为查深、查透、查彻底；同时，依法从严从重处理，强化“强监管，防风险”的监管信号，通过“以案说法”，对市场主体起到惩戒警示、预防教育的作用。二是要在周密、细致查处具体个案的同时，深入分析这些违法违规行为产生的根源，从制度体制机制等方面研究解决，力求标本兼治、从源头上杜绝违法违规行为，督促引导市场主体依法合规发展。

（二）保险公司中介业务检查的基本要求

一是要高度重视，敢抓敢管，态度坚决，切实反映中介市场的规律，抓住主要矛盾，确保履行职责。二是要严格遵照相关法律法规的要求，以保护保险消费者利益为出发点，周密部署，准备充分，重点突出，取得扎实成效。三是要注重方法，坚持创新，优化资源组合，讲求效率。四是要加强协调，内外联动，发挥合力。五是要严肃处理，依法移送。六是要注重总结，集中

通报，加强宣传，举一反三，巩固扩大成效。

专栏5：

现场检查坚持“四个必须”“五个不放过”

某保监局在现场检查中，坚持“四个必须”：发现保险公司某一机构严重违法违规的，必须对全省分支机构进行检查；发现同一机构屡查屡犯的，必须责令停止接受新业务；发现一年内两家以上所属机构严重违法违规的，必须追究省级分公司高管责任；发现涉嫌商业贿赂的，必须坚决移送司法机关。

坚持“五个不放过”：内部管理混乱不放过，自查自纠流于形式不放过，整改效果不扎实不放过，内部监督机制不健全不放过，责任追究不到位不放过。

（三）保险公司中介业务检查的突出特点

一是涉及面较广，需全面深入。从保险公司中介业务涉及的范围看，涉及保险公司、保险中介以及投保人等多方市场参与主体，涵盖产险公司、寿险公司多种业务，包括业务往来、资金流向等业务、财务流程和环节，不同的保险公司在中介业务经营管理模式上更有差异性。总之，保险公司中介业务检查涉及环节多、范围广、链条长，要求在检查过程中因地制宜、相时而动，保监局检查也会各具特色。二是检查难度较大。为查证保险公司中介业务经营管理的合法合规情况，中介业务检查过程中需要对保险中介进行大量的延伸检查，很多情况下还需要大量的外调取证工作。但是，在延伸检查和外调取证工作中，容易出现不配合检查甚至抗拒检查的行为，这将直接影响调查取证的完整性、有效性和时效性。因此，在保险公司中介业务检查中，应把可能遇到的困难和问题估计得充分一些，做好联合监管、合力查处的准备。三是外部性强，需同查共处。从市场实际看，保险公司中介业务违法违规行为以套取资金为目的，违法违规资金体外循环利用情况居多，外部关联性高；不少违法违规行为涉嫌违法，数额较大、性质恶劣、影响较坏。因此，中介业务检查往往需要同时检查保险公司及与其发生业务财务往来的行业内外机构及人员，并依据有关法律法规对相关机构和人员分别处理；涉嫌违法犯罪的，要一并做好移送工作。

五、保险公司中介业务检查组织实施流程突出了哪些要求

在检查实践中，中国保监会和各保监局不断完善组织领导，探索方法，总结经验，在监管思路、制度、实施等方面基本形成了一套完整的保险公司中介业务检查组织实施流程和体系。

（一）突出着眼全局、抓住关键的监管理念和思路

监管理念上，强调站在较宽广的视角审视保险中介监管工作，不就中介管中介，应从保险公司入手解决保险中介市场上的问题和矛盾；监管思路上，坚持既管保险中介也管保险公司，重点解决监管上的主要矛盾和市场中的突出问题，将保险公司与保险中介之间不真实、不合法、不透明的合作关系作为保险中介监管重点；监管目标上，强调在着力查处市场层面违法违规行为基础上，更要从制度、机制层面深入挖掘违法违规原因，尽力消除市场竞争不规范的根源。

（二）建立导向明确、针对性强的监管法规

2009 年，中国保监会专门制定了《保险公司中介业务违法行为处罚办法》，专门就规范保险公司中介业务经营管理和查处该领域的违法行为出台规章，以明确的监管规则提升了监管的针对性、操作性、有效性。该办法在《中华人民共和国保险法》（简称《保险法》）基础上，从内控管理的规定和

要求、禁止性市场行为的规定、违法行为处罚规定三个角度，细化了保险公司中介业务检查的制度，对较为典型或危害性大的保险公司中介业务违法行为的构成要件及特征作了比较全面的界定，依法设定了严厉的罚则，为查处中介业务违法违规建立起了明确的、操作性强的依据和指南；同时，进一步明确了各级保险监管部门对中介业务的监管职责，将保险公司中介业务检查纳入保险中介监管常规工作范畴，将监管工作制度化、体系化、常态化。

（三）建立职责清晰、协调配合的工作机制

通过三年来的检查实践，一个统分结合、上下一体、左右联动的工作机制逐步形成。一是中国保监会从整体上作出部署。对于诸如检查深度、时间进度、处罚力度等总体工作要求，由中国保监会下发通知统一部署，把握检查的大方向和主基调。二是强化保监局作为完成检查工作的第一责任人角色。在充分尊重保监局对辖区内检查工作自主性和调动保监局对检查工作积极性的基础上，支持鼓励保监局结合本地实际开展工作，不设条条框框。保监局在中国保监会统筹领导下，在法律和授权范围内，自主决策和全面履行职责，在统筹全局工作基础上，统一从保监局层面落实任务，打破业务条块界限，最大程度整合监管资源，形成监管合力。三是形成一个有力的协作督促机制。中国保监会相关部门立足部门职责，相互配合，采取召开座谈会、主查人培训会等方式，跟踪公布各地检查进展情况和经验，积极做好督促、引导和服务等工作，形成保监局“比、学、赶、帮、超”的良好氛围；同时，加强政策法律性问题的规划研究，加大检查技术手段的支持指导，为检查工作创造好的环境和条件。

（四）强调突出重点、双向对查的检查制度

三年来，保监局在保险公司中介业务检查中，既抓重点，又注意关联，一边摸索，一边总结，逐渐积累形成了一套行之有效的检查做法。一是明确以查处保险公司利用中介业务和中介渠道弄虚作假、虚增成本、非法套取资

金等突出问题为检查重点，强调集中精力查深查透。二是强调“选得准、查得了、罚得下”，保证检查对象的可查性和合理性。三是强化信息交流，对内建立开放性信息交流平台、做到互相促进，对外强化披露和宣传、做到监管压力与市场约束有机结合来促进市场主体合规经营。四是坚持对同一违法事实在保险公司和保险中介之间双向对查、双向取证、核实证据，贯彻同查同处。五是积极寻求外部职能部门支持，密切与工商、税务、银监部门以及检察院、公安系统经济犯罪主管部门沟通协调，突破涉嫌商业贿赂和不正当竞争等检查难点。

（五）强调严肃处罚、持续跟进的追责体系

中国保监会始终将查深查透、依法严肃处理作为保险公司中介业务检查工作两个缺一不可的支点，要求查处中切实做到“处罚到位”“责任到人”。坚持处理机构和处理责任人员的“双罚制”，坚持采取罚款、责令停止接受新业务等综合性处罚措施，坚持在处理基层机构基础上、对上级公司直到总公司提出监管措施，坚持行政处罚手段与公司内部问责相结合，坚持坚决依法向相关执法部门移送违法犯罪案件和线索。一些保监局还采取强化非现场监管、组织“回头看”检查等多种后续措施巩固深化检查效果。同时，认真总结固化保监局检查经验，组织编制检查材料汇编，出台有针对性的管理文件，致力于把检查效果长效化。

专栏6：

中国保监会强调做好检查处理处罚工作

2011年7月16日召开的半年保险监管工作会议文件指出：“违规问题的处理处罚，是现场检查的延续，直接关系着规范市场的工作成效，也是下半年规范市场秩序的一项重要内容。对查实的违法违规行为，通过处罚责任人、停业、吊销许可证、追究上级领导责任等多种方式，对违规机构和责任人依法进行严肃处理。对于涉嫌犯罪的，坚决移送司法机关。在实

施行政处罚过程中，保监局、会机关相关部门要加强沟通与合作，以事实为依据，以法规为准绳，确保处罚的公开、公正、公平，确保处罚能够产生有效的威慑作用。”

六、保险公司中介业务检查取得了哪些成效

加强保险公司中介业务检查的出发点和落脚点在于保护保险消费者利益，而评判检查成效的标准在于监管效益。检查必须在一定的监管资源约束条件下实现最大的监管、经济、社会效益。结合三年的检查来看，保险公司中介业务检查取得了积极而良好的效果。

（一）深刻揭露了违法违规问题

在2010年检查中，查实58个基层保险机构通过各种违法违规手段非法套取资金达1.4亿元。其中，33个机构通过虚挂中介业务、少计直接业务，非法套取资金7 105万元；35个机构以虚列业务及管理费用等多种手段非法套取资金3 466万元；7个机构以批单退费、虚假核销、埋单和阴阳保单截留保费收入等违法操作少计保费收入、非法套取资金3 193万元；20个机构向投保人给予合同以外利益1 085万元、向投保单位经办人员提供不当利益756万元，还有大量资金被私分和近6 000万元的资金去向不明。

在2011年检查中，保监局共查出保险公司利用中介业务和中介渠道违法违规套取资金8 065.8万元。其中，将直接业务虚挂专业、兼业保险中介机构套取资金2 392.92万元；将直接业务虚挂营销员或虚增营销员套取资金2 009.42万元；虚列业务及管理费用套取资金2 449.33万元，用于支付代理机构费用或激励等目的；截留保费套取资金343.38万元，其他方式套取资金819.72万元。

（二）依法从重处理了违法违规机构和人员

2010年共处罚保险公司及保险中介机构117家，向15家保险总公司下发监管函，吊销1家省级公司营业部经营保险业务许可证，罚款合计1 323万元；处理责任人员138名，行业终身禁入2人；向税务、公安、司法等部门移送违法线索15起。2011年共处罚保险公司55家，罚款54家次计1 014万元、责令停止接受新业务7家次；共处理保险公司各级各类管理人员87人，含省级分公司高管14人。共处罚保险中介机构54家，罚款合计197.3万元、吊销经营许可证21家。此外，还将2家涉嫌偷税漏税的保险中介机构移送税务机关。

“出重拳、动真格”给保险公司很大的震撼，严肃处罚则在行业内警示了市场主体。这些处罚让违法违规机构和责任人员付出代价，有效地将监管促变的外部压力转化为保险公司求变的内在动力。

专栏7：

中国保监会会领导高度肯定保监局依法严肃处理
保险公司中介业务违法违规行为

魏迎宁副主席2011年6月在有关保监局中介业务检查处罚措施签报上批示：“保监局对保险公司中介业务进行现场检查，不仅周密部署，查深查透，而且依法处罚，坚持‘同查同处’和‘双罚制’原则，值得肯定。建议进一步从制度、机制上杜绝保险公司中介业务违规问题。”

会领导的批示肯定了中介业务检查坚持处罚原则不动摇、坚持使违法违规行为得到切实惩处的做法。

（三）树立了监管部门良好的社会形象

保险公司中介业务检查向外界表明监管部门对于行业中出现的问题有对

策、有行动、有效果。树立了监管部门“敢抓敢管、守土有责”的正面形象。检查减少了保险公司和中介机构商业贿赂发生的风险，规范了经营行为，优化了市场环境。同时，督促市场主体树立长期健康可持续发展的价值观，促进了行业发展风气的转变。

（四）提升了保险公司数据真实性和经营管理水平

保险公司中介业务检查实实在在地触动了保险公司。在中国保监会明确要求加强保险公司中介业务整改之后，各保险公司纷纷采取专项审计稽核、内部追责、法规培训、系统改进等措施，规范业务财务操作，强化信息系统的建设。检查的切实举措不但促使保险经营数据真实性大为提高，保险公司经营各项指标也相应向好的方向转变。如某保监局监测显示，经过2010年的检查，辖区内中介渠道数据真实性有所提高，全省产险公司通过中介渠道实现的保费占比由2009年的89%下降为2010年79%。某保监局监测显示，检查对象2010年年底直接业务保费占比同比上升20.36个百分点；同时，已赚保费综合费用率、综合赔付率、综合成本率分别同比下降。某保监局监测显示，检查对象综合费用率下降5个百分点，承保利润率上升5.15个百分点。

专栏8：

“三个倒逼”规范中介市场秩序

某保监局在保险公司中介业务现场检查过程中，通过实施“三个倒逼”机制提升检查效果，保险公司中介业务合规程度明显提高，辖区内保险中介市场出现了积极转变，呈现“三提升、三下降”。

一是由查保险公司基层分支机构倒逼保险公司全省各级机构开展保险中介业务违法违规问题的自查整改，进而提升公司总体中介渠道数据的真实性，达到查一慑百、以点带面的检查效果。保险公司中介渠道数据真实性有所提升，2011年第1季度全省中介渠道保费占比为86%，较2010年年末下降近4个百分点，其中产险公司中介渠道保费占比为69%，较2010年年末下降了10个百分点，清理无效营销人力1 500余人，占产险营销员总量的12.7%。

二是由查保险公司延伸检查合作的保险中介机构，倒逼各保险公司进一步规范与保险中介机构的合作管理，达到以检查保险公司震慑保险中介机构、综合治理的检查效果。保险专业中介机构依法合规经营意识有所提升，产险专业代理保费占比总体下降1.4个百分点，虚开发票行为受到严厉打击。2010年清理4家中介法人机构、6家分支机构，2011年下半年将继续对内部管理混乱的保险专业中介机构加大整治力度。

三是由查保险公司基层分支机构倒逼省级分公司甚至总公司，加强中介业务内控管理，强化公司系统管控，完善内部制度设计，以达到查下级机构震慑上级公司、追根溯源的检查效果。保险公司中介业务系统管控能力有所提升，省级分公司全面清理业务员工号及中介渠道代码，实现渠道代码和手续费领取人跟单对应，部分总公司调整绩效考核指标，从系统和制度上规范业务员展业行为，产险公司个人代理渠道保费占比下降7个百分点。

七、怎样继续深化保险公司中介业务检查

3年来，保险公司中介业务检查，紧紧抓住“现场检查”一条线，作用于“规范市场”一个面，服务于“保护保险消费者利益”一个整体，取得了较好的成效。理念上，以丰富的监管实践和统筹思考为基础，找到中介监管的突破口，提出了更加科学的中介监管理念，开阔了中介监管的视野。实践上，注重监管检查的具体实施，既设定统一的检查目标，也尊重保监局的监管实际，突出可操作性、有效性。效益上，把能否取得实效作为评价检查的

重要标准，做到“看结果、见实效”，争取监管目标、行业发展和社会评价的一致性。保险公司中介业务检查监管思路措施、做法、原则及实践得到社会的广泛认可。

当前乃至今后一段时间，保险市场激烈竞争的基本态势不会改变，在外部市场环境和保险公司发展模式没发生根本变化之前，违法违规套取资金的做法难以在短期彻底根除。保险公司内控制度的完善和基层分支机构执行规章制度的执行力提升也需要时间。同时，监管部门对市场违法违规问题认识不断深化，检查能力显著提高，这些都决定了保险公司中介业务检查将是一项常态化监管任务。

做好常态化的中介业务检查，关键是继续坚持既定的检查原则，集中精力，脚踏实地，常抓不懈，抓住保险公司利用保险中介渠道套取资金这个主干，继续加大检查力度，深挖违法违规行为，从严从重严肃处理，加大移送力度，把检查的主要精力放在解决突出问题上，努力实现保险中介市场秩序的有效好转，努力提高监管干部的检查能力。同时，要注意与时俱进，不断分析市场中出现的新问题和新动向，研究保险公司中介业务违法违规的新形式，开辟能有效增强检查效果的新领域，保证检查始终能够抓住市场中危害大的热点问题，更好地保护保险消费者的利益。

相关链接1:

保险公司中介业务检查得到社会肯定

2010年的保险公司中介业务检查，分别入选由《金融时报》、中国保险行业协会与中国保险学会联合评选的“2010年中国保险十大新闻”、由《证券日报》评选的“2010年中国保险业十大焦点事件”，以及由《中国保险报》评选的“2010年中国十大保险新闻”，充分肯定了检查取得的扎实成效，表明中介业务检查得到了社会各方面的认可。

第二部分　法律依据

《保险法》（2009年2月28日第十一届全国人民代表大会常务委员会第七次会议修订）是保险监管的根本大法，是开展保险公司中介业务检查的最重要法律依据，是检查处罚等一系列工作的基石。《保险公司中介业务违法行为处罚办法》（中国保险监督管理委员会令2009年第4号，简称《处罚办法》）等各种行政法规、规范性文件构成了合规运营和检查处罚的法律法规体系主干。另外，在检查中还需要运用和参考其他相关部门制定的有关政策法规，以丰富充实查处的法律依据。

一、《保险法》对保险公司中介业务经营管理活动有哪些规定和要求

保险公司中介业务是保险公司经营管理的一部分。简而言之，就是保险公司通过保险中介发生的有关包括业务、财务、资金、理赔、客户服务等在内的一系列经营活动，主要是在保险业务销售领域，但同时又涉及财务等其他有关部门以及业务流程。《保险法》相关章节分别对中介业务涉及的不同领域给予了明确规定。

《保险法》第八十六条对包括中介业务在内的业务、财务真实性进行了严格规定，要求"报告、报表、文件和资料必须如实记录保险业务事项，不得有虚假记载、误导性陈述和重大遗漏。"事实上，中介业务违法违规无一不是违反了合法性、真实性这个根本要求，由于保险公司业务、财务存在虚假，因此，各种报告、报表都无法实现如实记录业务事项。在中介业务检查中，要注意对此项法条的合理运用。

《保险法》第一百一十七条、第一百一十八条对保险中介进行了界定，也明确了保险公司中介业务的构成要件。与保险公司直接开展业务交易关系的保险中介有保险代理人和保险经纪人等，保险代理人又可分别细化为个人（现实情况中表现为保险营销员）和机构（保险专业代理机构和保险兼业代理机构等）。保险中介与保险公司开展的交易活动，必须具备一定的业务委托合作关系，并以发挥的中介作用获取佣金。保险中介必须是依法成立的合法主体，同时业务往来、资金流向还必须符合法定规则。

《保险法》第一百一十二条、第一百二十六条、第一百三十条对保险公司与保险中介之间业务关系提出了明确要求，要求保险公司必须建立完善的代

理业务管理制度，切实起到对保险代理人的合规管理，保险佣金的支付必须真实、合法。法条对保险公司中介业务中的一个重要环节，也是中介业务违法违规目的指向最主要的一个部分，即佣金进行了规定。明确了佣金只能支付给具备合法资格并且有真实业务来往的保险中介，除此之外，不得向其他人支付。因此，将直接业务虚挂中介业务套取资金作为佣金来源，或者是向不具备合法资格的机构、个人支付佣金，都是不符合《保险法》规定的。

《保险法》第一百一十六条、第一百三十一条对保险公司及保险中介开展业务作出了明确的禁止性规定。如要求保险公司不得与未取得合法资格的保险中介开展业务，不得利用保险中介以虚构保险中介业务或者编造退保等方式套取资金。《保险法》专门将保险公司利用保险中介机构和中介渠道套取资金明确列为禁止性行为，是对于保险公司中介业务最直接的说明。

《保险法》第一百六十条、第一百六十二条、第一百六十六条、第一百七十二条、第一百七十三条、第一百七十四条、第一百七十九条分别列出了对不同违法违规行为的罚则，保险公司中介业务检查处罚时可以具体参考实施。如对不具备合法资格从事保险中介业务的处罚、对保险公司利用保险中介机构违法违规的处罚等。这些法条既强调对违法违规机构的处罚，也要求对责任人员进行处罚，还规定了妨碍或拒绝检查的认定和处理、禁止进入保险业的行政处罚。保险公司中介业务检查中，可以综合运用《保险法》规定，依法处罚违法违规行为。

二、《保险公司中介业务违法行为处罚办法》对保险公司中介业务有哪些规定

《处罚办法》是在监管实践的基础上，结合市场实际情况，将《保险法》的有关规定具体细化，从部门规章的层面规定了保险公司中介业务监管工作。

《处罚办法》始终服从于《保险法》的框架，完全体现了《保险法》的精神。

《处罚办法》有以下几个显著特点：

一是明确开展保险公司中介业务检查是保险监管部门的法定职责。《处罚办法》第二条规定："中国保监会根据《中华人民共和国保险法》和国务院授权履行监管职责。中国保监会派出机构，在中国保监会授权范围内履行监管职责。"这明确了开展保险公司中介业务检查是中国保监会的监管职责之一，有关部门要做好检查的组织实施工作，各地保监局在中国保监会的授权下，在本辖区内具体开展保险公司中介业务检查，并向中国保监会负责。

二是明确了立法目的。即"维护保险市场秩序，预防和惩处保险公司中介业务违法行为，促进保险业健康发展"。《处罚办法》就是直接针对保险公司中介业务中不真实、不合法、不透明的业务关系。同时，《处罚办法》既规定了要对违法违规行为进行惩处，也把预防违法违规行为的发生作为一个重要目的。由此，监管部门也必须采取适当的措施，如通过日常性的合规检查、常规性的制度安排等进行预防，提高中介业务的合规性。这是《处罚办法》对落实保险公司中介业务日常监管提出的要求。

三是界定了保险公司中介业务的范围。根据《处罚办法》，"保险公司通过保险代理人、保险经纪人、保险公估机构进行销售、理赔等活动的"即可界定为中介业务。可见，在合作范围方面，保险公司通过保险专业代理机构、保险兼业代理机构、保险营销员、保险经纪公司、保险公估公司等进行的业务，均属于中介业务。在业务关系方面，涉及通过保险中介进行的产品销售、手续费及佣金支付、保险理赔、资金去向等行为，均可界定为中介业务。此外，还暗含保险中介必须具备法定资格这一约束条件。

四是明确了保险公司对中介业务内控管理的要求。《处罚办法》对保险公司内控提出了具体的要求，如对保险公司中介业务的制度规章、业务财务管理信息系统、稽核审计、培训、日常管理、报告义务等多方面都进行了针对性的规定，可以作为日常非现场监管的主要方面，同时可据此评估保险公司中介业务的制度合规性程度。在开展现场检查时，尤其要注意检查保险公司中介业务内控制度是否符合《处罚办法》的要求，是否有自上而下完善的管理制度。

五是规定了保险公司中介业务经营管理的禁止性行为。《处罚办法》详细列举了保险公司在开展中介业务中的若干禁止性规定，保险公司一旦违反这些禁止性规定，即构成了中介业务的违法违规，可以作为查处违法违规的依据。监管部门在实施中介业务检查时，要依照《处罚办法》列出的禁止性行为逐条对照检查保险公司是否存在违法违规行为。同时，这些禁止性规定还可以用来评价保险公司在开展中介业务过程中具体的业务、财务合规性程度。

六是明确了对保险公司中介业务各类违法违规行为的处罚。《处罚办法》的处罚条文均是依据《保险法》规定，而且更加突出了具体违法违规行为与《保险法》具体处罚条文的对应性，保监局实际处罚时既可以采用《处罚办法》的条文作为量罚依据，也可以直接适用《保险法》来处罚。

七是明确了同查同处的基本原则和依法移送要求。同查同处是《处罚办法》针对保险公司中介业务涉及保险公司和保险中介机构两个方面而提出的重要原则，目的在于使违法违规的参与者都受到处罚，提高违法违规成本。同时，《处罚办法》突出强调联合执法、发挥合力的要求，明确了依法移送违法案件与线索的规定，在保险公司中介业务检查中发现的应当有其他相关执法部门查处的，必须依法及时做好移送。

三、其他保险监管规章、规范性文件对保险公司中介业务经营管理及检查处罚有哪些要求

（一）部门规章方面

《保险营销员管理规定》（中国保险监督管理委员会令2006年第3号）对保险公司利用保险营销员开展保险销售业务必须真实、合法等方面进行了规

定。如资格合法方面，第四十三条规定："保险公司不得委托未取得《资格证书》的人员从事保险营销活动。"如保险营销员管理方面，第四十七条规定："保险公司应当建立健全保险营销员管理制度和保险营销员管理档案，及时、准确、完整地登记保险营销员个人基本资料、培训教育情况、业务情况、奖惩情况等内容。"检查处罚中介业务检查中常见的保险公司虚增营销员套取资金等问题时，需要借鉴参考有关条文。

《保险公司管理规定》（中国保险监督管理委员会令2009年第1号，简称《规定》）作为全面规范保险公司及其分支机构设立活动、经营规则、监督管理的基础性规章，十分注重对保险公司经营合规性的要求。

如《规定》要求保险公司应当建立严格的内部控制制度，可以借此评价保险公司是否建立了与中介业务有关的内部制度，是否落实了中国保监会关于中介业务有关文件的要求。《规定》强调了保险公司对分支机构的内部管控要求，要求保险公司应当制定分支机构管理制度，强化上级机构对下级机构的有效管控，督促分支机构依法合规经营。强调保险公司总公司和省级分公司要建立管理制度加强对基层机构的管控，并且管理制度中要明确"上级机构对下级分支机构的管控职责和措施"，可以据此进行内控合规性监管，以评价保险公司制定的管理制度是否符合有关监管制度和要求、评价上级机构是否履行了管控职责，以及违法违规行为的责任划分。《规定》对保险公司及分支机构的合规经营作出了规定，如不得从事不正当竞争，不得以捏造、散布虚假事实等方式损害其他保险机构的信誉，必须建立保险代理人的登记管理制度，不得与不具备资格主体进行保险交易等。《规定》还对保险公司配合监管部门检查进行了规定，如监管部门检查保险公司中介业务的合法性，可以要求保险公司提供必须的材料，可以要求保险公司按时报送各类报表并保证报表的真实、完整、准确，可以要求保险公司就问题作出说明等。

《保险专业代理机构监管规定》《保险经纪机构监管规定》《保险公估机构监管规定》（分别为中国保险监督管理委员会令2009年第5号、第6号、第7号，统称"三个规定"）对于三类保险中介机构的设立、高管的任职资格、经营行为、禁止性规定、市场退出、监管检查和法律责任都有明确规定。开展保险公司中介业务检查，必须坚持同查同处，在违法违规问题的认定上采取双向对查、对证核实。因此，通过对保险中介机构的检查也是发现保险公司中介业务违法违规的重要手段，从而打开检查的突破口。如“三个规定”要求保险中介机构应当建立完整规范的业务档案，检查时要重点核对保险中介机构业务档案与保险公司业务资料的一致性，检查保险中介机构佣金资金的来源与去向，有助于找出线索。“三个规定”都规定了禁止性行为，如禁止“虚构保险代理业务（经纪业务）或者编造退保，套取保险佣金”、禁止“利用业务便利为其他机构或者个人牟取不正当利益”，可以据此对保险中介机构进行检查并认定违法违规行为。

《中国保险监督管理委员会行政复议办法》（中国保险监督管理委员会令2010年第1号）规定，“公民、法人或者其他组织认为中国保监会或者其派出机构的具体行政行为侵犯其合法权益的，可以依照有关法律规定向中国保监会申请行政复议”，并且对行政复议程序、行政复议受理、行政复议决定进行了详细规定。保险公司中介业务检查处罚时若被处罚机构或责任人员提起行政复议，则应按照规定法规程序进行处理。

《保险公司董事、监事和高级管理人员任职资格管理规定》（中国保险监督管理委员会令2010年第2号）的相关规定也有助于开展保险公司中介业务检查。如第三十七条规定：“保险机构出现下列情形之一的，中国保监会可以对直接负责的董事、监事或者高级管理人员出示重大风险提示函，进行监管谈话，要求其就相关事项作出说明，并可以视情形责令限期整改：（一）在业务经营、资金运用、公司治理结构或者内控制度等方面出现重大隐患的。”因此，当一家保险公司法人的多家分支机构中介业务出现较明显且严重的违法违规时，可以按照上述规定进行风险提示或监管谈话并责令保险公司整改。

《中国保险监督管理委员会行政处罚程序规定》（中国保险监督管理委员会令2010年第5号）是监管部门开展行政处罚的指导性规定，明确了行政处罚的种类范围、立案、调查取证、移交以及审理、权利告知、听证、处罚决定、执行等一系列行政处罚的流程要点，在开展保险公司中介业务检查处罚时，应严格依法进行。

（二）规范性文件方面

《关于印发〈保险兼业代理管理暂行办法〉的通知》（保监发［2000］144号）对保险公司与兼业代理机构开展业务合作进行了规定，如在资格要求上，要求保险公司只能与已取得“保险兼业代理许可证”的单位建立保险兼业代理关系，委托其开展保险代理业务。同时，要求保险公司应建立、健全保险兼业代理人档案资料，并以保险兼业代理人为单位建立代理业务台账。掌握这些规定，有利于判断保险公司是否通过兼业代理机构虚构中介业务。

《关于印发〈关于保险业开展治理商业贿赂专项工作的实施意见〉的通知》（保监发［2006］26号）指出要重点治理保险业务中以手续费名义操作的各种不正当交易行为。要突出查办大案要案，对性质恶劣、情节严重、涉案金额大、影响面广的案件，要及时移送司法机关，并做好协查工作。中国保监会各有关部门、保监局以及保险企业要加强与工商、税务、司法等部门的沟通和联系，争取配合和支持。

《关于印发〈中国保监会关于在行政执法中及时移送涉嫌犯罪案件的规定〉的通知》（保监发［2008］37号）对监管部门在行政执法中及时移送涉嫌犯罪案件作出了明确的规定。要求“保监会或者派出机构在依法查处保险违法行为过程中，发现违法事实涉及的金额、违法事实的情节、违法事实造成的后果等，涉嫌构成犯罪，依法需要追究刑事责任的，应当依照本规定向司法机关移送”。并且对证据收集、移送程序等作了细致规定，明确“不得以行政处罚代替移送”。对于涉及“隐匿、私分、销毁涉案物品，逾期不将案件移送，对应当移送的案件不移送、或者以行政处罚代替移送”的监管部门工作人员，明确由中国保监会给予必要的处分，构成犯罪的，则要依法追究刑事责任。保监局在查处中介业务违法违规问题中，涉及向有关部门移送，必须严格按照有关精神进行，增大违法违规的成本，震慑违法违规行为。

《保险机构案件责任追究指导意见》（保监发［2010］12号）规定了责任

追究的主体和对象，列明了三类问责是由，明确了问责方式，强化了问责原则，即不仅追究发案机构业务操作人员和管理人员的责任，还要追究上级机构的管理责任，同时追究流程制约、稽核审计等相关岗位人员未尽职尽责的责任。保险公司中介业务检查可以充分借鉴使用其中的有关精神。**《关于明确保险机构案件责任追究管理有关问题的通知》**（保监稽查［2011］1539 号），进一步明确了问责事项、标准界定、涉案金额、问责对象等问题，并对规范问责工作进行了规定，在中介业务检查中，应注意合理运用通知精神督促保险公司按规定开展问责工作，提升违法违规成本。

《关于依法严肃处理保险公司中介业务违法违规机构和责任人员有关问题的通知》（保险中介［2010］248 号）进一步明确了检查中对违法违规机构和责任人员必须实行双罚制，同时，对直接负责的主管人员的行为进行了界定，便于执法操作。也强调了追究保险公司本级或者上级机构部门负责人、分管领导、主要负责人等的责任。

《关于严厉打击利用保险业务从事商业贿赂行为的通知》（保监发［2010］106 号，由中共中央纪委以“中纪委［2010］38 号”转发）详细列明了保险商业贿赂易发的几个重点领域：一些保险机构及其工作人员为获得更多交易机会，利用虚构中介业务、虚假理赔、虚列费用、截留保费等方式套取资金，设立“小金库”，账外暗中给予对方不当利益；一些单位和个人不具备合法的保险中介资格，却收取手续费和其他费用；一些政府部门和企事业单位在经办保险业务过程中，利用垄断资源、行政权力，索取或收受回扣、财务或其他利益。明确指出对涉嫌利用保险业务从事商业贿赂的机构及负有直接责任的相关人员，要依法作出行政处罚，情节严重的，吊销业务许可证，撤销相关人员的从业资格。

《关于加强保险公司中介业务管理的通知》（保监发［2010］107 号，简称“107 号文《通知》”）明确了保险公司省级分公司对于中介业务、保险中介机构的审查和管理责任，明确了省级分公司应当使用唯一的支出账户、以转账方式直接向保险中介机构以及签订委托代理协议的个人支付佣金，且不得以现金的方式支付，保险公司省级分公司以下分支机构不得支付佣金，提高了佣金支付的门槛，降低了违法操作的可能；明确规定了省级分公司和总公司分别报送中介业务报表的职责，并明确总经理对报表数据真实性负责，强化了中介业务的管理力度。

《关于印发〈商业银行代理保险业务监管指引〉的通知》（保监发［2011］10号）是专门规范保险公司委托商业银行类保险兼业代理机构开展代理业务的文件，尤其是对市场违法违规行为高发的代理费用支付和合法资格方面进行了详细的规定，为中介业务检查中对保险公司向银行支付费用判断定性提供了有力的标准。如明确要求保险公司应当按照财务制度据实列支向商业银行支付的代理费用，不得账外核算和经营；要求保险公司及其工作人员不得在账外直接或者间接给予合作商业银行及其工作人员合作协议约定以外的利益。如明确保险公司不得委托没有取得经营保险代理业务许可证的商业银行网点开展代理保险业务。

《关于印发〈中国保监会行政处罚裁量适用规则（试行）〉的通知》（保监发［2011］51号）是保险监管部门进行行政处罚的重要依据。该规则明确了要在对单位给予行政处罚的同时，也应对其直接负责的主管人员和其他直接责任人员给予行政处罚的“双罚制”原则；明确了必须采取“同查同处”原则，对两个以上当事人共同实施违法行为的，应区分其在共同违法行为中所起的主次作用，分别实施相应的行政处罚；明确了从重处罚、从轻处罚的情形；明确给出了直接负责的主管人员和其他直接责任人员的认定标准，有利于追究有关责任人员；明确了在采取行业禁入和责令停止接受新业务等处罚措施时的适用标准等等。在对保险公司中介业务违法违规行为进行行政处罚时，要认真借鉴该规则的有关精神。

四、保险公司中介业务检查需要了解和把握哪些相关法律法规

目前，保险公司的经营活动已经渗透到经济社会各个领域和行业，其经营行为不仅与保险法规及经营规则有关，还涉及国家各项经济政策和金融法规。因此，保险业经营过程和活动在受《保险法》规范的同时也要受其他法规规范。在中介业务检查中，必须注重学习了解这些法规。

《中华人民共和国反不正当竞争法》（1993 年 9 月 2 日第八届全国人民代表大会常务委员会第三次会议通过。1993 年 9 月 2 日中华人民共和国主席令第 10 号公布，自 1993 年 12 月 1 日起执行）规定，“经营者销售或者购买商品，可以以明示方式给对方折扣，可以给中间人佣金。经营者给对方折扣、给中间人佣金的，必须如实入账。接受折扣、佣金的经营者必须如实入账”；“经营者不得采用财物或者其他手段进行贿赂以销售或者购买商品。在账外暗中给予对方单位或者个人回扣的，以行贿论处；对方单位或者个人在账外暗中收受回扣的，以受贿论处。”这些规定有助于监管部门提高对保险业内所谓“行业惯例”“业务潜规则”的认识，提高对保险业反不正当竞争必要性的认识，也有助于加深对《保险法》中类似规定的理解。

《中华人民共和国税收征收管理法》（2001 年 4 月 28 日第九届全国人民代表大会常务委员会第二十一次会议修订）对纳税人和扣缴义务人编造虚假计税依据、不按规定保存或伪造变造账簿等有关资料、不进行纳税申报、非法印制发票等行为进行了明确界定并规定了详细罚则。

《中华人民共和国会计法》（1999 年 10 月 31 日第九届全国人民代表大会常务委员会第十二次会议修订）规定，“任何单位不得以虚假的经济业务事项或者资料进行会计核算”，“各单位必须依法设置会计账簿，并保证其真实、完整”，“单位负责人对本单位的会计工作和会计资料的真实性、完整性负

责”，并对“伪造、变造会计凭证、会计账簿，编制虚假财务会计报告”规定了罚则。

《中华人民共和国治安管理处罚法》（2005年8月28日第十届全国人民代表大会常务委员会第十七次会议通过）对“阻碍国家机关工作人员依法执行职务”“隐藏、转移、变卖或者损毁行政执法机关依法扣押、查封、冻结的财物；伪造、隐匿、毁灭证据或者提供虚假证言、谎报案情，影响行政执法机关依法办案”等保险公司中介业务检查中常见的违法违规行为给出了明确的处罚依据。

《中华人民共和国行政处罚法》（1996年3月17日第八届全国人民代表大会第四次会议通过，1996年3月17日中华人民共和国主席令第六十三号公布，自1996年10月1日起施行）规定了行政机关有效实施行政处罚的有关事宜以及法律责任。

《中华人民共和国刑法》（1997年3月14日第八届全国人民代表大会第五次会议修订）详细规定了“对国家工作人员行贿罪、职务侵占罪、贪污罪”等违法行为的认定以及应负法律责任，也对“伪造国家机关、公司、企业、事业单位、人民团体的印章”等检查中常见的违法行为给出了明确的处罚依据。

《最高人民检察院　公安部关于公安机关管辖的刑事案件立案追诉标准的规定（二）》，对于一些经济事项的犯罪立案标准有着明确规定，涉及保险公司中介业务检查的有诸如被检查单位不提供有关会计资料、有关人员接受保险公司或保险中介机构财物构成受贿、保险公司或保险中介机构构成行贿、保险公司截留保费不入账，以及有关人员套取资金据为己有构成非法侵占。部分条文，如第八条、第十条、第十一条、第四十三条、第八十四条对查处和认定保险公司中介业务经营管理中的商业贿赂等行为具有指导作用。

《中华人民共和国发票管理办法》（根据2010年12月20日《国务院关于修改〈中华人民共和国发票管理办法〉的决定》修订）规定：“禁止非法代开发票；不得介绍他人转让发票；对知道或者应当知道是假发票的，不得受让、开具、存放、携带、邮寄和运输；不得以其他凭证代替发票使用。”并规定税务机关应当提供查询发票真伪的便捷渠道。处罚方面，对虚开、伪造发票等违法行为的罚款上限提高到50万元，是原来处罚上限的10倍；构成犯罪的，依法追究刑事责任。非法代开发票的，与虚开发票行为负同样的法律责任。因此，这不仅要求监管部门在保险公司中介业务检查中，了解这些政策规定和要求，发现保险公司存在虚开发票、使用假发票等行为，应积极向税务机关进行移送，加大违法成本，遏制违法行为；也为监管部门在中介业务检查中借助税务部门发现保险公司通过虚开发票、假发票等行为套取资金提供了思路和手段。

相关链接2：

《最高人民检察院　公安部关于公安机关管辖的刑事案件立案追诉标准的规定（二）》中与中介业务检查有关的条文

第八条　［隐匿、故意销毁会计凭证、会计账簿、财务会计报告案（《刑法》第一百六十二条之一）］隐匿或者故意销毁依法应当保存的会计凭证、会计账簿、财务会计报告，涉嫌下列情形之一的，应予立案追诉：（一）隐匿、故意销毁的会计凭证、会计账簿、财务会计报告涉及金额在五十万元以上的；（二）依法应当向司法机关、行政机关、有关主管部门等提供而隐匿、故意销毁或者拒不交出会计凭证、会计账簿、财务会计报告的；（三）其他情节严重的情形。

第十条　［非国家工作人员受贿案（《刑法》第一百六十三条）］公司、企业或者其他单位的工作人员利用职务上的便利，索取他人财物或者非法收受他人财物，为他人谋取利益，或者在经济往来中，利用职务上的便利，违反国家规定，收受各种名义的回扣、手续费，归个人所有，数额在五千元以上的，应予立案追诉。

第十一条　［对非国家工作人员行贿案（《刑法》第一百六十四条）］为谋取不正当利益，给予公司、企业或者其他单位的工作人员以财物，个人行贿数额在一万元以上的，单位行贿数额在二十万元以上的，应予立案追诉。

第四十三条［吸收客户资金不入账案（《刑法》第一百八十七条）］银行或者其他金融机构及其工作人员吸收客户资金不入账，涉嫌下列情形之一的，应予立案追诉：（一）吸收客户资金不入账，数额在一百万元以上的；（二）吸收客户资金不入账，造成直接经济损失数额在二十万元以上的。

第八十四条［职务侵占案（《刑法》第二百七十一条第一款）］公司、企业或者其他单位的人员，利用职务上的便利，将本单位财物非法占为已有，数额在五千元至一万元以上的，应予立案追诉。

第三部分　非现场监管与内控检查

非现场监管是保险监管的重要方式和内容，与现场检查在定位和功能上各有侧重、相互印证、互为补充。在保险公司中介业务检查中，通过有效运用非现场监管成果，有助于解决检查谁、为什么查、查什么的问题。通过加强内控制度检查，可以查找违法违规行为原因和管控漏洞，有助于从制度、机制上减少违法违规行为的发生。

一、非现场监管在保险公司中介业务检查中有什么作用

非现场监管是针对以现场检查为主要方式的现场监管而言的，又称非现场监测、非现场监控、非现场检查，是指监管部门对保险公司报送的各种业务和财务数据、报表和报告，运用一定的技术方法对保险公司的经营状况、风险管理状况、合规情况进行分析，以发现保险公司经营管理中存在的问题，评价保险公司的风险状况。非现场监管以分析数据报表为重要手段，在保险公司风险评级、风险预警以及指导现场检查中都有重要作用。通过非现场监管，能够及时和连续地监测保险公司的经营和风险状况，实现对保险公司风险状况的持续监控和动态分析。非现场监管的初步结果可以指导现场检查的开展，现场检查的验证可以使非现场监管结果更具科学性。充分利用非现场监管成果、发挥好其作用，有助于为现场检查提供扎实的基础，有助于提高现场检查的针对性，有助于提升检查质量、节约监管资源、提高监管效率。

保险公司所有的经营行为和成果最终通过各种报表数据反映出来。通过对数据的分析，可以帮助检查人员发现数据异常波动或大幅偏离平均水平的现象。结合日常监管工作的经验，对数据异常的成因进行分析，可以初步框定检查对象，明确检查对象可能存在哪些方面问题，从而在开始现场检查之前，为检查人员提示检查方向和检查的重点领域，也可以指导检查人员在现场检查入场前的培训中，有针对性地查找以往的案例和相关的法律法规，做好充分的前期准备工作。现场检查中，重点检查非现场监管中发现的异常项目，达到集中力量快速突破的目的。

中介业务检查中，检查人员要面对大量的中介业务数据，涉及范围广，随着违法违规行为趋于复杂化、隐蔽化、多样化，现场检查面临的困难和挑战越来越大，要科学、高效地完成现场检查任务，非现场监管分析必不可少，发挥着越来越重要的作用。主要体现在：一是非现场监管属于“提前介入”，可为现场检查起到预警和提示的作用。在检查对象选择过程中，通过分析各家保险公司中介业务占比、增速、佣金占比、综合成本费用率等指标，可以初步圈定一家或几家公司作为“候选”检查对象，提高对象选择的针对性，减少盲目性。二是通过非现场监管对可疑数据进行初步的分析和整理，提高现场检查工作效率。初步分析保险公司中介业务构成，对比法人业务和个人业务的数量，分析专业、兼业、营销员、直接业务四个渠道的占比，分析公司业务费用和管理费用的构成，对比保险公司和保险中介机构的保费收入及手续费支出数据，如果存在明显异常，往往可以为查实违法违规问题提供线索。

二、保险公司中介业务检查所需非现场监管数据来源有哪些

在中介业务检查工作中，可以通过多种途径获取非现场监管数据，通过中国保监会统计信息系统（简称“统计信息系统”，含保险监管信息摘报系统）可以提取保险公司业务、财务等数据；通过保险中介监管信息系统（含保险营销员管理子系统等多个子系统）可以提取保险专业中介机构业务、财务等数据和营销员数据；还可以通过分析保险公司按照107号文《通知》要求上报的报表数据以及按照保监局要求报送的数据，收集信访部门的信访投诉数据，获取保险公司和保险专业中介机构分类监管数据，审查行政许可申请材料等获取有价值的信息。此外，在日常监管工作中注重报纸、互联网等公开信息的收集整理，也能够为非现场监管提供线索。如通过审计部门对有关保险公司的审计结果，可以较为清楚地了解违法违规行为的主要风险点和

典型的违法违规手法。由于公司经营模式存在相似性，不同地区分支机构违法违规具有趋同性，在对公司的非现场监管过程中，可以重点关注当地分支机构可能涉及已公布违法违规行为的各项指标数据是否异常。

如某保监局为避免检查对象以“标准不一、口径不同”等借口拖延提供检查资料，认真研究检查中调取资料的提供标准，从稽核数据标准、制度标准、管理框架、信息系统、财务资料、业务资料七个方面200项对检查调取资料进行规定，设定各项指标提供条件，确保检查对象及时、准确提供调取资料。先后从“统计信息系统”“保险营销员管理子系统”、保险中介机构季度监管报表、保险公司报送专业中介渠道报表、保险公司报送车行渠道报表等角度研究分析保险公司各项数据，通过利用各渠道非现场监管报表勾稽关系，加强数据间的比对甄别，力求快速准确寻找检查切入点。

某保监局在2011年的检查中，认真开展非现场分析，通过研究“统计信息系统”生成的2010年度产险公司分渠道签单保费统计报表、中介监管要求报送的“产险公司兼业代理业务季度报表”、辖内各银行报送的“分公司、险种的代理保险业务情况表”，查找有关检查线索。同时，认真收集、分析2010年度检查对象信访投诉情况、2008年以来对检查对象的现场检查材料、检查对象制定的各项中介业务管理制度，为进场做充分准备。

某保监局通过审查保险中介机构换证申请材料发现违法违规疑点。一是通过查看兼业代理机构与保险公司年度业务合作情况，发现部分兼业代理机构代理业务增长异常。如一兼业代理机构换证申请材料显示，该机构业务量同比增长数倍，经对与其合作的保险公司相关责任人进行问询，发现该机构存在营业场所外展业的情况。二是通过核对兼业代理机构业务台账，重点关注兼业代理机构自身投保业务和代理险种与自身主营业务相关性不强（如旅行社代理的主要险种为车险）的兼业代理机构。三是通过实地查看兼业代理机构营业场所使用情况，检查兼业代理机构是否有在营业场所外另设网点开展保险代理业务情况。

相关链接3:

审计署关于有关保险公司的审计结果

“审计发现的主要问题及整改情况

……

3. 违规理赔1.46亿元。其中，虚假理赔8 600万元，扩大保险责任范围理赔356万元以及虚报理赔费用5 612万元等，主要用于额外支付客户保险赔款、代理手续费等，涉及辽宁、山东等12个省市分支机构。如辽宁铁岭市分公司及所属6家支公司2009年弄虚作假套取理赔资金679.52万元用于支付高额手续费等。

4. 违规支付保险代理手续费6.84亿元。主要是通过虚假代理业务套取资金、向无代理资格的单位或个人支付手续费、用手续费冲销虚挂的应收保费、支付高额手续费等问题，涉及广东、上海等13个省市分支机构。如广州3家支公司2009年将直接业务虚挂在保险中介名下，共套取资金1 266.48万元。”

——摘自中华人民共和国审计署审计结果公告2011年第3号

“审计发现的主要问题及整改情况

……

4. 违规支付手续费及佣金6 506.53万元，主要是违规支付高额手续费、向无资格的代理人支付手续费或向正式员工支付佣金等问题。”

——摘自中华人民共和国审计署审计结果公告2011年第4号

三、保险公司中介业务检查应如何有效运用各种数据

（一）有效运用统计信息系统数据

统计信息系统是获取非现场监管数据的主要来源，该系统囊括了较为全面、完整的保险公司经营数据，各项指标之间的关联性强，具有极高的可编辑性和参考价值。在保险产品价格基础、销售手段、销售对象、市场环境基本一致的现实情况下，各保险公司的各项报表数据应体现一定的趋同性，各项报表数据的平均值体现了市场竞争基本达到均衡的情况下，保险公司各项经营活动应该达到的水平，具有较强的参考意义。目前，从统计信息系统中可以提取到的指标数据包括：总保费收入、分险种保费收入、总保费和分险种保费同比增长比例、同比增速变化、市场份额、各险种占总保费的比例、分销售渠道的保费收入、赔款支出、业务及管理费金额和同比增速、分险种的保费收入增长率、综合成本率、综合赔付率、已赚保费综合费用率、业务及管理费用率等。在统计信息报表特别是产险公司的报表中，应综合考虑成本率、综合赔付率、应收保费率、业务及管理费用率、中介业务占比等多项监管指标相互之间的关联、各项比率指标之间的变化关系。

利用统计信息系统进行数据分析、选择检查对象时，要综合考虑将多种指标数据，与当地市场各项指标的平均值加以对比，重点查找各项指标与当地市场平均值偏差较大的公司。如发现某保险公司某项指标大幅高于或低于当地的平均水平，而其他指标与平均值相差不大，则该保险公司可能在该方面存在较为突出的违法违规行为。

如某保监局通过统计信息系统、保险监管信息摘报系统以及保险公司上报的中介业务报表，对辖内各保险公司2010年度中介业务进行认真分析和研

究。通过比对各公司分类监管得分、中介渠道保费收入占比、专业代理业务占比、个人代理业务占比、手续费及佣金率、业务及管理费用率、应收保费率、综合赔付率、承保利润率、利润率、投诉率等各项指标，对各公司上述各项指标的加权得分情况进行排序，最终选定检查对象。

（二）有效运用保险中介监管信息系统数据

在保险公司中介业务检查中，保险中介监管信息系统可以发挥突出重点、甄别真假等作用。目前在非现场监管的数据查询方面主要分为“保险营销员管理子系统”“专业中介机构业务人员管理子系统”“专业中介机构和高管人员管理子系统”“专业中介机构非现场监管子系统”“专业中介机构分类监管子系统”等几个部分，可以对保险营销员、资格证书持有人、保险专业中介机构及所属高管和业务人员的信息进行查询，以确认真实性。如运用专业中介机构分类监管子系统，可以查询保险专业中介机构上年度分类监管指标中，某个机构哪项风险指标数值较高，哪些风险指标波动幅度较大。提前锁定“现场检查类”保险中介机构，在检查时，着重关注保险公司与“现场检查类”保险中介机构之间的业务。运用专业中介机构非现场监管子系统，可以查询保险专业中介机构法人和分支机构的资产负债表、利润表、业务发展数据、高管及从业人员的整体情况。

检查人员应在进场后及时要求保险公司从其核心业务系统中调出检查时段内与其存在业务联系的保险专业中介机构的名称、分险种代理保费金额和佣金金额，将这些数据与保险中介监管信息系统中的保险专业中介机构报表核对，对比两者的分险种业务保费数、佣金金额、手续费信息等是否存在较大的差异。在专业中介非现场监管子系统中查看保险专业中介机构从业人员的数量、增减变动情况，从而确定延伸检查的对象和检查的重点领域。

保险营销员管理子系统为检查人员提供了一个了解保险公司营销员管理真实情况的数据体系，既可以查询全国或者本省保险公司不同时段的营销员整体数量、产能和收入情况，对整体情况和行业平均水平有一个较为全面的了解，也可以查询具体保险公司的个案情况，有针对性地研究异动部分。此外，还可以通过与保险公司所提供的渠道数据对比，分析两者差距，发现案件线索。在中介业务检查中，关注保险营销员管理子系统内监管数据的变化，如本期人均保费、本期人均佣金、保险营销员数量、新增人数、增员率、脱落率等指标在当地保险公司中所处的位置，可以初步判断保险公司保险营销员的管理状况和可能存在的问题。关注一个较长时间段内保险营销员的变化趋势，从保险营销员数量的发展趋势、增员情况、人均产能变化趋势、增员人数、留存率等，可以初步判断是否存在虚列保险营销员的违法违规行为，检查现场时可以有针对性地提取保险公司自身保险营销员管理系统的数据与保险中介监管信息系统数据进行对比验证。

（三）有效运用保险公司内部各项报表数据

保险公司内部的报表数据主要是指来自公司业务核心系统的业务报表、财务会计报表，保险营销员管理系统、佣金提取支付系统等内部管理系统产生的报表。通过有目的地提取各项数据，结合监管数据和信息，可以较快找到保险公司违法违规行为的线索，确定重点检查对象。在抽查部分兼业代理机构时，可以调取保险公司核心系统的保费、手续费数据，在财务系统中核对财务计提手续费基数和兼业代理机构开具发票金额的匹配性，必要时可以要求兼业代理机构提供自身的保险代理数据，作为选择延伸检查对象的参考依据。

如某保监局结合以下条件确定兼业代理业务的检查对象：一是通过审核检查对象季度监管报表判断检查对象是否存在与无代理资格或代理资格已失效的兼业代理机构开展业务的行为。如检查人员在审核检查对象省级分公司季度监管报表时，发现检查对象存在与多家尚未申报兼业代理资格或已申报但尚未获批准的兼业代理机构开展业务的情况。经后续跟进检查后查实，检查对象大量存在将无资格代理机构代理的保险业务挂靠在具备资格的兼业代理机构名下的违法违规行为。二是通过审核报表数据判断兼业代理机构代理业务规模与其自身实力是否相符。如检查人员通过审核检查对象代理业务监管报表，发现一家兼业代理机构年度代理保费收入超过5 000万元，手续费收入超过400万元，业务规模超出一般汽车4S店，但查阅其兼业代理办证资料和工商登记资料，发现该机构是一家注册资本仅3万元的个体工商户，与其代理保费规模形成明显反差，存在重大疑点。又如某保险支公司年保费超过7 000万元，而与其合作的一家兼业代理机构年代理保费6 000多万元，占该支公司年度保费收入比重80%以上，存在较大疑点。

（四）有效运用其他非现场监管信息

除了各项数据外，还有许多可以供中介业务现场检查使用的非现场监管信息。一是可以充分利用保监局对产寿险业务的非现场评价和分类监管报告、以往现场检查取得的成果以及各种调研报告反映的问题等，做到对保险公司、对市场情况有较为全面的了解。二是可以充分利用信访投诉信息。在现场检查前，对信访投诉情况进行深入全面的分析，查找信访数量多、投诉的违法违规行为多、投诉事实较为清晰的保险公司，通过信访件判断公司内控执行可能存在的漏洞，以信访件为线索快速切入，提高现场检查工作的效率。如可积极关注保险公司是否存在中介业务违法违规方面的信访投诉、检查处罚记录；可认真收集市场对各保险公司中介业务违法违规方面反映的情况，把涉嫌违规的、信访数量多、内部管理混乱的市场主体列为重点检查对象。

四、怎样利用非现场监管数据筛选检查对象

（一）筛选保险公司

需要关注的监管指标包括：原保险保费增长率、综合成本率、综合赔付率、业务及管理费用率、中介业务占比、营销业务占比、保险营销员数量、

保险营销员人均产能等。尤其要关注几个指标之间的关联变化关系，信访投诉的数量和反映的问题也是重要参考。应利用统计信息系统提取的监管报表数据及其他多种可以利用的数据，分析各项数据之间的关系。中介业务占比高、综合费用率及成本率高、信访投诉反映集中、经营效益差应作为选择的基础条件。

选择检查对象时一般要综合考虑以下几个方面：一是具备一定的业务规模且中介业务占比较高。有一定的业务规模才具有典型性，中介业务占比高才能体现保险公司中介业务检查的主题。二是综合成本率较高。综合成本率高，表明一家保险公司在基本相同的市场环境下，获取相同数量的保费要付出超过行业平均水平的成本，公司的内控制度执行或费用管控可能存在漏洞。三是综合赔付率高于平均水平，表明保险公司业务品质较差、管控能力较弱，或存在某种故意违法违规行为。四是综合考虑信访反映的中介业务违法违规问题、自查自纠的问题、保单批减率等其他因素，分析保险公司的可检查风险点的数量。五是一半以上的参考指标都超过当地市场的平均值，具有典型特征。在利用监管数据对各保险公司进行对比分析时，参考前两年的数据，从一个相对较长的时期对备选对象作出评价。

如某保监局在 2010 年非现场监管分析中发现某保险公司某年度实现保费收入 4.08 亿元，同比增长 73%，比本地区平均水平高 50 个百分点；中介业务占比超过 90%，综合成本率为 114%，比本地区平均水平高 17 个百分点，均位于本地区前列。综合成本率中综合赔付率为 47%，比本地区平均水平低 10 个百分点；已赚保费综合费用率为 67%，比本地区平均水平高 27 个百分点。该保险公司的发展特点为：增速快，成本高，初步判断其费用真实性方面可能存在违法违规行为。其次，该保险公司业务及管理费用率为 37%，比本地区平均水平高 15 个百分点。第三，从信访数量看，其信访数量的增速排位当地第二，投诉主要集中在市场竞争中向投保人支付高额返还或违规给予投保人保费折扣，进一步说明该保险公司存在较高的虚列费用可能。

某保监局在 2011 年检查中，通过分析全辖 33 家保险公司中介业务情况，排列出中介保费占比、手续费率、退保率、业务及管理费用率、被投诉次数、分类监管评级以及前两年被检查次数等指标，将各项指标与行业平均水平比较后给出风险评分，从而筛选出中介业务风险较高的保险公司。

某保监局在选择检查对象上采取典型性指标和可查性指标定性定量综合分析：一是收集全辖保险公司业务、财务、投诉检查及保险公司分类监管基础数据，编制出“辖区保险公司业务数据简要情况表”。二是设计出以手续费率、业务及管理费用率、中介业务比重、中介业务增速、承保利润率和投诉率为内容的典型性指标体系，以分类监管测评得分、专业代理业务占比、近三年检查情况为内容的可查性指标体系，重点选取业务规模前12位的产寿险公司，采取定性定量分析法，通过赋予一定的权重分值，双管齐下予以综合测评。三是通过建立坐标图，将典型性指标和可查性指标分别测评的分值结果直观立体地展现出来，为领导科学决策提供参考。

某保监局根据辖区保险公司经营状况，以保费规模较大、市场份额较多、中介渠道收入较高为初步条件，确定几家保险公司为备选对象；同时，根据保险专业中介机构上报的数据和对其的外部审计情况，在发现的涉嫌存在与保险公司合谋进行违法违规行为的保险中介机构中，筛选与这些保险中介机构合作较多的几家保险公司，确定为备选对象；根据保险公司上报数据与统计信息系统数据的误差大小、中介业务自查自纠是否走过场等情况，确定几家保险公司为备选对象；根据以往现场、非现场监管，监管谈话、行政处罚，报送文件、数据，以及消费者信访、投诉等情况，对各保险公司进行“回头看”，确定几家保险公司为备选对象。最终，将以上每一项都交叉涉及的某产险公司确定为最终的检查对象。

某保监局通过区分产寿险不同指标选取检查对象。产险公司选取指标主要包括：分类监管得分、中介渠道保费收入占比、专业代理业务占比、个人代理业务占比、手续费及佣金率、业务及管理费用率、应收保费率、综合赔付率、承保利润率、利润率、投诉率等。寿险公司选取指标主要包括：分类监管得分、中介渠道保费收入占比、银代业务占比、手续费及佣金率、业务及管理费用率、退保率、短期险赔付率、利润率、投诉率等。在此基础上，按照指标取值排序设置指标得分，根据公司类型设定指标权重。产险公司指标权重设置上突出专业代理业务占比、个人代理业务占比权重，寿险公司指标权重设置上突出银代业务占比的权重，根据各项指标的加权得分值进行排序，客观选取现场检查对象。

（二）筛选保险中介机构

一是从保险中介监管信息系统中提取近两年保险专业代理机构及保险经纪公司年度业务报表，以业务发展增速、人员增长速度、佣金增长速度、长期轻微亏损、业务增长与利润增长相背离等为关键点进行筛选。二是要求保险公司分别以业务、财务口径为准报送其近三年与保险专业代理机构、保险经纪公司开展业务情况，重点关注业务量、佣金快速增加的保险专业代理机构及保险经纪公司，将保险公司报送的数据与保险中介监管信息系统的数据相互核对，重点关注保费数量、佣金数额等数据存在较大差异的保险专业代理机构及保险经纪公司。

如某保监局结合保险公司业务数据和日常监管信息，确定重点延伸检查对象。一是关注代理业务量、代理手续费非常规增加的保险中介机构。如发现辖内一家代理公司代理同一家保险公司的业务量一年内增长了11倍，手续费收入增长了8倍。二是关注业务人员数量非常规增加的保险中介机构。如检查人员注意到，前述代理公司一年间人员增长29倍，同时该代理公司多次以创新试点名义组织大量大中专院校毕业班学生包场参加代理人考试。延伸检查发现，该代理公司存在大量开具发票且同一天向同一家保险公司开具数张发票、以现金支票形式大量提取非整额现金、多次向保险公司人员开具现金支票等反常现象。

某保监局充分抓住年初各保险中介机构将上年度经营报告、会计报表、总账、明细账、记账凭证等相关资料报送到会计师事务所，进行年度外部审计的有利时机，派出人员到事务所参与外部审计过程。在审计过程中，会计师事务所工作人员重点关注财务、盈亏、会计科目设置及列报、货币资金管理、大额款项往来等财务情况，保监局工作人员重点关注保单领用及使用、中介发票领用及使用、批单退费、佣金收入等业务情况。同时，双方在各自掌握关注重点情况的基础上，充分交流、分析、整合，发现了保险中介机构与保险公司串通虚挂中介业务、虚开发票、虚假批退等违法违规问题的“蛛丝马迹”，并排查出保险中介机构可能存在的制售假保单、截留保费、非法传销、非法集资等风险和隐患。

（三）从营销业务入手筛选检查对象

选择营销业务占比高、保险营销员数量增长较快、业务及管理费用比重大、活动人力较多的保险公司，要求保险公司提供业务量前10位或更多的保险营销员的姓名、身份证号、资格证号、展业证号、业务量、开展法人业务的情况（法人单位的名称、业务量、佣金数额）等，关注法人业务占比较大，业务集中度较高，特别是有政府或车队业务的保险营销员。营销业务违法违规中最常见的手法是将政府的招投标业务虚挂为营销业务，以保险营销员对业务进行维护为理由提取手续费。

五、如何利用报表数据分析查找违法违规问题线索

（一）分析保险公司会计报表、费用明细表，查找业务及管理费用违法违规风险点

在财务检查方面，调取检查期间及其前一个会计年度的保险公司报表、明细科目余额表、检查期间各月份的会计报表纸质版和电子版。对比相邻两个年度的会计报表，查找数额变化较大的明细科目，将变化较大的会计科目作为检查重点。

将保险公司各个月的费用明细列在一张表上进行分析（见下表）。一是注意发生额较大、占总费用比重较高的会计科目，但可以先不关注职工工资、住房公积金、固定资产折旧等固定支出科目。二是关注全年费用在某个月或者几个月内集中发生，费用集中开支程度较高的科目。三是关注费用发生额忽高忽低，费用发生在各月份之间不平衡的科目。四是调取保险公司的年度考核制度、各项激励政策、每个月的保费完成数等进行分析，关注对考核结果影响较大的指标涉及的会计科目。

如某保监局选取了检查对象费用报表的部分科目，通过比对每个月相同会计科目的报表数据，发现该检查对象的费用支出存在一些疑点：一是部分科目如广告费、绿化费、咨询费等在个别月份集中发生，全年费用发生不均衡。二是车辆使用费、会议费、公杂费、电子设备运转费开支逐月升高，在9月后呈现加速趋势，但当年检查对象并没有大规模购置固定资产、招募新员工。三是车辆使用费、会议费等科目金额占费用总金额的比例较高，与人员规模和业务规模不匹配。此后现场检查中将这些存在明显疑点、全年开支不均衡、占总费用比例较大的会计科目作为检查重点。

（二）分析保险公司上报的业务报表以及内部数据，查找虚挂中介业务套取资金等违法违规风险点

在业务检查方面，可以结合统计信息系统报表、保险中介非现场监管系统报表等数据，横向对比分析同一市场环境下，相同时间跨度内各保险公司或保险中介机构报表、一家保险公司不同部门间报送的报表和纵向对比分析同一保险公司连续几年报表数据，分析不同渠道报送报表的数据差异，寻找保险公司中介业务可能存在的违法违规行为。重点关注业务量增长过快的险种和发展速度较快的保险中介机构，结合统计信息系统月报表中的费用率等各项指标的变化情况，查找可能的违法违规线索。如对保险公司专业中介渠道和保险专业中介机构增加较快的，分别核实是哪家公司的业务，了解业务来源，查看代理险种是否异常，佣金比例是否偏高。

如某保监局要求检查对象省级分公司以地市分支机构为单位，按照规定的数据格式，如合作的保险中介机构名称、中介渠道各险种保单件数、保费收入、佣金支出等，报送中介业务数据；同时，要求各保险专业中介机构按照规定的数据格式，如合作的保险公司名称、保险中介机构各险种保单件数、保费支出、佣金收入等，报送相关数据。据此建立保险中介业务数据库，并对各保险公司上报的数据与统计信息系统相关数据和保险中介机构报送的相关数据进行核对。分机构、分渠道、分条块对28家产寿险公司、71家保险专业中介机构的上报数据进行核对：一是发现28家保险公司上报的数据均与统计信息系统数据存在差异。保监局对差异原因进行了跟踪，要求保险公司对差异原因作出真实、合理、准确的解释，并对发现的疑点进行了核实。二是对28家产寿险公司、71家保险专业中介机构上报的代理业务数据进行双向核对，发现保险公司、保险专业中介机构上报数据存在差异的机构有89家，涉及中介机构68家，产险公司13家（保险专业中介机构与保险公司双方上报保费数据差异最高达935.22万元，手续费数据差异达121.83万元），寿险公司8家（保险专业中介机构与保险公司双方上报保费数据差异最高达1 022.26万元，手续费数据差异达63.73万元）。三是对28家产寿险公司的中介业务渠道保费进行了分析研究，发现8家产险公司单一中介渠道保费占比偏高（个人营销员渠道偏高的有4家，专业代理偏高的有3家，兼业代理偏高的有1家），8家寿险公司兼业代理渠道保费占比偏高，将上述16家公司列为重点关注，进一步开展深入的非现场分析。

某保险公司分支机构营业费用明细表

××××年

项　目	行次	1月	2月	3月	4月	5月	6月	7月	8月	9月	10月	11月	12月	合　计
业务宣传费	1				4 363.00			6 150.00		3 280.00	27 040.00	26 351.21	30 281.50	97 465.71
业务招待费	2	8 148.20	18 764.94	12 194.38	1 665.00	4 302.40	1 303.00	6 697.90	2 568.43	646.00		6 476.20	5 793.70	68 560.15
电子设备运转费	3	198.00	332.00	3 486.30	923.00	419.00	805.00	3 194.44	4 831.00	9 712.20	31 459.70	16 170.00	23 091.19	94 621.83
邮电费	4	1 883.93	2 737.09	1 050.00	4 587.29	2 959.11	3 714.48	2 835.47	2 534.66	4 105.01	2 817.80	8 271.94	15 005.45	52 502.23
印刷费	4		504.00			6 424.00				6 195.95	2 338.35	4 989.20	4 894.10	25 345.60
公杂费	5	824.60	4 588.24	9 238.60	11 254.80	8 806.50	4 781.40	3 213.81	4 738.05	10 305.25	20 619.14	39 178.80	77 224.57	194 773.76
职工工资	6	93 531.84	76 303.25	135 031.23	42 406.76	45 187.36	36 896.54	56 672.28	50 891.34	58 872.87	75 884.56	60 690.93	137 826.43	870 195.39
差旅费	7	2 711.90	5 746.43	3 488.96	11 933.69	7 104.81	26 121.64	12 838.63	9 848.72	12 201.42	14 899.30	16 395.05	36 606.09	159 896.64
租赁费	8		28 921.32			28 921.32				28 921.32	28 921.32			115 685.28
修理费	9		8 384.28	7 241.00	290.00	4 430.00	7 335.00	3 550.00	73 053.76		5 230.00	8 067.00	8 760.00	126 341.04
会议费	10		19 374.98	19 000.00	7 400.00		76 598.66	17 460.00	19 100.00	36 181.80	33 300.00	62 700.00	110 900.00	402 015.44
咨询费	11	136 571.39												136 571.39
长期待摊费用摊销	12	666.67	666.66	666.67	666.67	666.66	666.67	666.67	666.66	666.67	666.67	666.66	666.67	8 000.00
绿化费	13						55 013.83							55 013.83
车辆使用费	14	4 467.63	15 447.97	16 767.96	21 075.89	20 302.96	9 026.30	17 928.57	32 220.86	30 387.54	57 467.48	48 842.99	149 257.36	423 193.51
广告费	15			4 980.00	150 571.46	101 816.15								257 367.61

专栏9:

建立保险公司中介业务检查数据报表分析体系

某保监局在2011年中介业务检查中，发挥非现场监管“前哨”和“追踪”功能，积极为保险公司中介业务现场检查提供支持，确保中介业务现场检查“把脉市场、触动市场、警示市场”，取得较好成效。

一是认真收集、整理和分析保险公司报送的中介业务监管报表，结合统计信息系统数据，分析保险公司中介业务规模、各中介渠道占比、渠道保费变化率、持证率、投诉率、业务及管理费用率、手续费率、业务合规等指标。重点关注渠道占比、业务及管理费用率等几个关键指标。

二是将历年中介业务现场检查的结果列入非现场监管信息库，作为非现场监管分析的资料之一。对现场检查结果和自查自纠问题的整改情况实时跟进，组织开展“回头看”检查，将保险公司对待整改的态度和整改是否落实作为非现场监管信息之一，并作为确定下一年度现场检查对象的重要考虑因素。

三是保险公司和保险中介机构相互比对数据。就同一统计项目，从保险公司和保险中介机构同时获取数据，通过分析数据差异，查找保险公司虚挂中介业务、手续费数据失真、委托无证网点销售保险产品等问题。

四是运用分析性复核程序，从数据关系的异常中寻找检查重点。第一，运用比率分析法，即对本辖区保费规模前6位的寿险公司银行邮政代理保险业务占比、三年平均保费收入增长率进行分析，寻找保费增长率及保费占比均较高的保险公司作为重点。第二，运用时间序列分析法，对前六家寿险公司业务及管理费用进行分析，发现所有寿险公司年初、年末、季末为费用产生的高峰，通过对这些费用仔细分析，将那些业务及管理费用波峰更高的保险公司作为重点。第三，运用回归分析法，即将业务及管理费用中的会议费、印刷费、业务宣传费等五项费用与银保业务保费收入进行回归分析，发现这些费用与银保保费规模具有高度的线性关系，拟合优度均在95%以上，进一步将五项费用与银保保费规模的线性关系拟合优度最高的保险公司作为重点。

五是建立选择检查对象的量化标准。按照“将检查目的与保监局中心工作相联系，将检查对象与分类监管相联系，将检查重点和检查内容相联系”的“三联系”原则，在综合分析全省寿险公司相关数据基础上，建立选择省级分公司的指标体系：①中介业务占比在80%以上；②市场规模在前6位；③分类监管为c/d类；④业务及管理费用率大于10%；⑤成立时间在3年以上；⑥亿元保费投诉率大于1%。选择中心支公司的指标体系为：①银保渠道占比大于75%；②个人代理渠道占比20%以上；③保费增速大于50%；④手续费及佣金率大于7%；⑤业务及管理费用率大于7%；⑥保费规模在1亿元以上；⑦成立时间3年以上；⑧市场违法违规指数超过15分。

六、如何利用保险稽核系统查找违法违规问题线索

充分利用中国保监会保险稽核系统，已经被证明是行之有效的检查方法。目前，虽然该系统没有专门针对保险公司中介业务设置稽核点，但是可以充分利用其设定的产寿险稽核点进行筛选。充分利用保险稽核系统提示可能存在问题的保单，如手续费支付不合规、批改日期不正常的保单等。调取问题保单档案，与保险公司的核心业务系统、财务系统中的数据相互核对，查看系统内记载的保单内容是否与纸质档案一致，佣金的转账支付对象是否与核心业务系统、纸质保单档案记录的业务人员一致。检查过程中注意关注某一类频繁出现的可疑现象，如通过某一保险中介机构渠道大量销售短期机动车交通事故责任强制保险（简称“交强险”）、车险投保后短期内退保等，重新利用保险稽核系统编程设置条件，对同一类可疑保单进行筛选，发现可能存在的违法违规行为。

如某保监局在进场前即调取检查对象 35 项经营数据及文件资料，如各项内控制度、总账、明细账、合作保险中介机构名录及业务、手续费情况、业务财务系统介绍及检查人员使用权限等，结合保险稽核系统从多个维度查找检查对象违法违规线索，逐一分析 123 个涉嫌违法违规问题的稽核点，并根据中介业务违法违规相关度提前制作了抽样清单。如根据稽核点提供的线索，在手续费支付环节，通过“保单基本信息表”“保单收付表”提供的保单对应保费收入与手续费支付财务凭证号，确定保险中介机构保费收入和手续费支付真实性的抽样样本。又如在业务及管理费用列支环节，通过对保险稽核系统和公司财务系统提取的“业务及管理费用”明细账，分析抽样的重点部门和相关二级科目，最终确定以检查对象多个费用较大的分支机构的会议费、公杂费和修理费为重点。

（保险稽核系统在现场检查中的运用参见第五部分“七、如何发挥信息技术手段在现场检查中的作用”）

七、如何发挥自查自纠的作用

组织开展自查自纠是规范保险公司中介业务的一项较为有力的工作举措。通过开展中介业务检查，严查重处违法违规机构及责任人员，可以有效震慑市场主体，规范市场秩序。但是受到监管部门监管资源的约束，现场检查的数量和深度都有限制。因此，在检查开始前组织保险公司自查自纠中介业务违法违规问题，能够促进保险公司中介业务依法合规经营，能够将现场检查的效应向整个行业传导，推动检查效果最大化，提高现场检查效率和针对性。

对于监管部门而言，保险公司开展的自查自纠结果能带来更直观、更具体的公司内部信息和经营行为动态，这将有助于丰富监管信息、优化检查方法、提升监管效能。组织部署保险公司自查自纠，必须有明确的目标、明确的内容和范围、明确的标准和要求，特别是在现场检查前的自查自纠更应该突出重点、明确原则、晓明利害。

（一）要正确处理自查自纠与现场检查的关系，不能以自查自纠来代替现场检查

保险公司开展自查自纠，虽然能在一定程度上发现中介业务违法违规问题并进行整改，但是也会存在保险公司故意提供虚假报告、怠于内部责任追究、形式上走过场应付监管部门等问题。因此，必须清醒地认识到，自查自纠只是监管部门开展现场检查的一种辅助手段，不能以自查自纠为由减少或者代替监管部门的现场检查。

（二）要把握住自查自纠的要求

一是要对保险公司的自查自纠以及后续处理提出尽可能明确的要求，并着重突出现场检查的重点环节、重点内容，防止保险公司走过场。同时，明确对责任追究或整改不力的要有严肃的处理手段。二是督促保险公司落实整改，按照相关规定处理责任人员，不能自查自纠查出问题，但是没有人承担相应责任。三是认真分析自查自纠报告，不能把收到自查自纠报告作为工作的终结。要认真阅读保险公司的自查自纠报告，找出保险公司内控管理中存在的漏洞，积极寻找现场检查的线索。四是要在开展现场检查中，把检查发现的违法违规问题与保险公司自查自纠发现的问题进行有效区分，避免保险公司将其故意归于自查自纠范围而要求减轻处罚；要重点检查保险公司自查不彻底或可能有意隐瞒的违法违规行为和问题。对保险公司自查自纠发现的违法违规问题，需要严格按照有关规定进行处理处罚。

如某保监局在部署保险公司自查自纠中提出五项具体要求：自查的违法违规数据要附业务明细清单，涉及虚挂的要查明资金真实去向，自纠的要提交整改结果，对违法违规问题在落实具体责任人同时进行责任追究，限时提交自查自纠的书面材料并由公司主要负责人签章确认。

某保监局要求辖区内保险公司2011年在全省范围内开展中介业务自查自

纠工作，要求各地市级分支机构按照监管要求进行自查、问责和整改，涉嫌违法犯罪的，要依法移送司法机关。要求各省级分公司建立自查自纠工作领导小组，主要负责人任组长并作为自查整改工作的第一责任人，核保、核赔、财务、内审、销售管理、信息技术等人员组成小组成员。

某保监局下发了《关于开展保险分支机构内部稽核检查的通知》，部署辖区内保险公司对指定的重点地区分支机构进行内部稽核，核查内容包括中介业务的合规问题，通过虚挂中介业务、虚列费用等方式套取资金的问题以及资金去向等，并按固定表格上报检查和整改情况，保监局随机到现场进行监督指导，并对自查整改情况进行抽查监督。

专栏10：

细化自查自纠要求防止保险公司钻空子

目前，保险公司中介业务违法违规主要集中于虚挂中介业务、虚列业务及管理费用等方面，目的都是为了套取资金。资金用途主要有以下四类：一是返还给投保人，主要集中于个人车险业务，用以弥补渠道间费率差异。二是用于支付高额手续费，即支付超过监管规定的手续费。三是给予掌握业务资源的个人非正当利益返还，主要集中于团体业务，具有比较明显的商业贿赂特征。四是设立内部“小金库”，用以弥补公司费用不足、员工福利等，存在公司领导利用职务之便，侵占这部分资金的可能。以上不法资金用途中，一、二类属于市场问题，三、四类涉及商业贿赂和个人贪污、侵占，存在严重违法问题隐患。因此，保险公司自查自纠中往往存在避重就轻的思想，如仅仅自查自纠个人业务而有意忽略团体业务、招标业务、大客户业务等，上报给保监局的违法违规资金主要集中于返还给投保人或市场费用，回避商业贿赂等严重违法违规行为。

为防止保险公司自查自纠中的倾向性选择，某保监局细化自查自纠内容，要求保险公司自查自纠报告中涉及的虚挂中介业务必须细化到具体保单，明确列示保单号；涉及的虚列业务及管理费用必须细化到具体财务凭证，明确列示凭证号，做到逐单逐件列表，不能仅报告虚挂中介业务或虚列业务及管理费用套取资金的总体金额。这种做法，既能快速找准保险公司自查自纠的薄弱点开展现场检查，也能避免保险公司后期有意将保监局现场检查发现的违法违规问题归于自查自纠范围而逃避处罚。

八、如何结合检查提高保险公司中介业务经营管理合规性

保险公司中介业务违法违规与保险公司管控制度上的不健全有着密切关系。监管部门可以在检查发现问题的基础上，针对保险公司存在的漏洞采取有针对性的监管措施，不断完善中介业务管理的有关制度体系，促使保险公司转变经营方式、完善内控管理。

（一）结合现场检查结果强化制度建设

目前，保险公司中介业务内控制度的制定和实施往往集中在省级分公司，各地市分支机构只是执行总公司、省级分公司制定的制度。针对保险公司中介业务违法违规“问题发生在基层，但根源往往在上级公司”的情况，要不断加强对省级分公司中介业务的日常监管，督促其发挥管控职能。一是要监管其完善内部控制制度建设，监督其贯彻执行中国保监会107号文《通知》等有关文件，切实落实各项监管要求。二是要求其开发和完善中介业务管理系统，并对手续费跟单系统的上线及运行情况深入了解，引导其运用信息化手段强化对中介业务的管控力度。三是要监管其加强对基层公司中介业务的内部稽核与管理，按照中国保监会有关规章制度要求切实进行内部责任追究。

如某保监局尝试运用信息技术手段加强机动车辆保险中介业务监管，

解决保险公司与无资格机构开展保险业务问题。一是保险公司核心业务系统增加保险中介机构资格关键信息自动校验比对功能，并自动终止无合法资格机构的出单权限。车险信息平台增加由监管部门提供的保险中介机构信息，并与保险公司实际出单信息进行比对，定期排查保险公司与无资格机构开展保险业务的情况。二是解决保险公司虚挂中介业务套取资金问题。要求保险公司采取数字证书、POS 机具编号、IP 地址三种方式，绑定出单计算机并在车险信息平台进行备案，杜绝非法接入。在保险公司核心业务系统增加中介业务真实性识别校验功能，自动终止保险中介机构名称、保险中介机构许可证编号与出单计算机绑定信息不匹配业务的出单权限。在车险信息平台增加异常中介业务数据检索功能，定期筛查保险公司虚挂中介业务的情况。三是打击保险中介机构虚开发票行为。车险信息平台与地税局税收征管系统建立连接，建立发票开具、使用信息数据的交换机制，定期比对保险中介机构发票实际开具信息与保险公司发票使用信息，查找保险中介机构虚开发票、保险公司违法违规使用发票等违法违规行为的线索。

某保监局总结、提炼出与保险公司中介业务相关的现行有效的各项监管制度规定，并按照代理关系的建立和维护、中介业务管理制度、财务管理制度、信息系统管理、稽核审计制度、责任追究制度等几大类逐一分类，并细化到相关法律法规的具体要求，保监局明确要求保险公司要完善并认真贯彻执行各项制度规定，认真分析中介业务违法违规问题产生的根源，对于出现问题的机构和人员严格按照责任追究制度进行“问责”。

某保监局建立兼业代理机构“监管提示会”制度，每月集中召集拟申请兼业代理资格的机构召开“监管提示会”，查看申请单位相关财务报表，了解经营情况，进行风险提示，并完善资信调查内容，提高申报材料的真实性。同时，加强对于到期换证或重新申请兼业代理资格的管理，对于无法提供历史代理保险业务情况和税务发票的，不再核准其兼业代理资格。

专栏11:

以制度建设规范中介业务成效明显

某保监局制定了保费批退全额转账制度和车险赔款全额转账制度，有效限制了保险公司利用保险中介机构通过虚假批退或虚假理赔套取资金。两项制度设置了四个关键点：一是全额，不能只对部分批退保费或车险赔款进行转账。二是转账，不能以现金或现金支票方式支付。三是直接，批退保费从保险公司账户直接转至投保人账户、车险赔款从保险公司账户直接转至被保险人账户，不经过任何保险中介机构或第三方账户。四是同名账户，即不能转至其他任何账户。保监局要求各保险公司对业务财务系统进行改造，并对系统改造情况进行验收。除此之外，保监局还要求各保险公司改造系统，实现出单权限和电脑物理地址的绑定，每个出单账号仅能在指定的唯一一台电脑的出单系统上登录，保监局能从系统中导出任何一份保单的电脑物理地址，能够有效区分真实中介业务和虚挂中介业务。在2011年的中介业务现场检查中，保监局没有发现检查对象通过保险中介机构虚假退保的情况，也没有发现违法违规向保险中介机构或汽车修理厂支付赔款或通过保险中介机构虚构赔案套取资金的情况。

（二）注重加强检查后续监管措施的使用

现场检查只是面向一家或者几家保险公司开展，远不足以覆盖整个保险市场。因此，必须采取多样化的后续措施强化现场检查的成效，将检查效果传递到整个行业。一是可以向行业内及媒体通报现场检查发现的违法违规事实及处罚情况，公共媒体的报道能够引起社会的广泛关注，通过形成制度化的媒体通报机制，可以增大保险公司违法违规的成本，促使公司提升自身依法合规经营标准。二是及时向保险公司总公司下发监管函，明确要求保险公司总公司从健全制度、完善内控、强化执行力等方面入手，防范分支机构违法违规风险，从源头上规范中介业务，进一步规范保险中介市场秩序。三是要求保险公司在本系统内按期进行对照整改，并提出具体明确的整改要求，必要时对整改情况进行后续检查，以后续检查的震慑力保证现场检查效果。

如某保监局加强整改跟踪，历次现场检查结束后均会对检查对象进行情况反馈。如果涉及行政处罚的，在送达行政处罚决定书的同时会进行监管谈话，指出违法违规问题的性质，帮助检查对象分析问题产生的根源，要求检查对象在全系统内通报，开展对照检查整改，并将有关情况限期报送保监局。同时，保监局还会开展后续回访跟踪检查，进一步巩固检查效果。

专栏12：

中国保监会就中介业务违法违规行为
向15家保险公司发出监管函

2010年第4季度，中国保监会针对上半年保险公司中介业务查处情况，分别向15家保险总公司发出监管函，要求相关公司对有关责任人员进行问责和全面整改中介业务违法违规行为。

这15家保险公司按期上报整改反馈报告，共对100多名责任人员进行了内部行政处理。其中，免职26人、开除2人、警告45人、记过8人、罚款32人次计33.15万元、通报批评19人，被扣减奖金、取消评先资格、诫勉谈话等28人。此外，2人被依法移送司法机关，7家基层机构被通报批评。某产险公司对其某省级分公司及所属12个机构40余人实施行政记大过、警告、降职、诫勉谈话等处理措施。

同时，这些公司深入开展问题整改、合规教育培训、完善制度等工作。为在更大范围内查找问题，15家总公司都部署了自查自纠工作。某产险公司对系统内8家分公司进行了中介业务管理专项审计，延伸核查16家中心支公司。为提高各层级人员的法律法规意识，15家总公司都开展了《保险法》《处罚办法》等法律法规的学习及培训工作。还进一步查找中介业务管理制度及流程等方面存在的问题，加强中介业务管理制度机制的建立和健全，探索推进中介渠道专管专营，完善销售管理系统，强化技术管控措施，逐步实行手续费跟单管理。

（三）现场检查促进非现场监管

目前，按照监管部门要求，保险公司要定时报送信息统计系统数据。在中介业务方面，按照107号文《通知》的规定，保险总公司及省级分公司应在每季度结束后分别向中国保监会、当地保监局报送中介业务统计报表，并且由其各级总经理在报表上签字，对报表内容的真实性负责。报表按照不同的中介业务渠道以及对应的险种分类，要求保险公司分别填报保费收入、手续费及佣金支出、实付佣金三类数据，监管部门通过分析不同季度数据的变化以及与市场平均水平的差异，可以对存在的风险进行监测。

在保险公司按照常规报送数据报告的同时，监管部门还可以针对市场中发现的某类问题或常规报送数据的不足，专门设计针对性模版，要求保险公司按时按规定报送有关数据、制度、内控材料。通过建立非现场的数据及制度分析，探索能有效发现违法违规问题的机制，及时发现市场主体违法违规的倾向性行为，以弥补解决单一现场检查覆盖面小的不足。

如某保监局除要求辖内保险公司和保险专业中介机构按期报送中国保监会要求的报表外，还要求辖内保险公司按期报送一些补充报表，进一步反映出各保险公司分险种业务来源和分渠道业务来源等信息。指定专人定期分析各保险公司报表，对于业务增速较快、亏损增大、保险公司和保险专业中介机构数据不匹配等异常指标及时发现预警，列为重点关注对象，必要时开展现场检查。

某保监局注重把保险公司的数据与保险中介机构数据进行比对分析，反向推断保险公司中介业务中可能存在的问题。要求保险公司提前填报“公司主要经营数据汇总表”“公司各险种经营数据汇总表”“中介机构业务开展情况汇总表”等表格。表格按项目、月份、保险中介机构等多维度设置，内容包括保险公司保费收入、手续费支出、费用列支、赔款支付、按保险中介机构或个人汇总的保费和手续费金额等项目。保监局结合保险稽核系统分析，掌握保险公司的经营特点、业务结构和发展趋势，确定重点检查内容和重点时段。同时，在原有兼业代理机构相关数据的基础上，逐步完善建立动态的保险兼业代理机构档案库，掌握本地区保险兼业代理机构的基本信息、从业人员数量、业务规模等情况，通过与保险公司中介业务数据的比对，发现线索。

某保监局针对数据报表设置过于宽泛，不利于及时发现违法违规线索的情况，进一步完善细化“兼业代理机构业务汇总表”分项内容。一是将原表“机构项目”的“银行”项，细分为10个细项，如“工行”“农行”“中行”“信用社”“邮储银行”“其他金融机构”等。二是将原表“机构项目”的“车商”项，扩展细分为3个细项即“汽车销售”“汽车修理”“汽车运输”，以准确把握各类兼业代理机构业务情况。

延伸阅读1：

保险公司落实中国保监会有关规定，严格手续费（佣金）支付有关要求

中国保监会下发107号文《通知》之后，某保险公司认真落实，加强整改，对中介业务管理提出下列要求：

1. 支付对象：保险代理手续费（佣金）只能支付给具有合法资格的保险中介机构和个人营销员。严禁向未取得许可证的保险中介机构或个人支付保险代理手续费、佣金或者其他非法利益；严禁对直接承保业务提取手续费、佣金；严禁向投保人、被保险人支付保险代理手续费、佣金或者其他非法利益。

2. 支付方式：对保险营销员的代理手续费（佣金）必须实行全险种跟单，以转账的方式支付。严禁以直接冲减保费或以现金、现金支票方式支付代理手续费（佣金）。

3. 发票管理：对保险中介机构支付代理手续费（佣金）必须取得对方开具的发票。严禁假发票入账、严禁利用保险中介机构虚开发票、非法套取资金。

4. 列支渠道：保险公司支付的手续费（佣金），必须全额在“手续费支出”科目中据实列支。严禁采取虚假批单退费、虚假赔案、营业费用贴补、虚挂应收保费、坐扣保费等方式支付手续费（佣金）。

5. 档案管理：建立保险中介业务登记簿，详细记录保险中介业务保费收入、手续费（佣金）金额等情况。系统全面掌握合作保险中介机构的基本信息、资质状况以及每一单手续费金额和去向，实现手续费管理系统化、流程透明化。

6. 协议管理：委托保险中介机构开展业务的，必须与被委托的保险中介机构签订书面的委托代理合同，并明确授权范围、代理险种、手续费比例、保险费解付时限、单证核销、展业宣传、双方的权利义务、违约责任等内容；委托代理合同不得违反法律、行政法规及中国保监会有关规定。严禁与未取得许可证的机构签订保险代理协议。

7. 营销员管理：落实营销员全员持证上岗、挂牌展业制度；加强保险营销员档案管理，如实记录营销员入司、展业行为、诚信记录、继续教育、离司等情况。严禁与未取得保险代理从业资格证书的人员签订保险代理合同；及时纠正、制止保险营销员的违法违规行为，严禁诱导、纵容、放任营销员从事保险违法行为。

延伸阅读2：

多措并举预防中介业务违法违规

某产险公司认真落实中国保监会关于加强保险公司中介业务管理有关文件的精神以及监管函的要求，把规范中介业务管理和销售行为作为合规体系的重要部分，提出“六个严禁”。一是严禁以虚挂中介业务、虚列手续费等形式通过保险中介机构或个人营销员账户套取销售费用。二是严禁以工资形式通过员工工资卡或私设账户套取资金。三是严禁以调剂或弥补其他费用为由截留上级公司下达的销售费用，销售费用必须逐笔登记列支金额和真实用途。四是严禁各级机构以各种方式套取资金进行二次分配。五是严禁违反真实性原则转移或变更业务人员的业务归属。六是严禁隐瞒销售费用政策或违反公司规定变更销售费用政策，各级机构要及时向全体员工和业务人员宣导销售费用政策，确保销售费用政策在公司内部公开、透明。该产险公司同时建立内部举报电话，开展检查回访，严格执行“双重处罚、上追一级”的问责要求，涉嫌犯罪的一律移送司法机关。

九、保险公司中介业务检查中如何强化内控制度检查

内部控制的重点是建立和完善内部管理控制机制，强化内部财务控制，通过设计合理有效的组织机构和职务分工，实施岗位责任分明的标准化业务处理流程。内控制度检查，就是通过对内部控制的建立、健全、合理、有效与执行情况进行审查、测试和分析评价所做的工作，是对内部控制本身的再控制，是评审内部控制目标实现与作用发挥的重要环节。开展保险公司中介业务内控制度检查，可以判断保险公司管理制度是否符合相关法律法规的要求，找出保险公司内控管理和治理上的漏洞，更好地完善保险公司中介业务管理，减少违法违规行为的发生。

（一）内控制度检查可以用来评估保险公司内控制度完备性

完备适当的内控制度应符合以下的几个特征：一是合法性。保险公司必须以法律和保险监管法规为依据，制定切实可行的内控制度。二是整体性。保险公司的各项内控制度必须充分涉及业务财务流程各个方面，各项内控制度之间要相互协调。三是针对性。保险公司要根据本公司的实际经营情况，制定切实有效的制度，操作性要强，将业务、财务的各个环节和细节加以有效控制，以提高整体管理水平。四是一贯性。保险公司的各项内控制度必须具有连续性和一致性，可以持续执行。五是适应性。保险公司内控制度应根

据法律法规的要求、市场发展情况、自身情况变化及时补充和调整。

（二）内控制度检查使用的一般方法

内控制度的检查一般使用穿行测试的方法，主要通过对实际业务、财务流程的控制点与内控制度规定的控制点进行核对，发现内控制度设计上的缺陷和执行不到位的地方。内控制度检查主要可分为五个步骤。

1. **调取保险公司的业务、财务内控制度。**认真阅读公司的各项内控制度，熟悉各项业务的流程、控制环节、关键风险点，关注内控制度是否与现行的法律法规存在冲突，关注业务流程各环节的具体要求，关注不同级别负责人的审批权限，关注是否在部门与部门、岗位与岗位以及员工之间建立互相验证、互相制约的关系，关注对不相容岗位设置的要求等。

如某保监局在内控检查中，一是获取检查对象通讯录及人员进出情况。了解检查对象的管理层级和人员隶属关系，并与业务、财务纸质档案中的签名审批情况进行核对，初步梳理掌握检查对象的内部管理流程。二是查阅检查对象发文及签报。调阅纸质文件或进入办公自动化系统查阅有关文件。获取检查对象OA系统、实时通信系统、电子邮件系统的操作权限，进入系统查阅与检查内容有关的电子文档。重点查找检查对象的业务财务审批制度、中介业务风险防范制度，以及是否有同意或默许有关违法违规行为的纸质或电子文档。三是约谈检查对象相关工作人员获取信息。结合某一涉嫌违法违规的行为，依次与经办人、审核人、批准人谈话，并询问相同的问题，从回答不一致的地方入手，获取有价值的线索。重点询问违法违规行为是否与检查对象内部制度相抵触、上级为何审批通过等有关事项。

某保监局对检查对象省级分公司进行了内控制度检查，获取了《稽核监察制度》《产险案件责任追究管理办法》《产险综拓渠道基本管理办法》《单证管理办法》《集团“红、黄、蓝”牌处罚制度》《员工违规行为处理执行标准》《保险业务支付管理办法》《代理远程出单管理办法》《营销员基本管理办法实施细则》《专、兼业代理业务管理办法》《代理档案管理办法》《产险客户信息管理办法》等内控制度，逐个审核后发现大多数符合监管政策要求，但也存在一部分贯彻落实不到位，如保险代理业务合规经营档案内容简单、不完善，对保险代理人培训内容不健全，代理业务定期核查不普遍、记录不完整，责任追究有遗漏等。

2. **核实内控制度的执行情况**。根据对内控制度的研究，选取与检查目的相关的领域，如单证领用、财务报销、营销员佣金发放等内控流程画出业务流程图，对公司内控制度的执行情况作出全面测试和评价。对会计岗、出纳岗、单证管理员、营销员管理岗、财务经理、业务部门负责人等重要岗位的人员进行询问，了解岗位人员对所负责的工作业务流程是否熟悉，是否了解所负责业务流程中岗位间相互复核、相互牵制的要求；抽取一定量的业务、财务档案，按照流程图进行核对，逐个环节核对各业务的实际流程是否符合内控制度的要求，各层级的授权签字和档案留存是否清晰完整，判断内控制度的执行情况。

如某保监局对检查对象内控制度进行检查，发现其内部管控较为薄弱，相关内控制度和要求均已经建立，但执行上大打折扣，内控制度执行浮在表面、形同虚设。尤其是在对保险中介机构管理上，检查对象仅签订合同收取保费，缺乏日常培训，疏于管理，导致保险中介机构台账不全、账务不真实，甚至出现大量营销员通过兼业代理机构虚挂中介业务套取资金的问题。财务方面审核把关不严，对不符合规定的营销团队费用采取包干方式，对发生经济事项不符甚至发票不合规的仍给予报销。检查对象在内控管理出现漏洞，导致违法违规行为没有得到及时发现和解决。

某保监局调阅检查对象省级分公司的相关制度档案，操作检查对象业务系统进行内控制度检查。一是调取《保险营销员管理办法》《团险业务基本法》《客户经理基本法》《理财经理管理办法》《常态化增员机制建设意见》《团队主管工作模式指引》《组训工作模式指引》等基本制度，并按照制度条款进行穿行测试，核实检查对象是否严格按照制度规定进行内控管理，是否存在有制不依、执行不力，或者明一套制度应付检查、暗一套制度实际执行。

结果显示，检查对象对营销员是否具备合法资格未进行审核。二是调取检查对象合作的保险代理机构和保险营销员名录以及所签代理协议，核实是否存在委托未取得合法资格的保险代理机构及个人从事保险营销的活动；是否未按照规定签署代理协议。结果显示，检查对象中介业务内控管理不到位，省级分公司对其所属地市级分支机构委托的保险中介机构不作合规性审查，存在委托无资格机构从事保险营销的活动。三是了解掌握检查对象核心业务系统，核实系统是否存在漏洞，并从系统中抽取数据与财务系统数据及财务账册、凭证核对，检查是否存在数据差异。结果显示，检查对象系统建设不完善。例如保险营销员信息管理系统（AMIS 系统）虽然实现了对营销员进行省级集中管理，但是对营销员是否持证并未作硬性约束，未取得合法资格的营销员也能录入该系统并根据业务量计提佣金。

某保监局在了解检查对象内部控制建立情况的基础上，采用五种方式核查内控制度执行情况。一是测试。抽取几笔保单进行穿行测试，追踪其在业务系统中的处理过程，评价控制设计的有效性以及确定控制是否得到执行。二是核对。查看检查对象提供的所有制度、规章、单证登记簿、投保单记录、理赔记录等业务记录，检查制度的健全性、文件记录的完整性和单据填制的规范性，查看营销员相关资格证书，检查营销员的任职情况。三是观察。对检查对象日常经营行为进行观察，了解真实情况；利用各个渠道登陆检查对象各类系统，检查系统的操作性能。四是询问。以书面或口头方式，向检查对象内部或外部的知情人员获取相关信息。五是分析。抽取一定保单样本，将原件与系统中信息进行核对，确定系统信息的真实性和准确性。

3. **关注内控制度的变化情况**。关注制度流程变化后的责任确认问题。如财务核算上收后，上下级之间财务会计岗位的工作职能和工作内容，明确各层级人员的权限和责任，确定费用开支的主导权由哪一级机构、哪些人员掌握。关注业务流程改变后财务核算的变化情况，如某项业务取消后，下级机构是否仍在列支该项费用。

如某保监局在对检查对象营销业务进行检查的过程中，检查人员调取了前一年度和本年度的通讯录，按照检查对象制定的《保险营销员管理暂行规定》查阅保险营销员的入司和离司资料，并对2年内的入司、离司人员进行了记录。在将入司、离司人员与现有人员进行核对后发现，部分营销员没有签订代理协议，部分离司人员在办结离司手续1年后，仍然在出单和领取手续费，由此发现了检查对象的违法违规线索，检查人员采取对团队主管、团队成员、出单员进行问话，要求可疑人员到场问话等手段，最终查实检查对象虚增保险营销员从而虚列中介业务套取资金的违法违规事实。检查对象早在一年前已经对理赔进行了集中上收管理，支公司不再配备理赔人员，但检查对象下属的支公司仍然大量使用各种发票报销间接理赔费用，根据其内控制度，可以认定支公司报销的间接理赔费用不合理，存在虚列业务及管理费用套取资金的可能。

4. **内部审计制度检查**。重点关注保险公司是否建立了内部审计制度，内部审计制度是否得到贯彻执行。调取内部审计部门的正式检查报告和检查档案，分析内部审计发现的问题，调阅内部审计档案，查看内部审计工作的底稿，关注是否存在内部审计中发现的严重问题未在审计报告中反映的情况。内部审计制度检查时，要对审计报告中披露的问题进行记录，对照检查整改情况。

如某保监局重视对检查对象内部稽核审计报告等资料的检查和证据运用。一是提前要求检查对象提供内部稽核材料、考核制度和基本法、规章制度等资料，并由主管领导签字确认，防止在日后检查中检查对象随意编造理由逃避责任。在检查对象某中心支公司的检查中，从检查对象总公司对其的稽核审计报告中发现了虚列业务及管理费用的重要线索，根据检查对象提供的基本法进行测算，发现了部分银保专管员工资虚高的线索，并进行了查实。二是提前要求检查对象提供管理员工名录和联系方式、营销员名录和联系方式、业务人员名录和联系方式，并同时提供所属部门、职务、进司和离司时间等相关信息，为下一步直接联系相关人员了解情况做好准备，也防止检查对象以员工或营销员已离司为借口，不配合检查。三是提前要求检查对象提供人员的考勤记录，为下一步检查会议费列支的真实性提供佐证。

5. **调阅公司的会议记录以及内部通信。**查看保险公司的重大决策、业务政策是否按照内控制度规定的程序进行决策，是否存在保险公司领导层对内控制度不重视或者人为操控内控制度的情况，检查保险公司内控制度执行是否存在重大缺陷。查看保险公司内部通信记录及邮件系统，关注是否存在不遵守内控制度的行为，是否存在实际执行与内控制度相背离的情况。

如某保监局检查人员从检查对象会议记录中发现其走访大客户以及银行、邮局、信用社等兼业代理机构的文字记录，如“人均1 000元，再加集邮册”等内容，还发现有“从佣金费用出”等字样。

某保监局从检查对象的公文处理系统查找其内部签报和用印申请公文，在一份名为《关于××建筑有限公司承保建工意外险的请示》的内部工作签报中，就建筑工程意外保险的手续费比例向上请示，且其支付对象涉嫌违规。在这份电子签报中，自中心支公司市场部负责人到中心支公司负责人、省级分公司部门负责人直至省级分公司分管副总经理层层审批，且显示上级公司对请示内容的审核和修改意见，资金支付对象、支付比例和金额清晰，能帮助检查人员快速锁定检查重点。

专栏13:

检查保险公司内部邮件系统发现违法违规线索

某保监局于2011年3月24日进场对一家产险公司进行检查。在4月20日检查该产险公司内部邮件系统时，发现该产险公司在4月6日21点16分向各中心支公司及有关营业机构发出邮件，要求内部统计虚挂代理业务的数量，邮件重要性为“高”，邮件内容如下“各位领导、同事：7日上午梳理一下机构直销、四级机构，1~3月，其中虚挂代理的业务有多少，转绩效的有多少，保费及占比。板块分为私家车、非营业团车、营业客车、营业货车。事情比较着急，数据不要求太精确，测算使用。下午2点逐机构沟通确定，谢谢配合。”另于4月7日10点17分补充：“所有虚挂代理的业务，不只局限在直销和四级机构。”某中心支公司于4月7日11点35分反馈邮件，内容为“××反馈，四级机构××：1－3月签单保费合计139.6490万元，其中转绩效为38.8461万元，虚挂代理100.8028万元。中支本部：1－3月签单保费合计419.0257万元，其中虚挂175.1982万元，转绩效为76.9133万元。转绩效包含电销。”保险公司为测算违法违规程度来应付保监局的检查，能在极短时间内精确统计出虚挂代理业务的数额，且数额巨大，占比较高。可见，保险公司对中介业务违法违规心知肚明，明知故犯。

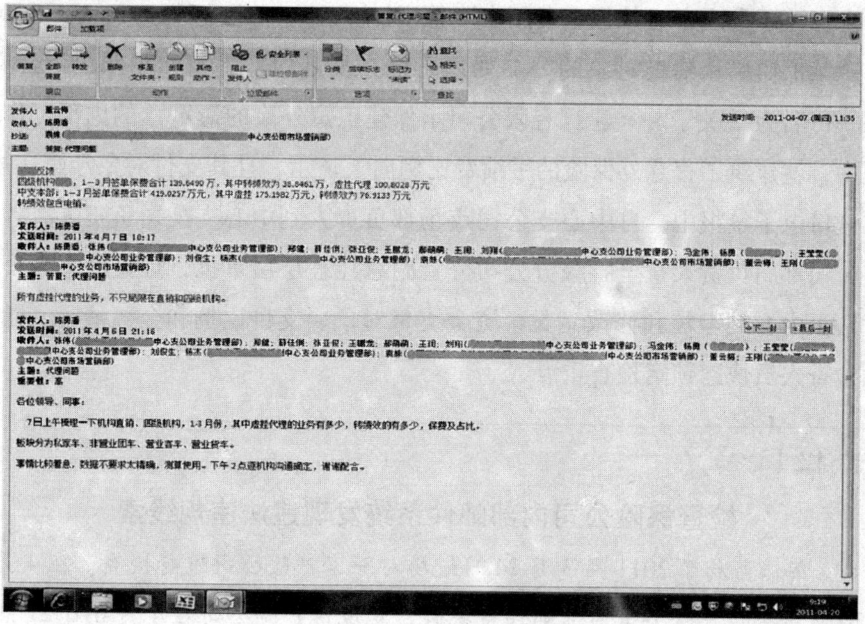

延伸阅读3：

保险公司稽核审计报告中透露分支机构违法违规线索

某保监局在中介业务非现场监管中，注重对保险公司内控制度体系的检查，从中发现线索。该保监局调阅并分析一家寿险公司总公司的稽核审计报告，发现本辖区内其中心支公司银保渠道采用贴票报销方式支付协议外手续费。稽核审计报告显示，2009 年 9 月 ~2010 年 3 月，该寿险公司中心支公司银保部除按合同约定向银行代理机构支付手续费外，另支付给银行代理机构其他费用和直接业务手续费合计 80.35 万元。此部分手续费以贴票报销的形式发给客户经理，贴票类型主要为办公用品和日用品。另 2010 年第 2 季度后协议外手续费以绩效工资的形式打到银保客户经理工资卡中，再由客户经理支付给代理机构。上述行为导致财务数据与实际经营事项不符。

延伸阅读 4：

建立有效的内控制度抑制虚挂中介业务

某保监局检查某寿险公司省级分公司内控制度，重点关注与中介业务检查联系比较密切的制度，主要包括公司的预算管理制度、三个渠道的业务人员管理办法、阶段性的激励方案等。

检查发现，检查对象对包括中介手续费在内的全部销售成本与费用实行动态预算与总额控制制度。具体来讲，销售成本与费用由三大部分构成：一是保险中介机构手续费；二是业务及管理费用；三是人员薪酬。三部分的合计可开支金额根据实际实现的保费计算产生，实行动态预算。预算单位是各分支机构的各个销售渠道或成本中心。比如，支公司包括团险渠道、银保渠道、个险渠道、客户服务、综合部门五个预算单位，其中前三个业务单位均由自身实现的保费产生相应的销售成本与费用，简称“创费”预算。分公司的财务部门根据业务系统的保费数据，生成各个预算单位的可开支金额额度，通过工资薪金、费用报销、中介手续费等方式支付预算。执行该预算管理制度有利于明晰公司的费用结构，便于检查对象的内控控制。

在团险管理制度中，中介渠道的业务纳入具体业务人员的统一考核中，但为了削弱业务人员将自有业务挂靠保险中介机构的动力，检查对象在制度层面做了以下几个约束：一是在“创费”预算管理方面，业务人员自有业务与中介渠道业务在该业务人员的收入创费方面相差的点数，与市场代开中介发票费用水平大致相当。二是中介渠道产生的保费按照80%计算相应业务人员的考核保费，业务人员的直接业务全额计算考核保费，考核保费是决定业务人员绩效薪酬的重要因素，这可在一定程度上限制业务人员代开中介发票的动力。三是在考核指标体系中设置新增客户数量指标，但业务人员维护中介渠道的新增客户数量不允许记入。通过抽查部分人员的薪酬考核情况，发现以上的激励制度有利于减少虚挂中介业务的行为。

十、保险公司中介业务内控制度检查包括哪些合规要点

《保险法》等法律、部门规章以及规范性文件都对保险公司中介业务内控体系制度提出了明确要求，特别是《处罚办法》和107号文《通知》，专门针对保险公司中介业务内控管理进行了明确细致的规定，指向清晰，提供了保险公司中介业务内控制度检查的参照。监管部门开展保险公司中介业务检查，应将保险公司内控合规作为重要内容，以提高保险公司中介业务经营的合规性，减少违法违规行为的发生。

依据有关法律规章制度以及检查便利性，中介业务内控管理制度可以分为“中介渠道管理制度建设的健全性”“中介渠道业务管理系统的有效性”“中介渠道财务管理合规性”“中介渠道档案管理的合规性”四个部分共计32个合规检查点，监管部门应对每一项中介业务内控管理合规检查点进行认真检查，并对保险公司内控制度建立及执行情况进行客观的检查评价，以最终判定保险公司内控制度的合规情况。

（一）中介渠道管理制度建设的健全性

1. **检查目的**：检查保险公司中介业务管理制度建设情况、执行情况。寻

找保险公司中介业务管理的制度缺陷。

2. 合规检查点：

（1）保险公司总公司是否制定具体中介业务管理制度。

（2）保险公司是否制定保险中介机构的选择标准。

（3）保险公司是否有专门的保险中介渠道管理政策。

（4）是否规定佣金支付标准，并对交强险和其他险种分别规定。

（5）是否建设中介管理信息系统，如人员管理系统、佣金支付系统、业务跟单系统等。

（6）保险公司分支机构选择保险中介机构是否报省级分公司或总公司批准，是否有审批签报等。

（7）保险公司与保险中介机构是否签订委托代理协议。

（8）签订委托代理协议的保险中介机构是否为合法机构、是否与无资格保险中介机构签订代理协议。

（9）保险公司的业务系统是否可以提取通过保险中介机构销售的每张保单的保单号、投保人名称、保险标的、保险费、佣金计算标准及金额、保险中介机构名称。

（10）业务系统提取的信息与财务系统的支付信息是否能进行及时核对，是否存在提取和实际支付对象、金额不一致的情况。

（11）是否建立中介业务违法违规行为责任追究机制。

（二）中介渠道业务管理系统的有效性

1. 检查目的：检查保险公司中介业务管理系统的有效性，查看系统的设置和操作是否能与公司的各项管理制度相衔接，公司的管理制度中的控制点能否在管理系统中有效体现。

2. 合规检查点：

（12）是否只有持有效许可证、签订委托协议的保险中介机构及有效两证（资格证和展业证）的营销员才能录入中介系统并发放中介代码。

（13）系统是否能对资格有效期进行记载和识别，是否可以提示到期换证、合同续签；对资格超出有效期的，系统是否能作出限制。

（14）保险中介机构及营销员发放工号系统是否由专人负责。

（15）保险公司是否有人员负责对录入资料的预审核。

（16）中介业务管理系统中的中介渠道机构和人员数量、业务、佣金情况，是否与107号文《通知》中规定报送的报表相一致。

（17）保险公司检查期间入职、在职、离职的保险营销员名单是否与系统记录一致。

（18）最近一个月内发放工号的营销员、已离职营销员是否能在保险公司中介业务管理系统和中国保监会保险中介监管信息系统中及时改变从业状态。

（19）使用错误的许可证和虚拟的营销员资格证信息录入系统，系统能否提示错误和拒绝录入。

（三）中介渠道财务管理合规性

1. **检查目的：**检查保险公司中介财务管理的有效性，查看佣金支付是否符合法律法规的要求。

2. **合规检查点：**

（20）保险公司是否设立专门唯一的佣金支付银行账户。

（21）中介佣金是否全部转账支付。

（22）佣金是否由总公司或省级分公司统一转账支付。

（23）佣金发放表是否由专人生成和核对，佣金发放表是否经过业务财务部门审核签字。

（24）财务账表的佣金支付数与银行账户对账单的支出数是否一致，佣金支付系统内的数据与财务系统内的实际支付数据是否一致。

（25）转账支付对象是否与投保单、保单、中介业务佣金提取支付系统记载的业务来源保持一致。

（26）建立交叉销售代理关系的保险公司，佣金结算方式是否采取机构与机构间转账结算，还是由被代理方直接向代理方营销员支付。

（四）中介渠道档案管理的合规性

1. 检查目的：从保险公司的中介业务管理档案入手，检查保险公司各项中介渠道管理规定的落实情况。

2. 合规检查点：

（27）调阅保险公司对保险代理人培训的档案，检查保险公司是否对保险营销员进行了法律法规和职业道德培训。

（28）调阅保险公司的代理业务合规经营档案，关注是否对代理业务进行了定期核查，核查结果是否计入档案。

（29）调阅委托合同，检查当中是否约定了保险公司有权要求保险代理人纠正违法违规行为。

（30）对保险代理人涉嫌违法违规的，保险公司是否按要求在发现违法违规行为之日起 10 个工作日内向中国保监会报告。

（31）调阅保险公司内部审计部门的审计项目清单、审计报告、审计档案，检查内部审计部门是否对中介业务进行了审计。

（32）查阅保险公司内部、外部审计报告，检查是否存在应报告未报告事项和其他违法违规线索。

十一、保险公司中介业务内控制度检查包括哪些关键项目

监管部门在日常监管中，可主要针对保险公司中介业务内控制度开展以下工作：

一是监管部门要督促保险公司按照《处罚办法》和 107 号文《通知》的要求建立完备的中介业务管理制度，加强佣金支付管理。通过对业务财务系

统、信息系统的改造，达到中介业务有专设部门归口管理，有专人分管，有专门的业务规章制度，有专业的稽核审计队伍和风险管控体系，使保险公司对中介业务经营的管控得到有效提升。

二是监管部门建立巡查化、常态化的工作机制，对本辖区内保险公司定期开展中介业务内控制度检查。检查保险公司是否执行了有关规定，有关监管要求是否传达到了基层一线员工，检查内控制度是否按照有关要求进行，判断内控制度能否对业务经营进行实质性约束。对于内控不到位、执行不力存在潜在风险的，督促保险公司限期整改，并列为检查重点对象或开展检查。

三是监管部门建立保险公司中介业务日常数据监测制度。定期汇总、分析保险公司按照规定上报的中介业务数据报表，结合其他数据信息资料，综合分析中介业务的发展变化情况，为监管决策提供依据。发现经营过程存在的风险点，要对保险公司进行风险提示。对保险中介业务报表数据指标异常的机构及时质询、调查和开展必要的现场检查，实现非现场监管和现场检查的有机结合。

四是监管部门分析内控制度为现场检查提供支持。监管部门在开展现场检查前，可通过先行对保险公司内控制度进行检查，了解内控管理情况，掌握保险公司可能的违法违规高发点，为现场检查提供线索和支持。

本节结合检查实践经验，依据《处罚办法》等规章制度的要求细化了中介业务内控制度检查的关键项目，总计提炼了常规性的检查方法作为参考。同时，以三组检查示例的形式展现三家保监局在中介业务内控检查中使用的方法，提供一个多视角的学习借鉴，以丰富中介业务内控制度检查的方法体系。

（一）关键项目一：判断保险公司是否建立中介业务管理制度，已建立的制度是否符合法律法规的要求（依据《处罚办法》第3条）

检查方法

（1）调阅检查对象中介业务经营管理制度，包括营销、兼业代理、专业代理、经纪业务管理制度。

（2）检查各项制度是否规定了保险中介的准入、日常管理、业务流程、退出制度、档案保存等流程。

（3）检查相应的管理流程是否符合保险监管法律法规的要求。如保险营销管理制度是否规定了保险营销员只有取得资格证和展业证后才可以发放工号，支付佣金时是否必须通过转账方式向唯一银行账号转账支付。保险专业中介机构的选择是否必须报经省级分公司批准，手续费必须通过省分级公司统一转账支付等。检查单证管理情况，是否按照要求进行出入库登记和核销登记，抽取部分已发放未核销的单证和领用人进行盘点核对，抽取部分已发放已核销的单证与单证登记簿进行核对，检查是否存在差异。

（4）抽取营销员、兼业代理、专业代理机构各若干，对照检查对象的管理制度、核心业务系统、中介业务管理系统、财务系统，查看合作协议，实地查看了解保险中介机构（个人）代码发放流程、调取当年新增保险中介机构和终止代理关系的保险中介机构的档案，查看核心业务系统和财务系统是否存在解约后仍出单和支付佣金的现象。查看保险营销员的入司、离司档案是否齐全，是否符合检查对象自身的管理规定。

（5）将检查对象申报的各项涉及中介业务的报表报告与核心业务系统和财务管理系统内的数据相核对，核实检查对象是否按要求如实申报各项报表报告。

保监局检查方法示例一

一是收集检查对象内部管理制度，在其确认所提供内容真实完整后对制度进行分类汇总。

二是对检查对象主要负责人、合规部门负责人、中介业务负责人以及财务部门负责人分别询问，了解检查对象中介业务管理基本思路及制度体系。

三是通过调阅业务档案、核查系统数据、模拟操作验证以及突击开展检查等方式，逐项验证各制度真实合理性。

检查要点：一是重点关注制度的完整性和执行情况；二是注重检查对象与下属分支机构间的管理衔接及责任划分，检查制度的实际执行效果；三是关注各项制度之间的关联点、内部操作流程及职责分工，查验制度是否存在漏洞。

保监局检查方法示例二

一是调取检查对象收发文和内控制度汇编，重点查看《处罚办法》印发后检查对象总公司是如何贯彻执行的，是否修订印发了相关保险公司中介业务管理办法，是否加强了系统管控；对于要求省级分公司开展的工作，省级分公司是否执行到位；是否按照内控制度要求对业务操作流程进行了修订和完善。

二是实施穿行测试，检查内控制度执行是否得到有效执行，是否存在管控风险点，能否保证经营行为依法合规、业务财务数据真实客观。

保监局检查方法示例三

一是询问个险、团险和银保部门经理和有关业务人员，了解检查对象总公司或省级分公司是否制定保险公司中介业务管理制度，制度是否包括保险中介机构的资格要求、渠道管理及相应的佣金或手续费支付标准、信息系统建设等内容。

二是查阅检查对象2010年度内部控制手册和收发文记录，了解省级分公司是否按照总公司的要求建立适合本地区实际的中介业务流程。

三是获取并检查与个险和银保渠道有关的管理制度，并进行“穿行测试”，检查中介业务流程是否科学合理。

在2011年现场检查中，该保监局发现检查对象中介业务制度分布于个险、团险和银保相关管理制度中，且没有制定保险专业中介机构业务管理制度。

（二）关键项目二：判断保险公司的业务财务管理信息系统是否逐单记录了中介业务的业务和财务信息，记录的信息是否真实、准确、完整（依据《处罚办法》第4条）

检查方法

（1）要求检查对象按照要求导出中介业务的信息，导出的信息应至少包括保单号、险种、销售渠道、保费金额、手续费率、手续费金额、投保人名称、被保险人名称等内容。

(2) 抽取一定量的中介渠道保单纸质档案和对应的业务归属人的档案，将纸质的业务档案与业务核心系统内的数据进行核对，看保单信息是否一致。查看核心业务系统内的手续费数据，在财务管理系统内查找支付凭证，看支付金额是否与业务系统内的数据相一致，支付的对象和账号是否和中介业务归属人档案内的预留内容相一致。

(3) 按保险中介机构名称在核心业务系统内提取 1 个月或一定时期的业务清单，记录应付佣金情况，在财务管理系统内核实佣金的实际支付情况。

(4) 关注业务流程改变后，财务核算是否一并改变。如查勘理赔权上收上级机构后，检查对象本级机构的财务是否仍在核算查勘费和理赔费用。如果仍存在上述情况，可以对权力上收后仍列支的部分作为虚列业务及管理费用进一步检查确认。

(5) 抽查是否存在保险营销员终止合同离职后仍然在出单和领取佣金的现象。将工号发放日期与新签约营销员首次领取佣金的日期、佣金对应的保单出单日期相核对，查看是否存在无证展业等违法违规行为。

保监局检查方法示例一

一是要求检查对象提供业务、财务系统登陆账号及密码，并为检查人员设置最大使用权限。

二是要求检查对象提供全部业务、财务档案（包括业务台账、财务报表、总账、明细账、凭证等)。

三是登陆检查对象业务、财务系统，提取保费收入、手续费收入、承保费用、理赔费用、管理费用等基础数据。

四是抽取检查对象不同险种业务档案，通过公司业务、收付费以及财务系统进行查验，确定检查对象是否做到对保险代理人和保险经纪人保单保险费和佣金数额进行逐笔记录。

五是对各系统内及业务、财务档案内的数据进行综合比对，分析各系统数据的真实性和准确性，针对数据不一致情况要求公司进行解释说明。

检查要点：一是注重统一各项数据提取口径，验证各项系统间数据的勾稽关系。二是注重对业务、财务数据进行双向比对。三是对检查对象每一解释说明均做好记录，相互验证其真实合理性。

保监局检查方法示例二

一是调阅相关业务、财务档案和凭证，要求检查对象从业务和财务系统分别提取中介业务清单和手续费支付清单等，检查上述报表能否准确、完整记载中介业务的业务和财务信息，是否能够逐单记载通过保险代理人、保险经纪人签订的保单的保险费和佣金数额。

二是要求检查对象进行全流程演示，察看相关信息在系统内是如何传递生成，判断导致信息不真实的风险点有哪些，是否得到有效管控，进而判断是否能够保证信息真实。

保监局检查方法示例三

一是主要选择若干具有代表性的、通过保险经纪人或保险代理人签订的保单在信息系统进行“穿行测试”。

二是对通过保险中介机构销售的每张保单，测试业务财务管理信息系统是否具有保单号、投保人名称、保险标的、保险费、佣金计算标准及金额、保险中介机构名称等信息，并依据这些信息进行佣金或者手续费的支付。

在2011年现场检查中，该保监局发现检查对象业务财务信息系统对中介业务财务信息记载存在一定问题。

（三）关键项目三：判断保险公司是否建立保险中介违法行为责任追究办法或类似制度，是否对中介业务进行了稽核检查（依据《处罚办法》第5条）

检查方法

（1）要求检查对象提供本级机构或上级机构制定的保险中介违法违规行为责任追究办法或类似文件。

（2）调阅检查对象的内部审计报告和审计档案，检查内部审计是否发现保险中介违法违规行为，检查对象对发现的违法犯罪行为是否及时上报。

（3）调阅公司的会议记录，检查会议记录中反映出的一些违法犯罪行为是否被检查对象私下处理，是否未按要求报告。

保监局检查方法示例一

一是要求检查对象在限定时间内提供稽核审计报告和中介业务违法违规行为责任追究制度。

二是核查审计报告内是否包含对中介业务的稽核审计情况。

三是核查中介业务违法违规行为责任追究制度是否详细、合理，内容是否包含《保险法》等相关法律法规的全部禁止性规定，是否有利于保护检查对象合法利益，违法违规行为责任划定是否清晰，责任追究流程是否合理、完整，有无对检查对象内部管理人员的责任追究。

四是对相关人员进行问询，了解责任追究机制的执行情况。

检查要点：一是深入分析稽核审计报告，发现中介业务管理漏洞，为深入检查提供线索；二是注意与法律法规进行比对，重点关注责任追究机制的可操作性。

保监局检查方法示例二

一是调阅检查对象收发文记录和内控制度，与相关高管和部门负责人交谈，了解检查对象是否建立了中介业务的稽核审计制度，是否明确了相关责任部门，是否建立了责任追究机制，是否按照制度进行了稽核审计并进行了责任追究。

二是要求检查对象提供审计报告、内部工作签报等。如果发现存在违法犯罪行为的，审查是否按照规定进行了报告。

保监局检查方法示例三

一是收集分析检查对象内部稽核或者审计报告。

二是复核这些文件是否具有中介业务稽核审计标志，是否进行稽核审计岗位设置和责任分工。针对检查对象是否建立中介业务违法违规行为责任追究机制，首先是核对检查对象内部签报、通报、责任状等文件，以及对责任人的考核制度；其次是与检查对象管理层和相关部门负责人会谈，全面了解违法违规的评估和整改情况。

在2011年现场检查中，该保监局发现检查对象没有进行专门的中介业务稽核审计。

（四）关键项目四：判断保险公司是否按照中国保监会的规定，对保险代理人进行法律法规和职业道德培训，并保留详细的培训档案（依据《处罚办法》第6条）

检查方法

1. 将检查对象的上年度继续教育开展情况报告与检查对象的继续教育档案核对，检查报告的真实性。

2. 查阅检查对象的培训档案是否完整记录了培训事项，至少应包括培训的时间、地点、讲师、参训人员签到表、相关的培训课件或讲义等。

3. 抽取部分培训档案记载的内容与保险营销员管理子系统内记录的内容核对，查看是否存在差异。

4. 询问部分营销员上年度培训开展情况，核对营销员签名与签到表签名是否存在明显差异。

保监局检查方法示例一

一是要求检查对象在限定时间内提供培训管理制度和各分支机构对保险代理人进行培训的档案记录。

二是对检查对象合规责任人、中介业务管理责任人、培训责任人等相关人员进行问询，了解培训执行情况。

三是翻阅培训记录，重点关注签到表、培训时间、培训地点、培训内容、培训对象、培训讲师等，分析培训真实性。

四是对相关培训讲师和保险营销员进行问询，了解培训时间、内容、参训人员范围等信息，验证检查对象培训记录真实性。

检查要点：一是对发现的线索及时取证并相互印证，不给检查对象补录的时间和机会；二是与相关人员分别谈话并记录，防止串供；三是重点关注签到表、培训课件等较难伪造的培训证明。

保监局检查方法示例二

一是调阅检查对象内控制度，与相关高管和部门负责人交谈，了解检查对象就保险代理人后续教育是否建立相应的制度，是否明确了有关责任部门，了解其培训工作具体实施方式。

二是调阅检查对象开展后续教育培训档案等相关资料，如培训前请示、费用开支凭据、人员签到簿、培训课件或材料、培训报告等，判断是否真实开展了继续教育培训。

三是同一时间分头与部分营销员交谈，了解接受继续教育情况，调阅培训笔记，判断继续教育真实性以及评估培训质量。

保监局检查方法示例三

一是调阅针对保险营销员培训的课件、签报、培训计划、培训资料、培训档案。

二是与检查对象管理层和相关负责人会谈。

三是检查与培训有关的费用发票和业务制度。

四是检查培训计划是否合理、培训内容是否符合要求；检查培训档案是否按照有关内部管理规定进行归档，是否符合档案管理要求。

在 2011 年现场检查中，该保监局发现检查对象对保险代理人的职业道德培训和法律法规培训不到位，培训档案不详细。

（五）关键项目五：判断保险公司是否设置专门岗位管理保险代理业务，是否建立代理业务定期核查制度（依据《处罚办法》第 7 条）

检查方法

（1）查阅是否建立中介业务合规档案。查阅检查对象的中介业务管理制度中是否设立保险代理业务日常管理岗，是否对管理岗的岗位职责进行了明确的规定，是否对代理业务定期核查制度进行了明确。

（2）查阅定期检查报告、档案，对其中发现的问题，检查是否如实记入合规档案。

（3）要求提供定期检查的报告、档案。

保监局检查方法示例一

一是要求检查对象在限定时间内提供代理业务岗位责任人名单、核查制度及代理业务合规档案。

二是与检查对象合规负责人、中介业务负责人、代理业务岗位责任人谈话，了解公司代理业务合规管理情况，相互印证谈话内容，判断核查制度是否真实执行。

三是审查代理业务核查制度，评估制度设定的科学性、合理性和有效性。

四是审查代理业务核查记录和合规档案，验证要素是否完整（包括核查时间、地点、人员、核查对象、核查内容、核查结论、被核查方确认以及后续措施等），判断档案的真实性和完整性。

五是选取部分检查对象分支机构开展问询，验证核查记录的真实性及核查制度执行情况。

检查要点：一是与相关责任人谈话时做好记录，以相互印证谈话内容的真实性。二是注重核查档案的真实性校验，重点关注被核查方确认、核查人员签字、核查结论等较难伪造的内容。三是与检查对象的问询谈话是验证中介业务核查真实性的突破口，应注重保存证据。

保监局检查方法示例二

一是从现有内控制度、公司发文等查验检查对象是否确定有关部门、专岗人员具体负责保险代理业务日常管理，是否建立了代理业务定期核查制度并在实际中确实得以贯彻落实执行。

二是审阅代理业务合规经营档案，是否对每次核查结果进行了登记。

保监局检查方法示例三

一是主要调阅检查对象有关人力资源管理制度和流程，有关聘用、培训、调整的年度计划安排及实施情况的报告，有关分析评价测试报告等资料。

二是调阅代理合同合规经营档案。

三是与检查对象管理层和相关部门负责人会谈。

四是核实检查对象是否针对保险代理业务的日常管理进行定期检查，代理业务经营档案是否属于合规范畴。

在2011年现场检查中，该保监局发现检查对象没有设置专门岗位负责保险代理业务日常管理，也没有建立代理业务合规经营档案。

（六）关键项目六：判断保险公司是否按规定对与保险代理人的合作作出制约性规定（依据《处罚办法》第8条）

检查方法

（1）调阅委托合同，查看是否按规定执行约定的合同条款。

（2）根据监管部门的信访投诉记录，检查是否有对检查对象保险代理人违法违规行为投诉的记录。如果有被查实的代理人违法违规行为，进一步查看检查对象的处理措施是否符合监管规定。

（3）调取检查对象内部投诉记录，按上述方法进行检查。

保监局检查方法示例一

一是要求检查对象在限定时间内提供全部保险代理委托协议。

二是核查代理委托协议中是否约定检查对象有权要求保险代理人纠正保险违法违规行为，保险代理人拒不纠正的，检查对象有权终止其代理权。

三是比对检查对象中介业务核查记录，验证保险代理人是否存在违法违规行为，检查对象是否对代理人的违法违规行为进行纠正，是否有相关记录及处理结果。

四是比对非现场监管信息和保险公司内部文件、签报等信息，验证代理人是否存在违法违规行为，检查对象是否对代理人的违法违规行为进行纠正。

检查要点：一是重点关注代理委托协议签订的合规性和完整性。二是充分利用检查对象内部核查记录、非现场监管信息和内部签报、文件等，判断其代理人是否存在违法违规行为，从而判定检查对象是否履行管理责任。

保监局检查方法示例二

一是调阅检查对象与保险代理公司、保险营销员、保险兼业代理机构签订的委托代理协议，是否按照法规要求对有关内容进行了文字约定。查验合同签名或签章，是否存在代签名等行为，确保合同有效，约定明确。

二是询问检查对象，了解是何部门负责处理保险代理人违法违规行为，询问该部门负责人和相关人员，判断其是否明确此项职责，并如何开展工作，以及过去一年或一段时间的工作开展情况。判断是否存在未按照法规要求履职的情形。

三是调阅检查对象内部信访投诉，了解是否存在投诉代理人的信访件，跟踪信访件落实情况和责任追究情况。判断检查对象是否按照法规履职。

保监局检查方法示例三

一是调阅保险代理合同文件，检查是否具有相关条款和约定。

二是调阅年度内终止保险代理关系的保险代理人清单，并向有关当事人询问终止代理关系的具体原因。

三是抽取部分针对相关保险代理人的投诉件，核实检查对象是否及时要求保险代理人纠正保险违法违规行为，是否进行相关处理。

在2011年现场检查中，该保监局发现检查对象在委托合同中约定了有权要求保险代理人纠正保险违法违规行为。

（七）关键项目七：判断保险公司发现是否能按规定报告保险代理人的违法违规行为（依据《处罚办法》第9条）

检查方法

（1）调阅委托合同，核实检查对象是否在合同中规定保险代理人不得从事上述违法违规活动。

（2）结合岗前培训和继续教育记录，核实检查对象是否在日常管理中不断强调应当遵守的法律法规。

（3）询问保险代理人，核实检查对象日常是否就不得从事的违法违规行为向保险代理人宣讲。

（4）结合信访记录、检查对象的投诉记录进行检查，验证检查对象的保险代理人是否存在上述行为；如果存在，是否按规定及时报告。

（5）抽取一定数量的保单档案，查看投保单是否记载了客户电话，必要时可以延伸，向客户取证。核对客户基本信息的准确性，如身份证的最后四位、家庭住址等信息，而后询问投保单是否为客户亲自签名，是否亲自接受电话回访。

（6）对电话信息不准确的保单，要求直接销售保单的代理人作出说明。

保监局检查方法示例一

参见“关键项目六”的检查方法示例。

保监局检查方法示例二

一是调阅检查对象收发文、各部门工作签报、报告等文件资料，重点关注是否存在对代理人因侵害投保人、被保险人或者受益人的合法权益，或者利用保险业务进行非法集资、传销或者洗钱等非法活动而被检查对象处理的事件。

二是一旦出现上述违法违规情况，进一步核实检查对象是否在法定时间内作了报告。

保监局检查方法示例三

一是抽取与检查对象相关的针对保险代理人的投诉案件，核实检查对象是否向保险监管部门如实、及时报告，并采取相关处理措施。

二是询问检查对象管理层和部分负责人，了解保险代理人是否存在销售误导等情况，是否建立及时报告制度，由谁具体负责。

三是检查相关的报告文件，了解检查对象是否只在内部处理，隐瞒有关情况。

第四部分　现场检查

本部分包括针对保险公司中介业务经营管理中常见13种违法违规问题归纳的现场检查方法和一个附加阅读。这些问题从性质上看，可分为非法套取资金来源类（问题一至七）、非法套取资金去向类（问题八至十）及其他类（问题十一至十三）三个方面。非法套取资金来源是指保险公司利用中介业务或中介渠道套取资金，这是中介业务违法违规的起始和手段，必须严肃查处，以堵住违法违规漏洞。非法套取资金去向是指保险公司将套取资金用于保险中介或利用中介渠道将资金转移到关联第三方等，资金流向必然牵扯到最终得利者，可能存在商业贿赂等不正当行为。与中介业务相关的其他违法违规问题主要包括保险公司与保险中介合谋欺骗保险消费者、与不具备资格的保险中介机构或人员开展业务、报送虚假报告报表等。附加阅读归纳阐述了保监局在现场检查中总结提炼使用的一些系统性方法。

一、保险公司通过保险中介机构虚挂中介业务虚开中介服务发票套取资金违法违规行为现场检查

（一）释义

保险公司向保险中介机构索取中介服务发票的前提条件是保险公司通过保险中介机构开展了真实、合法的业务。也就是说，发票必须是以真实经济事项为基础据实开具的。这既是国家税法的基本要求，也是保险监管对真实性的基本要求。但是在市场上，部分保险公司却把通过保险中介机构虚开发票作为套取资金的手段和途径。在与保险中介机构不存在真实业务合作的情况下，保险公司将直接业务或其他渠道业务虚挂在保险中介机构名下，制作虚假业务结算清单，提取佣金支付给保险中介机构。保险中介机构根据保险公司编造的业务清单编造业务台账，向保险公司开具中介服务发票，在收取的资金中扣除应缴税款和开票费用后，通过发放业务人员佣金、列支单位人员绩效工资、报销相关费用等形式套出资金返还保险公司，或在保险公司授意下直接将资金转到投保人账户。

目前，保险公司通过保险中介机构虚开中介服务发票套取资金的做法主要包括：一是通过保险专业中介机构开具发票套取资金。保险公司将直接业务记为保险专业中介机构代理或经纪的业务，在取得保险专业中介机构开具的发票后，以佣金名义将资金转账支付到保险专业中介机构账户；保险专业中介机构在收到资金后扣除一定比例的费用，再把资金转到保险公司指定的账户（保险公司自己私设账户、员工账户或其他投保人的账户），或直接以现

金方式返还给保险公司的相关人员。此外，还存在将资金转入保险中介机构高管或其他人员银行卡中，将银行卡直接交予保险公司有关人员使用的隐蔽做法。二是通过保险兼业代理机构开具发票套取资金。保险公司将直接业务记作兼业代理机构代理的业务，在取得兼业代理机构开具的发票后，将资金转账支付到兼业代理机构账户；兼业代理机构在收到资金后扣除一定比例的费用，再把资金转到保险公司指定的账户（保险公司自己私设账户、员工账户或其他投保人的账户），或直接以现金方式返还给保险公司的相关人员。三是自身投保业务虚挂中介业务，通过保险中介机构开具发票套取资金。如保险公司承保的本单位车辆、人员、财产的业务，属于保险公司直接业务，不应支付佣金。但有的保险公司却将这些业务归属到保险中介机构以套取资金。四是通过相互代理机构开具发票套取资金。有的保险公司为推动基层公司相互代理业务开展，往往会下达任务，制定考核指标，同时对于相互代理业务做得好的公司在政策上有奖励。当一些有相互代理关系的保险公司基层分支机构存在一方完成任务指标有困难、另一方直接业务需要费用的时候，便两方串通：一方在系统里将直接业务做成相互代理业务，帮助对方完成任务，拿到奖励；而另一方通过虚开发票协助对方套取资金。

专栏14：

九个疑点排查虚挂中介业务

1. 大量投保人和被保险人地址与保险代理机构经营地址不一致。
2. 保险公司和某一保险代理机构业务大起大落。
3. 保险公司多个部门和同一保险代理机构合作。
4. 保险代理机构的业务规模无法支撑数额巨大的保险业务。
5. 保险公司记载代理出单点数量比保险代理机构多。
6. 保险公司签单的数量明显多于保险代理机构领用单证的数量。
7. 大量新车业务归属保险专业代理机构名下。

8. 保险公司收到佣金发票金额与保险代理机构记账的发票金额不一致。

9. 保险代理机构收取的手续费返还保险公司业务人员。

如果存在上述情况，保险公司可能存在虚挂中介业务。

专栏 15:

虚挂中介业务存在三个“不一致”

某保监局在保险公司中介业务检查中发现保险公司虚挂中介业务呈现以下特征：一是保险公司业务系统记录与实际不一致，即同一投保人业务随意登记为不同中介渠道、同一投保人业务不同年份归属不同中介渠道、同一投保人名下业务同一年份不同阶段归属不同中介渠道。二是保险公司业务系统与财务系统记录不一致，即同一业务核心业务系统记录为直接业务而财务支付方式显示归属中介渠道、同一业务核心业务系统中投保人与财务支付人不一致、保费发票对应业务与保费支付人不一致。三是保险公司业务系统与财务系统记录一致而手续费计提与实际支付不一致。即同一投保人业务在核心业务系统、财务核算为中介渠道，但实际手续费支付对象为其他渠道。

保险公司通过保险中介机构虚挂中介业务套取资金的动机主要包括以下几个方面：一是支付商业贿赂。一些保险公司为争取业务，有时暗中给予投保单位及其关键人员账外财物。为增强隐蔽性，降低被查处的风险，保险公司通过保险中介机构套取资金，非法交易。二是变相降费。一些保险公司通过保险中介机构套取资金给予投保人，从而达到变相降低保险费率的目的。特别是电销车险产品明显的价格优势对传统营销产生较大的市场冲击，业务人员为了缩小与电销产品的价格差距，通过虚挂中介业务套取资金用于补贴市场费用。三是化公为私。保险公司有关人员通过保险中介机构套取资金私设“小金库”，用于小团体的福利，甚至变相私分。四是掩盖非法业务。一些保险公司接受非法渠道的保险业务后，通过保险中介机构向没有获得合法资格的单位或者个人支付“佣金”。保险公司利用保险中介机构虚挂中介业务套取资金破坏了保险金融监管的正常秩序，损害了保险公司和保险中介机构的经营真实性基础。

随着监管力度不断加大，以虚挂中介业务为主的保险公司中介业务违法违规形式向隐蔽化、分散化、多样化转变。一是将直接业务虚挂在有一定业务规模的保险专业中介机构名下。与之前纯粹的过单业务不同，不少违法违规保险专业中介机构都有自己的业务来源和较大的业务团队，并且与保险公司有一定数量的真实中介业务。保险公司将直接业务虚挂在该类专业机构名下，隐蔽性更高，发现违法违规问题的难度加大。二是保险公司通过保险中介机构虚开发票有逐渐向兼业代理机构转移的趋势。利用保险兼业机构准入门槛低、数量众多、内部管理不完善等特点，躲避监管或为检查取证制造困难。部分保险公司还通过调高、调低理赔车辆维修配件、工时的折扣来调节车商代理手续费。三是投保人指定代理获取手续费。为规避商业贿赂、自身业务不能提取手续费等方面的规定，投保人与保险公司事先协商好，将投保人业务挂在指定代理名下，指定代理收到手续费后，再返还给投保人。指定代理往往是投保人的利害关系人，如投保人的员工、亲戚、朋友等，但其并不从事谈判、出单、送单等与保险相关的工作。四是保险公司与保险中介机构人员交叉互挂。迫于与保险中介机构业务财务往来透明化的监管要求，保险公司允许保险专业、兼业中介机构将营销员安排在本机构。这些人员与双方均签订合同，属于双重身份人员，保险中介机构将业务资源分配给上述人员，这些人员将手续费套出后以现金方式转支付给保险中介机构，还可通过保险中介机构的工资科目或是其他费用科目将现金套出后返给保险公司，实现双向操作。五是以业务人员个人名义购买业务。财务套费会对自身经营产生较大风险，部分公司逐渐摒弃了此种违法违规手法，转而对团队业务人员实行较高的配费政策，直接将高额手续费资金拨付到业务人员，由其在市场上直接购买业务，业务人员将手续费分出一部分支付给保险中介机构，滋生了营销团队中虚增保险营销员、虚挂代理业务的行为，其本质是公司规避监管风险和法律责任，将违法违规风险转嫁给业务员个人。

（二）需要调阅的资料

1. 保险公司方面需要调取的资料。

（1）中介渠道管理的有关内控制度、保险中介合同或协议管理制度以及其他相关业务及费用政策；

（2）保险中介机构名录及档案资料、中介渠道协议及备案情况、中介渠道业务管理台账、代理合同或协议登记簿；

（3）中介业务佣金管理台账、佣金签领台账；

（4）公司直接业务人员名册；

（5）业务承保清单；

（6）所涉及的会计凭证、银行对账单；

（7）中介业务自查自纠报告、内部审计报告。

2. 保险中介机构方面需要调取的资料。

（1）合作业务清单；

（2）会计凭证、佣金入账凭证；

（3）发票领用单、发票存根联；

（4）银行对账单；

（5）业务人员清单、劳动合同或代理合同。

（三）检查过程及方法

1. 调阅资料，了解相关情况。

（1）调阅检查对象中介渠道管理的有关内控制度。了解各部门职能和检查对象的内控情况、中介渠道管理的相关制度、管理方式、佣金支付的有关流程。调阅会议记录、收发文登记簿，从预算指标、竞赛方案、佣金政策等文件中查找线索。浏览内网，在非正式发布的通知、文件、签报文件中查找风险隐患。了解经营政策，关注对中介业务各类违法违规行为是否存在制度漏洞或存在统一部署行为。

（2）调阅保险中介合同或协议及相关档案资料。了解与检查对象有业务合作的中介公司，合作方式、合作内容、佣金结算标准。

（3）调阅检查对象直接业务人员（正式员工）名册。了解和掌握直接业务人员的基本情况、管理方式。

（4）调阅营销员档案资料及名册。了解和掌握营销员队伍的基本情况、佣金比例、管理方式。

2. 询问相关人员。

（1）询问检查对象管理人员关于业务结构及发展情况，掌握业务发展的基本状况。

（2）询问检查对象正式员工。了解对员工考核机制和激励措施。

（3）询问检查对象营销员。了解业务发展及管理的有关情况，培训、考核机制，营销员本人业务情况，佣金比例和结算方式。

（4）询问检查对象财务人员，了解佣金支付程序和财务系统操作。

3. 审阅检查对象业务报表（或从保险稽核系统调取销售渠道报表），分析业务异常变化。

认真分析检查对象各个销售渠道业务的比重。如某检查对象中介业务比重达99%以上。进一步分析发现，该检查对象代理业务中，个人营销业务同比增长了154%，兼业代理业务也大幅增长，而专业代理业务下降了近一半，情况十分异常。可能存在将以往虚挂在保险专业中介机构名下的保险业务转移到了营销员和保险兼业代理机构上面，以此达到分散违法违规风险的目的。

4. 通过“九步骤”审核业务系统有关保单信息，核查中介业务真实性。

根据保险公司中介业务操作流程和业务管理方式，正常的中介业务，出单点、出单工号、业务归属、投保人地址等信息与代理机构的相关信息是匹配的，分“九步骤”验证相关匹配信息，从中查找可疑中介业务的线索，核实检查对象中介业务真实性。（“九步骤”具体检查方法参见第五部分“八、可遵循哪些步骤和技巧来核查保险公司中介业务真实性”。）

5. 通过“八要素”分析保险中介机构代理业务的真实性，判断保险专业中介机构是否存在虚开发票的行为。

随着监管部门对中介业务监管力度的加强，保险公司虚挂中介业务操作更加隐蔽。检查对象在系统录单环节事先与代理机构达成虚假业务合作协议，业务、财务系统记载每笔业务实行了跟单、跟渠道、跟卡、跟人结算，中介业务在形式上都是合法的。由于中介业务操作手法多样和具有隐蔽性，为快速有效鉴别中介业务的真实性，某保监局根据保险中介机构业务经营特点和操作流程，总结形成了中介业务检查八个环节要素，即发票、资金、出单点、单证、客户信息、投保人地址、台账、业务持续性。通过这“八要素”综合分析判断保险中介机构代理业务的真实性。

一是发票要素。核对发票存根和发票联是否存在套开发票情况，从而直接锁定虚假代理业务。

二是资金入账要素。核对发票金额入账情况、有无入账保费与发票记账联不一致、收入以现金方式入账等情况，从而发现检查对象通过其他方式套取资金支付账外手续费。

三是出单设备要素。核实保险中介机构是否申领车险出单设备。对没有出单条件而开具大量车险手续费发票的业务予以关注。

四是单证领用要素。检查保险中介机构单证领取情况，核实业务清单上的保单是否为该保险中介机构从检查对象领取。如果存在大量单证不是该保险中介机构领取、业务归属却在该保险中介机构名下的情况，则此类业务极有可能是虚假中介业务。

五是客户信息要素。核实客户的联系方式，要求保险代理公司提供客户的联系方式，拨打客户电话了解投保地点。对不能提供联系方式的业务高度关注。

六是投保人地址要素。核实投保人和检查对象的地址；对无分支机构但是业务遍布全省的代理公司，要重点关注。

七是业务台账要素。核实代理公司的承保清单是否是自己制作，查验代理公司的承保清单；重点关注承保清单格式不统一的业务，可能涉嫌虚假中介业务。

八是业务持续性要素。通过非现场监管了解代理公司业务的稳定性情况，关注业务突增、突减的代理公司。重点关注业务突增的公司，可能涉嫌虚开中介服务发票。

6. 通过外调、函证等方式，核查中介业务真实性。

通过积极开展外调夯实证据，查实资金去向。充分利用投保人和检查对象之间信息的不对称，选准切入点，有针对性地选择重点业务和重点单位进行外调。对于采用招标、议标方式以及部分机关单位的业务，外调重点在于招投标方式、合作方式等情况调查，并获取中标通知书和相关书面证据；对于个人业务，通过电话联系投保人，了解其是否上门投保并有详细通话记录，先证实保险公司虚挂中介业务，然后再对资金去向进行追查。

采用抽查方法，向佣金支出的领款人或保险中介机构调查或函证，确认佣金支出的真实性。

抽查有关的保单、投保单同时函证投保人，以验证承保的具体情况，查验是否将直接业务人为变更为中介代理业务并支付佣金，进一步验证数据的真实性。

（四）法律适用

1. 禁止性规定：

《保险法》第八十六条规定：“保险公司的偿付能力报告、财务会计报告、精算报告、合规报告及其他有关报告、报表、文件和资料必须如实记录保险业务事项，不得有虚假记载、误导性陈述和重大遗漏。”

《保险法》第一百一十六条规定：“保险公司及其工作人员在保险业务活动中不得有下列行为：……（十）利用保险代理人、保险经纪人或者保险评估机构，从事以虚构保险中介业务或者编造退保等方式套取资金等违法活动。”

2. 处罚依据：

《保险法》第一百六十二条规定：“保险公司有本法第一百一十六条规定行为之一的，由保险监督管理机构责令改正，处五万元以上三十万元以下的罚款；情节严重的，限制其业务范围、责令停止接受新业务或者吊销业务许可证。”

《保险法》第一百七十二条规定：“违反本法规定，有下列行为之一的，由保险监督管理机构责令改正，处十万元以上五十万元以下的罚款；情节严重的，可以限制其业务范围、责令停止接受新业务或者吊销业务许可证：（一）编制或者提供虚假的报告、报表、文件、资料的。”

《保险法》第一百七十三条规定：“保险公司、保险资产管理公司、保险专业代理机构、保险经纪人违反本法规定的，保险监督管理机构除分别依照本法第一百六十一条至第一百七十二条的规定对该单位给予处罚外，对其直接负责的主管人员和其他直接责任人员给予警告，并处一万元以上十万元以下的罚款；情节严重的，撤销任职资格或者从业资格。”

（五）案例参考

案例一：某保监局查处产险公司省级分公司通过保险专业代理机构虚开中介服务发票套取资金违法违规行为

（1）**案情简介**。某产险公司某省级分公司 2010 年将 40 289 份保单、5 537.28万元保费虚挂在 4 家保险代理公司名下，将 420.36 万元手续费转账支付给代理公司。代理公司开具没有真实业务的中介服务发票，同时扣除 8%～10%的好处费，将余款 383.18 万元转账至该产险公司工作人员银行卡或者该产险公司提供的第三方账户。

（2）**检查过程及方法**。

- **从外部分析锁定检查对象**。2010 年该产险公司在前一年保费规模较大的基础上获得高速增长，保费收入13.80亿元，同比增长75.94%，规模和增长分别列所在地区第三位和第二位。同时，该产险公司与20家代理公司开展业务合作，代理保费1.08亿元，占该产险公司保费收入的13%，便于在开展中介业务检查的同时开展保险代理机构清理整顿工作。

• **调阅相关资料并逐个核实要点。**一是通过保险稽核系统调取所有保险中介机构的承保清单。二是通过该产险公司调阅所有保单对应的业务部门、业务绩效归属人员、出单账号、单证发放对象。三是调取该产险公司所有出单账号及其使用机构。四是要求该产险公司和代理公司分别提供中介发票的开具金额。核实资料要点有：一是查地址是否一致；二是查保险中介机构是否领取单证；三是查出单点是否和开票单位一致；四是查同一中介的业务是否归属不同的渠道经理。五是关注新车保险由代理公司承揽的情况。六是关注业务量增长异常的中介业务。七是关注保费占比较大的中介业务。八是看中介发票存根联和发票联金额是否一致。

• **初步发现违法违规线索。**一是部分代理公司在注册地外无任何分支机构，但是和该产险公司数十家不同地区的分支机构有业务合作。二是部分代理公司没有领取过单证和出单设备，但是销售了大量交强险和商业车险。三是部分保单的出单账号归属于4S店，但是手续费支付给代理公司。四是个别代理公司的业务归属于多个不同的客户经理。五是个别代理公司名下的出单账号达到数十个。六是部分新车交强险手续费支付给代理公司。七是部分代理公司业务突增突减。八是个别保险中介机构代理保费占该产险公司某地市中心支公司保费的60%以上，明显违背一般实际情况。

• **进一步调查核实。**一是派出检查人员赴疑点较大的4家代理公司进行延伸检查。重点核实是否领取单证、是否申请出单账号、是否领取POS机、是否有业务清单、是否能够联系到投保人。二是延伸调查的结论与从该产险公司获取信息完全不一致。产险公司显示该代理公司领取了大量单证、申请过出单账号、领取了POS机，代理公司称没有。同时，代理公司无法提供客户联系方式。三是在对代理公司高管的询问谈话中，代理公司无法解释自相矛盾之处。检查人员通过政策宣传，4 家代理公司承认上述业务并非自己承揽，同时向检查人员提供了 75 份资金去向证据（收据、白条、银行回单等）。该产险公司在证据面前承认虚挂代理公司业务套取资金。

检查结论：该产险公司为追求业务增长采取多种手段：一是设立大量非法出单点承揽业务；二是收购车管所附近黄牛的业务；三是与 4S 店合作中默许其不开中介服务发票；四是把业绩优秀员工或者营销员的业务挂在代理公司名下，降低税负。

（3）**处理结果**。该产险公司虚挂中介业务套取资金违反了《保险法》第一百一十六条的规定。经查该产险公司省级分公司副总经理对上述问题负有直接责任。依据《保险法》第一百六十二条和第一百七十三条，对该产险公司处以 30 万元罚款；对省级分公司副总经理给予警告，处以 5 万元罚款。吊销 2 家涉案代理公司许可证，对 1 家代理公司罚款 15 万元，同时对一高管罚款 2 万元。

案例二：某保监局查处寿险公司省级分公司通过保险兼业代理机构虚挂中介业务套取资金违法违规行为

（1）**案情简介**。某寿险公司某省级分公司为套取资金，将直接业务虚挂为某保险中介机构业务，以手续费形式获取资金。2009 年 1 月 1 日 ~2010 年 3 月 31 日，共套取资金 121 万元。

（2）**检查过程及方法**。

- **调阅合作保险中介机构清单和合作协议**。检查人员从检查保险中介机构资格和合作协议入手，寻找异常保险中介机构，重点关注名称和经营领域较为异常的兼业代理机构。通过审阅该寿险公司合作的所有保险中介机构资格和合作协议，发现了虽然无非法保险中介机构与该寿险公司合作，但与该寿险公司合作的一家兼业代理机构“某翻译有限公司”比较异常，且双方合作协议中对 SOS 业务（境外援救保险业务）的手续费明显高于其他保险中介机构同一种险种手续费；同时，双方以补充协议确定了团体人身意外险 50% 的手续费率，也明显高于其他保险中介机构。

• **调阅保险中介机构业务情况表**。检查人员调阅了中介业务情况清单，发现这个翻译有限公司代理业务量明显超出其他合作的专业代理、经纪公司，进一步加大了该翻译有限公司的可疑性，但具体问题线索尚未摸清，检查人员决定向相关负责人询问调查具体情况。

• **与相关人员进行询问**。针对发现的上述问题和线索，检查人员向相关负责人询问，要求相关负责人给予合理解释，并说明该翻译有限公司的具体业务情况。访谈中相关负责人针对手续费率异常高的问题没有给予合理解释，称该翻译有限公司业务中存在某大型国有企业总公司团体人身意外险业务。检查人员认为，大型国有机构通常应直接与该寿险公司联系，或通过招标方式选取该寿险公司，或者通过保险经纪公司、专业代理公司操作，通过名不见经传的翻译有限公司投保，直接业务虚挂中介业务的可能性非常大。因此检查人员决定对该翻译有限公司进行突击检查。

• **对保险中介机构进行突击检查**。为防止该翻译有限公司有所防备，销毁证据或与该寿险公司串供，检查人员进行了突击检查。与此同时，另一组检查人员在该寿险公司办公场所对该翻译有限公司的业务进行集中检查。一是入场后立即对工作人员电脑封存检查，复制电脑内与业务相关的文件，查实电脑文件记录的业务出单情况不是全部出单信息；进一步检查所有办公人员的办公设施，找到了现金日记账。检查人员随后整理出该翻译有限公司与该寿险公司自合作以来的现金结算记录。二是与翻译有限公司负责人谈话，了解与该寿险公司的业务合作情况。该翻译有限公司称只代理销售该寿险公司SOS业务，没有其他险种合作，说明该寿险公司记录的该翻译有限公司代理销售的某大型国有企业总公司业务涉嫌“直接业务虚挂为中介业务”。三是调阅了该翻译有限公司留存的历年双方合作协议书，少于该寿险公司留存的合作协议。四是调阅该翻译有限公司代理该寿险公司业务档案、保险凭证出入库记录。该翻译有限公司SOS业务档案记录不全，且记录时间为每单销售时间；而该寿险公司将SOS业务定期打包成团体保单，核心业务系统中记录的SOS业务保单生效时间为团单生效时间。检查人员通过该寿险公司出单系统后台导出了该翻译有限公司全部出单信息。但由于该翻译有限公司业务信息记录不全，因此无法通过双方业务档案数据信息进行比对检查。

基于上述突击检查结果，检查人员决定通过比对双方合作以来该翻译有限公司记录的全部资金结算数据和该寿险公司记录的该翻译有限公司全部业务数据，寻找线索，以避免统计业务时间差异造成的双方数据不可比。

经查，发现该寿险公司记录的该翻译有限公司代理 SOS 业务的保费数据多出该翻译有限公司结算保费约 800 万元。

- **谈话确认违法违规事实。**经与该寿险公司负责该翻译有限公司渠道的业务员谈话，该业务员承认将自己直销的某大型国有企业总公司业务虚挂在该翻译有限公司名下。检查人员又以巨大的数据差异为突破口，与该寿险公司分管翻译有限公司业务的副总、部门经理谈话。最终该寿险公司承认了利用保险中介，以虚挂保险中介业务方式套取资金的违法违规事实。

（3）**处理结果**。该寿险公司将直接业务虚挂为中介业务套取资金，严重侵害了保险消费者的合法权益，违反了《保险法》第一百一十六条的规定。依据《保险法》第一百六十二条的规定，保监局对该寿险公司处以 20 万元罚款，并责令改正。依据《保险法》第一百七十三条的规定，对该寿险公司分管法人业务部副总经理给予警告及罚款 1 万元的行政处罚。

案例三：某保监局查处产险公司省级分公司通过保险专业中介机构虚开中介服务发票套取资金违法违规行为

（1）**案情简介**。某产险公司某省级分公司 2010 年度将部分直接业务虚挂在部分保险中介机构名下，通过这些保险专业中介机构虚开中介服务发票套取资金，共涉及保费 239.6 万元，累计套取资金 23 万元。所套取的资金在扣除支付给保险专业中介机构 8% ~10% 的开票费后，其余部分由该产险公司员工直接返还给投保单位或个人。

（2）**检查过程及方法。**

- **入场前数据分析，发现疑点。**检查人员在进场前对该产险公司的非现场监管数据进行综合整理和分析，调取了该产险公司2010年度的中介业务监管报表，与相关保险专业中介机构的监管报表数据进行比对，并对照本地区手续费结算中心提供的每月手续费结算表进行了核对，发现了部分疑点和线索，研究和分析了存在差异的原因，拟进场后求证。

• **入场后调取资料，查找漏洞。**检查人员进场后，首先调取了该产险公司中介业务管理方面的全部管理制度，详细了解了中介业务操作和管理流程，调取了与该产险公司开展业务合作的全部保险中介机构和个人营销员的渠道代码和业务明细表，分析业务渠道的真实性和合法性；调阅了该产险公司与保险专业中介机构签订的全部合作协议，发现部分保险中介机构的合作协议后面所附的员工名单中有部分人员隶属该产险公司。

• **稽核系统筛选风险点，调查核实。**检查人员通过保险稽核系统调取了该产险公司的全部业务清单，并对稽核系统中筛选出来的风险点进行了梳理汇总和全面排查，特别是对与中介业务相关的风险点逐个进行了调查核实，就发现的问题或线索通过查阅单证材料、核实业务及财务系统、约谈相关责任人等方式，逐个调查核实。

• **调阅财务凭证，重点排查。**检查人员根据该产险公司全年各月份的业务波动情况，抽检了其中业务量较大的几个月的财务凭证，重点调取了该产险公司12月的全部财务凭证，对2 000余份会计凭证逐笔核查，发现了很多财务收支方面的疑点。

• **筛选重点业务，逐个了解。**检查人员对2010年度业务清单中单笔保费超过10万元的保单全面排查，特别是对大额、招标业务的承保情况进行了梳理，筛选出保费规模较大的招标客户，要求该产险公司提供相关招标协议文件等资料，并在核心业务系统中查询所归属的渠道和代理人等信息，找相关当事人调查了解情况。

• **梳理重点环节，关注资金去向。**检查人员对于发现的部分疑问保单，采用“穿行测试法”，从承保到理赔的各个环节进行了梳理，将业务信息与财务资料进行核对，重点关注资金流向，明确所套取资金的去向，确定延伸检查对象。

• **突击外部延伸检查，收集主要证据。**检查人员对与该产险公司存在业务合作关系的保险专业中介机构实施了突击检查，调取了保险中介机构2010年业务台账、财务凭证、银行对账单等相关材料，调查了解中介业务来源的真实性及该产险公司的资金往来情况。经外部取证收集的资料和证据显示，部分保险中介机构从该产险公司获取的手续费收入在扣除一定比例的费用后被返回给该产险公司的员工，证明该产险公司存在通过中介渠道套取资金的行为。

• **核实业务数据，印证资金套取过程。**检查人员综合分析了该产险公司提交的虚挂中介渠道的业务明细，对所有涉嫌帮助该产险公司套取资金的保险中介机构实施延伸检查，核对了双方提供的保费和手续费数据，印证了套取资金的具体过程。

由于检查人员掌握了该产险公司中介业务违法违规问题的证据，并对相关人员做了充分的思想工作，该产险公司能够积极配合，主动交代相关问题，提供了虚挂中介业务的清单，对违法违规事实进行了确认。

(3) **处理结果。**该产险公司存在保险中介业务管理不规范、将直接业务虚挂中介渠道、利用保险中介机构虚开中介服务发票套取资金等问题，上述行为违反了《保险法》第一百一十六条的规定。根据《保险法》第一百六十二条和第一百七十三条的规定，保监局给予该产险公司责令改正、罚款15万元的行政处罚，并对该产险公司相关责任人和负有管理责任的分管领导分别给予了警告加罚款的行政处罚。

案例四：某保监局查处产险公司虚挂兼业代理业务套取资金违法违规行为

(1) **案情简介。**某产险公司某省级分公司2010年通过保险兼业代理机构某运输公司虚挂车险保单1 131笔，涉及保费金额441.25万元。累计通过该运输公司虚开中介发票77.01万元。该运输公司扣除8%的开票费用后，其余费用返还给该产险公司业务人员或在该产险公司的授意下直接支付给投保人。

（2）**检查过程及方法**。

- **从外部分析锁定检查对象**。2010 年该产险公司在前一年保费规模较大的基础上获得高速增长，保费收入 11 142.21 万元，同比增长 85.16%，且其 89%业务来源于中介渠道；车险占比为 75%，业务和险种结构比较有代表性。该产险公司代理业务占比达到 85.78%，经纪业务占比达到 6.23%。代理业务中，个人代理、兼业代理、专业代理渠道保费收入分别占比为 32.91%、29.68%、23.2%。

- **调阅相关资料并逐个核实要点**。一是通过保险稽核系统调取了所有保险中介机构经办的承保清单，并以保险中介机构为单位分别归纳汇总。二是要求该产险公司提供所有合作保险中介机构开具中介发票的流水号及具体金额。三是全面熟悉该产险公司的核心业务系统及财务系统，了解从业务承接到财务核算全过程信息化处理方式，掌握各个环节所涉及信息系统及其功能、作用。四是利用不同系统间的逻辑关系进行数据比对，如进行稽核系统数据与业务、财务报表以及原始凭证之间的核对，为中介业务真实性检查发现疑点，提供线索。

- **初步发现违法违规线索**。一是发现该运输公司代理业务多为运输公司、物流公司和营运车队。此类业务与该运输公司的主营业务不存在相关性，且部分被保险人与该运输公司并不在同一行政区划内。二是发现该运输公司代理业务清单中出现了该产险公司员工的车辆信息。三是 2010 年该运输公司共代理保险业务 2 074 笔，保费金额 686.67 万元，明显超出了一家注册资本金仅为 30 万元运输企业的实际代理能力。四是该产险公司向该运输公司 2 个不同开户行的账号进行转账支付佣金。

- **进一步调查核实**。检查人员制订了三步走的检查方案。第一步，调阅该产险公司核心业务系统中关于该运输公司代理业务的承保情况，发现系统中该类业务记录的业务渠道并不是该运输公司而是该产险公司业务员。第二步，检查该类业务的佣金支付会计凭证、中介发票和佣金结算清单，以及通过对该产险公司业务、财务部门负责人谈话证实了核心业务系统记录的业务来源与佣金实际支付对象不一致的重大疑点。第三步，对该运输公司开展了现场检查，调取了该运输公司银行对账单、财务账簿、代理业务台账和中介发票存根等资料。经检查发现三大疑点：一是业务台账与保险公司核心业务系统导出清单基本雷同，甚至顺序都保持一致（后证实为保险公司业务人员从系统中打印）；二是该运输公司存在2个佣金收入账户，代理佣金收入没有入账处理，且存在扣除8%比例费用立即转出或取现的规律；三是代理业务中出现了该产险公司省级分公司员工自有车辆的信息。检查人员根据出现的疑点分别对该运输公司负责人、财务负责人和该产险公司部分员工进行了调查谈话，最终查实了该类业务为虚挂业务的事实，相关人员提供了资金去向的收条。

经检查发现，该产险公司为追求业务增长并向不具备保险中介资格的人员和机构支付费用，采取了通过该运输公司虚挂中介业务套取资金的方法，套取的费用一部分作为相关人员的展业费用，一部分在该产险公司的授意下直接支付给投保人或经办人。

（3）**处理结果**。该产险公司虚挂中介业务套取资金违反了《保险法》第一百一十六条的规定。依据《保险法》第一百六十二条和第一百七十三条的规定，保监局对该产险公司处以15万元罚款；对公司3名直接责任人员处以1万~2万元罚款。

案例五：某保监局查处产险公司省级分公司营业部通过虚挂经纪公司业务套取资金违法违规行为

（1）**案情简介**。2010年，某产险公司某省会营业部将业务员的直接业务，虚挂成某保险经纪公司的经纪业务，并据此提取经纪费39.26万元，涉及车险保费收入459.54万元。该营业部将上述经纪费通过电汇划款至经纪公司银行账户，经纪公司向该营业部开具相等金额的中介服务发票，并在收取10%的开票费用后，将余款34.54万元划入该营业部一名业务员谢某的银行个人账户，取出后再转交给该营业部业务团队长，集中用于发放业务员的薪酬。

（2）**检查过程及方法。**

● **发现可疑线索。**检查人员通过查询保险稽核系统和调阅中介业务台账发现，2010 年 8 月 ~10 月，该营业部委托经纪公司开展经纪业务，涉及车险保费 459.54 万元、经纪费 39.26 万元。针对此笔业务，检查人员认为在真实性方面存在两点可疑之处：一是业务发生的时间集中在某一时段，不具有连续性；二是经查，经纪公司在本地区没有设立分支机构，也无业务人员，而这笔业务投保人均为本地货运公司，因此判断此笔业务由经纪公司拓展和维护的可能性极小。此外，以前检查中也查实过外地类似经纪机构虚开中介服务发票的案例，更增加了本交易的可疑。

● **确定关键人员。**根据线索，检查人员通过询问该营业部负责人，了解上述业务归属营销总监周某负责，于是检查人员将其列为重点调查对象。通过与周某谈话并作笔录，向其了解如何与经纪公司签订协议和建立联系、经纪公司如何开展业务等事项，同时要求其配合监管工作。在事实面前，周某如实交代违法违规事实和动机：为了降低公司业务员个税负担和满足财务报销要求，他通过熟人了解和联系到经纪公司，经纪公司相关人员同意收取 10% 的开票费用后，为该营业部虚开中介服务发票。

● **相关调查取证。**一是对实际展业人员之一的费某作询问笔录。承认上述业务中的部分业务实际由其拓展，但该营业部把这笔业务挂在经纪公司名下，佣金由团队长按业务量比例，以现金方式支付给他。二是对谢某作询问笔录，谢某承认受指使，同意经纪公司将扣除 10% 开票费后 34.54 万元的现金划款至其银行账户，然后取出交给团队长分配，并向检查人员提供了涉及这部分资金进出的个人银行账户资金流水明细账。三是对团队长作笔录，团队长承认将上述资金全部用于发放业务员佣金。

（3）**处理结果。**上述行为违反了《保险法》第一百一十六条的规定。依据《保险法》第一百六十二条的规定，保监局对该营业部处以 30 万元罚款。依据《保险法》第一百七十三条的规定，保监局对直接责任人周某予以警告、并罚款3万元。将经纪公司虚开中介服务发票案件，移交该经纪公司法人所在地保监局处理。

延伸阅读5：

保险公司通过保险中介机构虚挂中介业务示例

保险公司会寻找“信得过”的保险中介机构进行合作，一般会选择关联人员开设的保险中介机构。此类保险中介机构负责人一般为原保险公司辞职人员、退休人员或已建立长期客户关系的机构负责人，并商量好虚开发票的费用和点位，一般为保险公司转入保险中介机构账户资金的8%~10%。

保险公司录单时，将其他渠道业务虚挂在该保险中介机构名下，保险公司制作业务结算清单并将“手续费”转账至保险中介机构。如果虚挂中介业务的保险中介机构日常业务量较小，则会出现在某时段业务量大幅上升的现象。保险中介机构按照结算清单开具中介服务发票，并留下一定比例的“开票费”后，再将剩余资金私下返还给保险公司，用于支付投保方及相关利益方。

为了在账面上彻底“消化”掉私下返还给保险公司的资金，保险中介机构多采取频繁大额非正常提现（费用畸高且支出严重不合理）、大额现金支付营销员手续费等方式，其中一种主要手段就是虚增营销员发放佣金。有的保险中介机构的营销员佣金发放列表中，经常出现人员数量不稳定且人员数量与机构佣金收入成正比增长的现象。同时，营销员领取费用的签字中疑点重重，如不同人员字迹雷同、同一人员在不同月份字迹大相径庭、代签名较多甚至全年只由一两个人代签。

保险公司与兼业代理机构合作时，则将营销员和为保险公司开展业务的部分无资格人员的业务均记在兼业代理机构名下，并通过兼业代理机构向上述人员支付手续费。具体的操作流程如下：上述人员为保险公司代理保险业务并填写“报账情况清单”（该表由保险公司制作并提供，为一式三联），经保险公司业务出单岗和财务岗核对无误并签字生效后，将“报账情况清单”第三联交予上述人员作为到兼业代理机构换领相应保险代理手续费的凭证，“报账情况清单”第一联和第二联则分别由保险公司业务部门和财务部门留存。其后由兼业代理机构为保险公司开具发票，再由该保险公司上级单位将相应资金划转至兼业代理机构账户。最终由上述人员凭借其留存的“报账情况清单”到兼业代理机构换取相应手续费。

延伸阅读6：

保险中介机构采用两种不同线下打印电子发票的方式逃避税收

保险中介机构大量虚开中介服务发票，往往采取“大头小尾”、阴阳发票、设立账外户等方式达到偷税、逃税或少缴税的目的。近几年，税务机关按照《中华人民共和国税收征收管理法》的规定使用税控装置，并通过网络发票管理系统开具发票、直接监控纳税人开具的发票联信息的方式治理“大头小尾”，取得较好效果。但某保监局检查发现仍有不少机构采用非法手段违反税收管理政策。

某保险代理公司的操作方式如下：首先，操作人员登陆网上税务部门发票在线应用系统，录入保险中介服务统一发票有关信息，但在“金额”一栏填写一个较小的手续费金额，在打印电子发票时，将发票上手续费金额的一栏用纸条覆盖，打印出其他信息齐全但“金额”一栏空白的电子发票。然后，操作人员在电脑中自建一份Word文档，在“金额”一栏相应位置填写交付保险公司入账所需要的手续费金额，并对上述电子发票进行套打。经过两次打印，即可形成一张与录入税务部门发票在线应用系统发票金额不一致、其他信息一致的保险中介服务统一发票。

另一保险代理公司的操作方式如下：首先，操作人员登陆网上税务部门发票在线应用系统，填写录入保险中介服务统一发票有关信息后，使用一张空白A4纸打印出来，以获取从系统中自动生成的有关信息，如开票日期、发票代码、发票号码、发票二维图形识别码等。然后，操作人员在电脑中自建一份Excel文档，在对应的位置，使用与税务部门发票在线应用系统一致的字体，将发票信息录入Excel表，并将打印在A4纸的发票二维图形识别码扫描成电子文件粘贴到Excel表中。最后，在Excel中对付款方名称和发票金额等信息进行修改，再使用该Excel文档对发票进行套打，即可形成一张与录入税务部门发票在线应用系统付款方名称和金额不一致的保险中介服务统一发票。

相关链接4:

新修订的《中华人民共和国发票管理办法》加大对发票违法行为的处罚力度

自2011年2月1日起施行的《中华人民共和国发票管理办法》加大了对发票违法行为的惩处力度。一是提高了对发票违法行为的罚款数额。对虚开、伪造、变造、转让发票违法行为的罚款上限由5万元提高为50万元，对违法所得一律没收；构成犯罪的，依法追究刑事责任。二是对发票违法行为及相应的法律责任作了补充规定，包括：对非法代开发票的，与虚开发票行为负同样的法律责任；对知道或应当知道是私自印制、伪造、变造、非法取得或者废止的发票而受让、开具、存放、携带、邮寄或者运输的，以及介绍假发票转让信息的，由税务机关根据不同情节，分别处1万元以上5万元以下、5万元以上50万元以下的罚款，对违法所得一律没收。三是对违反发票管理规定两次以上或者情节严重的单位和个人，税务机关可以向社会公告，以发挥社会监督作用。

相关链接5:

国家税务总局取消“保险中介服务统一发票”

根据《国家税务总局关于印发〈全国普通发票简并票种统一式样工

作实施方案〉的通知》（国税发［2009］142号）的有关规定，2009年11月23日，国家税务总局下发《关于全国统一式样发票衔接问题通知》（国税函［2009］648号），明确自2011年1月1日起，取消“保险中介服务统一发票”，统一使用新版通用发票。保险业发票（包括保险中介服务发票），采用通用机打平推式发票，规格为241mm×177.8mm。全新的保险中介服务发票的使用，给检查保险公司通过保险中介机构虚挂中介业务虚开发票问题带来新的挑战。

二、保险公司通过虚增营销员人头、将直接业务转挂保险营销员名下套取资金违法违规行为现场检查

（一）释义

《保险法》第一百一十六条规定，保险公司不得利用保险代理人从事以虚构保险中介业务方式套取资金。也就是说，保险公司委托营销员开展业务要符合相应的条件。一是营销员要取得“保险代理从业人员资格证书”。二是保险公司与营销员签订委托代理协议。三是保险公司向营销员发放“展业证”。四是营销员根据保险公司的委托从事代理活动。保险公司与营销员之间关系符合上述条件，保险公司才能向营销员支付佣金。

近年来，随着监管力度的加大，特别是对虚假批退、阴阳保单和虚挂应收冲减保费加大打击力度，保险公司违法违规方式逐渐向虚增营销员人头套取资金转移。部分保险公司存在着大量与保险公司没有实质的代理关系、没有与保险公司签订委托代理合同、没有代理保险业务、没有领取过佣金的“营销员”。这类“营销员”的存在不是保险公司业务发展的真实需要，而仅仅是为了满足保险公司套取资金的需要。如某保监局检查时发现，某检查对

象在册营销员为352人，其中仅有39人为真实营销员，其余313人都是为套取资金而虚增的人员。

保险公司虚增营销员业务主要表现为：一是将团单业务（比如车队、招标等直接业务）、没有资格的单位或个人开展的业务、按照规定不能支付佣金的业务，挂在虚增营销员头上，通过向虚增人员支付佣金的方式套取资金。二是以业务团队为单位，将大量直接业务分拆挂在团队业务人员下辖的多名营销员名下，套取资金后再由营销员分别向各业务团队退返。为满足“虚增”人力数量要求，保险公司主要通过员工收集资格证书，或通过组织高校学生、相关单位人员参加考试，取得资格证，然后在公司系统中给这些人发放工号及展业证，并为这些人员办理银行账户。银行卡或存折由公司集中保管，公司根据业务需要安排向不同的存折支付佣金，套取的资金由公司直接分配使用，有的用于支付业务拓展费用，有的支付给投保人，有的用于私设“小金库”等用途。与专业代理、兼业代理相比，保险营销员具有数量大、分散性强、兼职身份多的特点，使得违法违规隐蔽性增强、监管难度增加。

如某保监局发现，检查对象将直接销售的某货运有限公司、某物流有限公司等投保人的保险业务挂在10名保险营销员名下出单。应投保人要求，检查对象将对应的佣金331.91万元转入上述10名保险营销员的银行账户，并通过他们返还给投保人。

有的保险公司的业务系统为违法违规操作预留空间。如某保监局发现检查对象可以很方便地在营销员管理系统（AMIS系统）中录入无资格或虚假营销员，并在系统中计提佣金，该系统没有任何筛选、监控功能。检查对象制度执行不严格，其省级分公司《保险营销员管理办法》规定，营销员必须持有“保险代理从业人员资格证书”，实际上检查对象未审核营销员是否具备合法资格。

如某保监局发现，检查对象通过“亲情一加一”的营销模式让部分公司内勤员工的亲属、家人考取代理证，以业务人员的身份与公司签署代理协议，内勤员工通过挂靠其业务人员亲属名下提取手续费。

（二）需要调阅的资料

1. 营销员管理制度、营销员名册、营销员管理档案（包括身份证号码、资格证号码、展业证号码、培训记录、保险代理合同、联系方式等）。

2. 营销员业务台账、佣金台账、佣金支付凭证、营销员的银行卡号码、银行对账单。

3. 承保业务档案、核心业务系统。

（三）检查过程及方法

1. 询问检查对象营销员管理部门，了解营销员管理方式，确认是否存在制度管控方面的不足。询问 IT 部门，了解营销员设置代码、发放业务工号的权限及程序。在正常情况下，为促进营销员持证上岗，监管部门要求营销员进行系统要素设置，满足四个条件（包括营销员姓名、身份证、资格证、展业证）方可给营销员上工号。

2. 询问出单员，了解检查对象营销员业务开展情况以及出单流程。关注核心业务系统中业务归属人与手续费支付不一致的现象，然后分别核对业务归属人及手续费支付对象的资格。有针对性地核实出单量较大的保险营销员的情况；要求存在疑点的营销员到达检查现场进行谈话。如果到场人数与在册人数不符，就存在虚增营销员的嫌疑。

3. 调阅营销员档案，核实档案是否真实，关注档案是否健全，是否签订委托代理合同，合同上签字笔迹是否雷同，随机拨打档案中部分营销员的联系电话，查看代理合同签订是否真实。查看营销员每月代理保费规模、代理佣金收入是否经过人为调整，佣金金额是否较为平均且与纳税起征点较为接近。与团队长进行谈话，了解团队营销员情况。

4. 核查检查对象公司培训会议记录，调阅岗前培训、后续教育开展情况，核实参会营销员名单。

5. 对照营销员信息管理平台，核对营销人员资格证号码和展业证号码是否真实。

6. 随机用已经离职、离岗的营销员代码进入系统，确认是否仍然在展业，是否仍在领取佣金。核实手续费是否通过网银支付到保险营销员的唯一账户，查询打印业务量大的保险营销员、员工的银行卡明细，看是否存在佣金打入后很快取出充当套费工具的嫌疑。

7. 通过保险稽核系统抽取部分续保业务，重点关注本年度与上年度业务归属或经办人员不一致的现象。比如上一年度为兼业代理机构或保险专业中介机构业务，本年度归属为营销员代理业务。

8. 通过保险稽核系统抽取业务规模较大的投保人所有保单，重点关注在业务系统中业务归属是否一致。

9. 针对上述核查出的疑问，抽取部分营销员到检查现场接受调查，核实代理业务的真实性。

10. 对于虚增营销员套取资金支付给不具备代理资格的商业车队等单位或经办人员的问题，重点外调协议约定手续费的收取方式和金额。运输车队、银行等单位是虚列手续费的利益相关方，因此外调难度大。检查人员可以以检查对象与这些单位签订协议的履约情况为题，了解其和检查对象的资金结算方式和金额，采集入账凭证、业务台账等书面材料，通过比对发现差异后，再进一步追查资金去向。

专栏 16：

“调阅资料、综合分析、外调、访谈”法检查虚增营销员

（1）调阅资料。全面调取检查对象保险营销员名册（包括资格证号、展业证号、身份证号、入司离司时间、团队归属等字段）、业务台账、手续费台账、代理协议、管理档案等资料，尽可能多地掌握营销员资料。

（2）综合分析。一是充分利用营销员花名册，制作 Excel 表格，对资

格证号、展业证号、年龄进行排序，发现是否存在资格证连号（利用同一场次考生的资格证书虚挂）、展业证连号（同一时间批量备案后虚挂）、年龄偏小（利用在校学生的资格证书虚挂）等情形。二是分析营销员档案资料，查看身份证复印件上的住址，重点关注外地身份证、住址为学校地址的身份证（以学生虚挂），查看学历证书复印件（有的保险公司为了蒙蔽检查人员，故意只留存虚挂学生的高中毕业证书，实为同一大学在校或毕业的学生）。三是分析手续费支付台账，查看手续费金额是否大致相似。根据经验发现，部分保险公司营销员手续费多数集中在4 900元至5 000 元之间，或1 200 元至1 300 元之间，利用多人分摊税收造成手续费虚假的可能性较大，前者主要用于规避营业税（起征点5 000 元），后者主要用于规避个人所得税（经测算手续费在1 333 元以下不用缴个人所得税）。四是资格证核对。根据身份证与“保险中介监管信息系统”中资格证书号码核对，核实是否委托无证人员开展业务。五是展业证核对。与“保险中介监管信息系统”中展业证书号码核对，核实是否有同时在其他公司配发展业证号现象。如果有则疑似虚假营销员，可以约见该营销员。如果公司以种种理由阻碍检查人员见到营销员本人，可以赴其他公司约见该营销员，进而核实人员的真实性。六是入司档案核对。是否有完整的入司档案，如果档案不健全，无身份证、资格证复印件，无联系方式或联系方式无法联系，则可能属于虚假人员。七是佣金发放核对。是否通过转账方式发放佣金，佣金是否转账支付至该姓名的银行卡上。如果现金方式支付手续费则重点关注是否有领取佣金签名笔迹相似的营销员；关注佣金收入基本一致，特别是大量存在佣金刚刚低于个税起征点，公司从未代扣个税的人员；关注突增突减的营销员，特别是岁末突增且大量领取佣金的营销员；一般保险公司次月结算上月佣金，关注滞后领取佣金的营销员，如领取佣金对应业务在2 个月以前的营销员。八是业务归属核对。核对是否存在政府采购招标等系统统一投保业务将手续费支付给多名营销员的情况；核对同一车辆商业车险与交强险归属不同营销员的情况；核对大额保单（如保费在5万元以上保单）是否将手续费支付给多个营销员。

(3) 外调。到资格证考试中心调阅考试报名资料，关注身份证、学历证，检查内容同上。重点留意考生的电话号码（对于已离司营销员，公司往往不提供联系方式，而报名资料上有可能有其真实电话号码），辅以电话调查核实身份。

(4) 访谈。访谈前可发放调查问卷提前收集营销员本人的签名笔迹，突击检查营销员晨会夕会了解真实人员情况，再进行询问笔录确认证据。

专栏17：

"四核对、三对照、两查找、一回访"法核实保险营销员真实性

"四核对"：在检查是否虚列营销员时，通过系统营销员清单与名册核对，晨会突击盘点人数与在册人数核对，佣金发放表与晨会夕会考核表核对，可疑信息与保险中介监管信息系统的保险营销员身份查询系统核对等方式，对其全部在岗的营销员进行一一核查。

"三对照"：采取对业务清单、手续费计提系统、总公司转账凭证三方面进行对照检查。

"两查找"：在检查直接业务虚挂个人营销业务时，先通过佣金发放表查找金额较大的可疑营销员，再通过公司业务系统查找对应的投保资料并进行核对。

"一回访"：为进一步核实查出的疑点问题，采取电话回访的形式，对银保涉及的投保人进行回访。

（四）法律适用

1. **禁止性规定：**

《保险法》第八十六条规定："保险公司的偿付能力报告、财务会计报告、精算报告、合规报告及其他有关报告、报表、文件和资料必须如实记录保险业务事项，不得有虚假记载、误导性陈述和重大遗漏。"

《保险法》第一百一十六条规定："保险公司及其工作人员在保险业务活动中不得有下列行为：……（十）利用保险代理人、保险经纪人或者保险评估机构，从事以虚构保险中介业务或者编造退保等方式套取资金等违法活动。"

2. **处罚依据：**

《保险法》第一百六十二条规定："保险公司有本法第一百一十六条规定行为之一的，由保险监督管理机构责令改正，处五万元以上三十万元以下的罚款；情节严重的，限制其业务范围、责令停止接受新业务或者吊销业务许可证。"

《保险法》第一百七十二条规定："违反本法规定，有下列行为之一的，由保险监督管理机构责令改正，处十万元以上五十万元以下的罚款；情节严重的，可以限制其业务范围、责令停止接受新业务或者吊销业务许可证：（一）编制或者提供虚假的报告、报表、文件、资料的。"

《保险法》第一百七十三条规定："保险公司、保险资产管理公司、保险专业代理机构、保险经纪人违反本法规定的，保险监督管理机构除分别依照本法第一百六十一条至第一百七十二条的规定对该单位给予处罚外，对其直接负责的主管人员和其他直接责任人员给予警告，并处一万元以上十万元以下的罚款；情节严重的，撤销任职资格或者从业资格。"

（五）案例参考

案例一：某保监局查处产险公司中心支公司通过虚增营销人员套取资金违法违规行为

（1）**案情简介。**某产险公司某省级分公司下属两家中心支公司（分别称为“甲中心支公司”与“乙中心支公司”）与未签订代理合同的人员发生业务往来并支付手续费等。

（2）**检查过程及方法。**检查人员在甲中心支公司进场后，重点对其手续费支付情况进行了核查。通过抽取部分手续费支付凭证发现，该产险公司支付手续费的流程管控貌似较为严格。从要素上看，手续费的报销需要一系列的单据，包括业务财务审核确认的支付手续费相关保单明细表、手续费报销审批单、保险代理人资格证书；从流程上看，需要经办人、业务部门经理签字确认、营业机构负责人签字确认、财务经办审核、财务部经理复核等一系列流程。

但是，抛开形式看实质，发现该产险公司的手续费支付管控模式存在以下明显的漏洞：

• 该产险公司相关人员在核心业务系统进行承保录入时，录入的销售渠道信息不完整或不真实，存在大量录入业务经办人与实际经办人员不符的情况。导致后期在核心业务财务系统中无法对业务归属进行准确划分。因此，该产险公司无法向检查人员提供分渠道的保费收入情况，提供的统计表中直接业务显示为零。

• 该产险公司对中介业务和直接业务没有明确界定，无论核心业务系统显示的保单经办人是签订劳动合同员工还是签订代理合同的营销员，该产险公司均可以向其支付手续费。因此，该产险公司绝大部分业务均按照中介业务计提了手续费。

• 该产险公司营业性机构、车险部、财产险和人身险部、市场部、人事行政部、财务部等部门均不审核手续费结算书及对应的业务清单销售渠道，均默认其为中介业务。因此，对中介渠道的认定权实际掌握在各业务部门经理手中。即谁申领手续费谁认定业务渠道，导致绝大部分业务均支付了手续费。

• 在手续费支付流程中，该产险公司对个人业务的支付对象均统一确定为各营业性机构的业务经理，绝大部分情况下既不是业务的实际经办人，也不是保险代理资格证复印件人员；业务财务部门均不审核保险代理资格证书人员与对应业务的关联性，只要业务部门提供了保险代理资格证书复印件，就可以支付手续费。

• 由于该产险公司规定手续费的支付对象主要为各业务部门经理，而业务部门其他业务人员因该公司的手续费支付对象限制，无法直接从该产险公司领取手续费，只能挂靠在其业务部门经理名下。业务部门经理从财务部门领取到挂靠在其名下的手续费后，进行再分配，分别用于自留、支付给业务部门其他业务员、转支付给没有与该产险公司签订代理合同的业务实际经办人以及返还给投保人或被保险人等，导致上述违法违规行为较为普遍。

• 为了避税的需要，业务部门提供未与该产险公司签订代理合同的代理人的资格证复印件，用以虚增营销员人头领取手续费；手续费结算书领款人签字栏显示为所附保险代理资格证书对应人员签字。实际上，上述签字均系代签，手续费也并未支付给保险代理资格证书对应人员。

根据上述情况，检查人员现场检查跟踪如下：

• 从保险稽核系统中提取了手续费支付凭证的清单与该产险公司提供清单进行对照，确保不遗漏任何一张手续费支出的会计凭证，然后一一翻阅涉及手续费支出的所有会计凭证。

• 对该产险公司所有会计凭证中相关信息［包括凭证号、凭证日期、人员档案名、保费金额、手续费金额（税前、税后）、经办人、复核人、部门经理、支付时间及方式等要素］，建立手续费支付明细清单 Excel 表格全部登记，取得分机构、分个人的代理手续费支付的详细信息。

• 在登记翻阅的过程中，逐个登记会计凭证后附的手续费计算书的领款人签字存在相同人员不同笔迹、不同人员相同笔迹的情况。

• 根据手续费支付明细清单，对该产险公司员工利用营销员套取资金的，对相关人员一一开展谈话，指出其手续费领取中存在的问题，追踪资金的实际去向与实际用途。为了锁定证据，检查人员要求相关人员对其利用营销员套取资金情况作出书面的情况说明，并对每一笔保单对应的手续费说明去向，并在检查人员前期形成的手续费支付明细清单 Excel 表格的后续栏目中显示。

根据与相关人员的谈话内容及其提供的情况说明与明细清单，检查人员形成的检查结论是：财务凭证后附的保险代理资格证书复印件是由各业务经理或其内勤人员向其他公司的业务人员借取的，虽然在相关报销单据中有保险代理资格证书复印件对应人员领款签字，但均系代签，实际领取人为相关业务经理。该产险公司采取这种手段是为了避税，相关手续费绝大部分用于向签订劳动合同的部门经理以及未签订代理合同的实际经办人等支付手续费，涉及手续费金额 377.85 万元。

检查人员对产生问题的原因进行了认真分析，并认为产生问题的根源在于上级机构管控不力，对手续费支付的审核仅注重形式不审核其实质，客观上为违法违规行为提供了可乘之机，所以其他分支机构必然存在相同的问题。随后在对乙中心支公司的检查中，果然发现了相同的问题，涉及手续费金额 68.19 万元。

(3) **处理结果**。该产险公司甲中心支公司和乙中心支公司利用虚增营销员人头套取资金用作其他用途的行为，违法了《保险法》第八十六条的规定。依据《保险法》第一百七十二条和第一百七十三条的规定，保监局对该产险公司省级分公司罚款 5 万元，对甲中心支公司罚款 15 万元，对乙中心支公司罚款 10 万元，对乙中心支公司负责人处以警告并罚款 1 万元。

案例二：某保监局查处寿险公司市级分公司通过虚增银保客户经理套取资金违法违规行为

(1) **案情简介**。2009 年 10 月 1 日 ~2010 年 3 月 31 日，某寿险公司某市级分公司通过编造虚假的银保客户经理资料，虚假列支保险中介业务费用 82.24 万元。

（2）**检查过程及方法。**

- **部分线索显示有套费嫌疑。**一是该市级分公司提供的银保客户经理名单与该市邮政局提供的员工名册有重复。二是其银保客户经理薪酬畸高。三是该寿险公司省级分公司下拨给市级分公司的手续费标准小于该市级分公司支付给邮政渠道的手续费标准和银保客户经理绩效标准之和，存在套取资金的嫌疑。

- **调阅资料并核实相关要点。**检查人员调阅了该寿险公司总公司下拨给省级分公司、省级分公司下拨给市级分公司以及市级分公司下拨给银保客户经理的银邮产品费用政策，该市级分公司的银保客户经理管理办法，银保客户经理名录，出勤登记簿及入司档案，2009 年 10 月 1 日～2010 年 3 月 31 日的佣金发放会计凭证，与银邮兼业代理机构的代理协议等资料。仔细审核上级公司下拨给该市级分公司的费用政策是否足以支付银邮兼业代理机构手续费和银保客户经理绩效、是否虚列业务及管理费用、佣金发放会计凭证上列明的薪酬是否真实足额发放到银保客户经理银行卡上等事项，以寻找违法违规线索。

- **发现线索。**检查人员发现，出勤登记簿上人员清单数量小于该市级分公司向检查人员提交的人员清单数量，但该市级分公司业务及管理费用低于该地区行业平均标准，通过业务及管理费用套取资金的嫌疑不大。同时发现，该市级分公司提交的银保客户经理清单中有 12 人与该市邮政局提交的销售人员名单重复，且上级公司拨付的银保产品手续费标准不足以维持银保渠道正常运营，存在套费嫌疑。

- **调查核实锁定违法违规。**检查人员进一步开展调查，要求该市级分公司将所有客户经理归属到相应银保网点，检查人员实地进行核实；在保险中介监管信息系统中查询存疑银保客户经理的展业证归属关系，发现部分银保客户经理实际上是其他寿险公司的营销员；同时，与该市级分公司银保业务分管副总经理、部门负责人和具体经办人员组织会谈并制作调查笔录，最终认定了违法违规事实。由于上级公司拨付的银保渠道业务费用额度有限，为了推动业务发展，该市级分公司银保部虚构了12名银保客户经理的入司资料，并以上述人员名义办理了银行卡。银行卡存放于银保部具体经办人员处，虚挂银保业务的手续费直接打入银行卡，并由银保部具体经办人员取出后用于日常业务拓展。经查实，2009年10月1日~2010年3月31日，该市级分公司通过编造12名虚假的银保客户经理资料，共虚假列支保险中介业务费用82.24万元。

检查人员认为，目前银保合作仍处于低层次、非理性的初级阶段，手续费成为市场竞争主要工具，竞争层次较低。为应付银邮渠道业务考核压力，部分保险公司被迫调剂使用相关会计科目套取资金。同时，由于保险公司内部对业务及管理费用、佣金发放等制度执行不到位，财务部门对费用事项真实性不作实质性审查，只要在费用额度内，银保部门可以随时进行报销，导致违法违规发生。

(3) **处理结果**。该市级分公司通过编造虚假的银保客户经理资料，虚假列支保险中介业务费用，违反了《保险法》第八十六条的规定，该市级分公司副总经理对此负有直接责任。保监局根据《保险法》第一百七十二条和第一百七十三条的规定，对该市级分公司责令改正，罚款15万元；对副总经理给予警告，罚款3万元。

案例三：某保监局查处产险公司中心支公司虚增营销员业务套取资金违法违规行为

(1) **案情简介**。某产险公司某中心支公司为加大业务招揽能力，将部分直接业务虚挂保险营销员名下，以提高营销员业务量方式变相提高其手续费。该中心支公司财务系统按照机动车交通事故责任强制保险4%、商业车险8%的比例向营销员支付手续费。为另外给予营销员2%的手续费补贴，该中心支公司采取将员工的部分直接业务根据需要按比例记在保险营销员名下，虚增营销员代理业务量，对虚增代理业务提取手续费。2010年该中心支公司承保市区业务超过190万元，其中虚挂营销业务64.71万元，变相虚增手续费

4.47 万元。

（2）**检查过程及方法。**

- **突击检查发现证据。**检查人员突击核查了核心岗位人员工作电脑，利用信息技术手段进入了公司 OA 系统并取得了财务系统中部分工作文件，发现该中心支公司以内部发文形式允许将部分直接业务转挂营销渠道，并按相应计算方法为保险营销员贴补手续费。接下来，检查人员在该中心支公司提供的工作电脑中恢复了部分删除文件，从中发现了具体人员转挂业务的电子表格，获取了在手续费提取时存在违法违规操作的具体证据。为摸清违规操作的具体细节，检查人员并未立刻与该中心支公司正面接触，以避免打草惊蛇。

- **调阅资料深入分析。**在突击检查取得进展的同时，检查人员调阅了该中心支公司营销员管理档案资料，排查营销员代理协议签订情况以及日常培训记录材料，与当地保险行业协会掌握的该中心支公司营销员展业证发放数据进行对照，统计所属保险营销员实际数量。同时，调取核心业务系统中营销员展业数据资料进行分析，选取部分业务保单作为验证对象。在此基础上，检查人员将档案资料不全、代理保费收入波动较大、突击检查中有证据指向的营销员群体作为检查重点，对其代理业务进行全面梳理，并要求该中心支公司提供上述营销员的佣金银行卡交易明细，寻求突破。

- **排查营销员。**检查人员要求属于重点排查群体的 74 名营销员到场配合检查，仅有 16 人到场，占抽查人数的 22%。经现场笔迹对比，该中心支公司留存上述人员代理合同上的签字与其现场签名明显不符。检查人员就前期挑选的部分业务保单情况询问具体展业营销员，多数人表述与保单内容以及投保单位、投保人的表述差异较大。通过查询打印部分营销员以及证据显示存在业务转挂的员工银行卡明细，发现多人在佣金或报销费用发放当日即将款项全部取出，极有可能充当套费工具。

检查人员综合前期检查进展，与该中心支公司总经理进行谈话，在大量证据面前，该中心支公司总经理承认了相关违法违规事实，并在现场检查事实确认书上签字。

(3) **处理结果**。该中心支公司将部分直接业务虚挂保险营销员名下套取资金，违反了《保险法》第八十六条的规定。依据《保险法》第一百七十二条和第一百七十三条的规定，保监局对该中心支公司罚款15万元；对直接责任人该中心支公司总经理警告、罚款2万元。

案例四：某保监局查处产险公司通过虚增营销员业务套取费用违法违规行为

(1) **案情简介**。某产险公司为兑现业务员绩效工资，通过虚挂个人营销员业务套取手续费。2010年，该产险公司10名业务员的1 020笔业务，在出单时录入在未发生真实营销行为的一位或多位个人营销员名下，涉及保费256.25万元。该产险公司向以上个人营销员的银行卡中支付手续费18.19万元，而银行卡和密码实际掌握在业务员手中，通过这种方式变相套取手续费用，兑现业务员的绩效工资。

(2) **检查过程及方法**。

- **调阅资料筛选线索**。检查人员在现场调取了员工名册、营销员名册、个人代理业务台账、直接业务台账、人员工资科目明细账、手续费科目明细账和相关财务凭证。将台账和手续费支付凭证清单电子版等数据导入Excel和Access软件进行分析。筛选各个业务员和个人营销员的业务信息，统计其全年业务规模，再与手续费支付凭证和工资绩效支付凭证一一对应，重点关注其手续费兑现与业务来源是否相符，支付比例与合同是否一致。

- **发现违法违规疑点**。一是直接业务台账记录了1 065笔业务，可财务账簿中没有业务员工资和绩效的支付凭证，不符合该产险公司考核激励的基本逻辑。二是个人营销业务台账的“营销员”一栏中所记载的姓名与业务员姓名有一定关联性，表现为姓名差一个字、或是亲属（通过调阅人事档案核实）、或是极不常用的同一姓氏频繁出现等。三是同一被保险人在同一时期投保的多笔业务所记载的业务归属不同的个人营销员，有违常理。

- **进一步调查核实**。检查人员采取进一步措施。一是调取投保单，核实业务员签字的笔记，检查疑似有连带关系的业务员签字笔记是否相同。二是调取人事档案，搜集业务员和个人营销员直系亲属姓名信息，排查人名是否同时出现在不同的渠道中。三是研究该产险公司出单系统所录入的各项信息，查找可能存在的“隐藏代码”。

• **查明违法违规事实**。检查发现，该产险公司业务员的业务在保费规模中占绝大部分。由于省级分公司核算的约束，不允许通过绩效工资的方式兑现，因此，该产险公司2010年度没有给业务员发放工资，而是鼓励业务员让其亲属、家人、朋友考取个人代理资格证书，再与该产险公司签订个人代理合同，并在银行开立一张专用于结算手续费的银行卡，再把业务员的业务虚挂到这些人名下，以支付绩效工资。业务最多的一名业务员共利用了18人为其虚挂业务提取手续费。

（3）**处理结果**。该产险公司将直接业务虚挂在虚增营销员名下套取资金，用于业务员展业费用，违反了《保险法》第八十六条和第一百一十六条的规定，情节严重。根据《保险法》第一百六十二条、第一百七十二条和第一百七十三条的规定，保监局给予该产险公司停止接受商业车险新业务3个月、罚款20万元的行政处罚，对该公司经理给予警告并处以罚款4万元的行政处罚。

延伸阅读7：

保险公司通过业务人员补贴保险中介机构手续费

某保监局在保险公司中介业务检查过程中，发现存在检查对象通过向业务人员发放高额绩效，再由业务人员暗中补贴保险中介机构手续费的违法违规形式，做法较为隐蔽，值得关注。

（一）具体操作流程

省级分公司按照不同的合作保险中介机构，向总公司申请相应的销售投入费用（包含手续费和绩效），待总公司审批后，省级分公司即在公司核心业务系统内录入相应的比率。如一般商业车险手续费率为12%、绩效比例为7%（总费用达19%）；机动车交通事故责任强制保险手续费率为4%、绩效比例为2%（总费用达6%）。手续费由省级分公司通过转账支付给保险中介机构；绩效则按绩效比例由总公司根据保险中介机构代理的业务逐单计提，并以绩效工资名义发放至检查对象基层公司经代渠道维护人员的工资卡中，维护人员再根据保险中介机构代理业务的险种，比例提取现金（一般商业车险5.5%、交强险1%）支付给保险中介机构。从保险中介机构方面看，其从保险公司实际取得商业车险17.5%、机动车交通事故责任强制保险5%的手续费收入。

（二）问题分析

这种做法与保险总公司中介业务管理设计不合理密切相关。

一是有意模糊了保险中介机构和渠道维护人员的绩效考核内容。总公司制定了针对渠道维护人员的《经代渠道销售基本法》（简称《基本法》）和针对保险中介机构的《经代渠道车险合作中介机构考核管理暂行规定》（简称《考核规定》）。《基本法》规定了渠道维护人员薪酬构成，包括固定工资、浮动工资、绩效收入、奖金和福利五部分，其中除绩效收入以外的四个部分均有明确的考核指标，但对绩效收入则含糊描述为“根据各机构业务情况，由运营部门逐单确定，具体额度另行下发”。《考核规定》规定了保险中介机构外部销售投入率，包括手续费率和绩效比例，但对绩效比例部分如何列支没有明确说明。实践操作中，检查对象则将原本属于保险中介机构的绩效奖励，以渠道维护人员绩效工资的形式发放给维护人员个人，再由维护人员提取现金支付给保险中介机构，其实质是变相提高了手续费的支付标准。这种表面看似合法合规的制度设计，掩盖了实际不合法的支付行为。

二是对保险中介机构业务品质考核较为粗放。虽然保险总公司实行渠道的垂直和集中管控，但经代渠道考核指标只包括保险中介机构的历年赔付率、外部销售投入率、净保费收入和满期出险频度，未将经代渠道中保险公司实际还需承担的固定成本、变动费用和人力成本统一进行综合考核，经代渠道业务品质考核并不能真实反映该渠道的实际价值贡献度。从业务实践上看，所谓的外部销售投入率实际上就是保险公司可以支付给保险中介机构的含税的手续费率。检查对象该比例设置偏高，远超过市场平均的手续费率水平，这就给渠道维护人员向保险中介机构支付额外费用等留下足够的空间。

三、保险公司通过虚列业务及管理费用套取资金违法违规行为现场检查

（一）释义

《保险法》第八十六条规定：“保险公司应当按照保险监督管理机构的规定报送有关报告、报表、文件和资料。保险公司的偿付能力报告、财务会计报告、精算报告、合规报告及其他有关报告、报表、文件和资料必须如实记录保险业务事项，不得有虚假记载、误导性陈述和重大遗漏。”上述法律条文的立法本意在于明确保险公司应当基于真实经营情况，编制相关报告、报表，不得为了达到某些目的而在报表、报告和资料的编制过程中对相关业务事项做扭曲、变相甚至虚假的描述、记录、报告。

现实中，保险公司往往采用虚列业务及管理费用来套取资金。这在行业中具有一定的普遍性，使得保险公司财务会计报告的相关数据不能反映公司的真实经营情况，对监管部门在制定监管政策和投资人制定投资决策等方面产生误导。保险公司之所以虚列业务及管理费用来套取资金，与保险公司管理制度上的漏洞及市场竞争压力等因素相关。

许多保险公司在销售费用的管控和使用上对分支机构实施“大包干”政策，费用、手续费及佣金总额与业务规模直接挂钩，对费用和手续费佣金支出的真实性与合法性缺乏管控。总公司按照年度保费计划统一制定年度销售费用指标，经省级分公司层层下达给各分支机构，直至业务人员，并由其按

照保费实收进度自行掌握。上至总公司下至分支机构的各级负责人、财务人员在费用报销过程中，仅审核发票真实性、费用总额是否超标以及财务科目是否使用正确，而对费用开支实际用途不进行核实。此外，总公司普遍忽视内部控制制度以及严格有效的考核机制的建设，导致分支机构的高管和从业人员缺乏依法合规经营意识。

如某保监局发现，检查对象在其2010年《关于一季度销售费用列支中存在问题的情况通报》中规定，允许业务及管理费用中作为展业费用、销售费用的科目有：职工工资、邮电费、修理费、车船使用费、招待费。实际默许了所属分支机构虚列业务及管理费用。其《新车共保业务管理办法》规定，下属营业部可通过报销票据方式向所属业务人员支付新车业务销售费用补助：业务满期赔付率在40%以下，支付4%销售费用；满期赔付率在40%～50%，支付3%销售费用；满期赔付率在50%～55%，支付2%销售费用。检查对象诸如此类的管理政策在导向上没有重视和强调对业务人员费用报销的真实性、资金去向的实质审核，引发了票据不真实、费用使用不真实、资金去向不合规等问题。

在实际操作过程中，保险公司为了达到非法套取资金的目的，以报销办公用品费、会议费、车辆使用费、电子设备运转费、培训费等方式，列支实际属于手续费性质的费用。如与酒店、宾馆、旅行社串通合谋，由旅行社开票，酒店或宾馆加盖公章，虚列会议费、住宿费套取资金；获取大量燃油费发票虚列车船使用费套取资金。费用一般由业务人员个人报销，并打入其个人工资卡；报销主要集中于办公用品、汽油费、过路费、住宿费等比较容易收集和购买到发票的科目。发票金额往往有一定限额，如住宿费不超过3 000元，办公用品不超过1 000元；部分发票存在连号现象，或来自同一本发票。

另外，目前市场主体经营方式缺乏差异化。新设立的寿险公司在发展初期普遍采用高费用、高成本的经营方式拓展银保渠道。在银保渠道中，居于优势地位的银行常常将吸储费用、银行卡发卡礼品等费用交由保险公司承担。这类无法在账内列支的成本也成为保险公司违法违规虚列业务及管理费用的重要原因。

（二）需要调阅的资料

1. 检查对象的各级上级机构下发的、所有在用的关于费用管理工作的制度文件、工作函、工作通知、电子邮件等资料，以及本机构印发执行的、所有在用的关于费用管理工作的制度文件、工作函、工作通知、电子邮件等资料。

2. 检查时间范围内，检查对象的各类会计报表、会计账簿、会计凭证。

（三）检查过程及方法

1. **认真研究检查对象的管理制度。**仔细研究检查对象提供的其各级上级机构下发的、所有在用的关于费用管理工作的制度文件、工作函、工作通知、电子邮件等资料，以及其机构本身印发执行的、所有在用的关于费用管理工作的制度文件、工作函、工作通知、电子邮件等资料。

重点研判检查对象内部关于费用总额计算、下拨、支付等控制工作的职权划分状况和基本业务流程。上级采取按险种设定费用率、按经营团队保费总额计算团队可报费用总额的包干制管理模式的，对于费用真实性审核等后续工作的管控往往停留于发票真实性、报销流程是否完备等形式性工作上，而对是否存在以真实发票报销其他用途费用的违法违规行为审查不严，风险较大。审核发票时要重点关注同一部门或是同一人的报销，看发票有无漏洞，如有无在不同月份报销的发票是连号的，看会议费发票的真实性，以及真实发票的内容是否真实，保险公司入账的、由保险中介机构提供的发票的真实性等等。

2. **审阅检查对象会计报表和会计账簿。**需重点关注的分支机构编制的会计报表包括：资产负债表、利润表、营业费用明细表或业务及管理费用明细表等。重点审核营业费用明细表或业务及管理费用明细表中发生额较大的明细项目，如办公用品费、车辆使用费、电子设备运转费、会议费、培训费等。随后，要求检查对象提供营业费用或者业务管理费明细账簿，逐笔审阅办公用品费、车辆使用费、电子设备运转费、会议费、培训费明细账簿中的每一项发生额。同时，根据现场检查任务时间安排、检查人员人数等因素，确定一个合理的检查金额标准，对超过检查金额标准的费用事项全部编制表格予以登记。

3. **对登记的费用事项逐笔核实**。以验证费用事项发生的真实性为目标，对不同的费用事项采取不同的方法进行核实。

对办公用品费，主要采取调阅办公用品出入库登记簿、与经办人谈话了解情况、与办公用品使用人谈话了解情况等方法。

对车辆使用费，主要采取调阅车辆使用管理制度、车辆派车记录、计算车辆行车里程和油耗情况，并与公司实际业务活动需要进行对比等方法。

对电子设备运转费，主要采取调阅外购电子耗材出入库登记簿、与经办人谈话了解情况、与外购电子耗材使用人谈话了解情况等方法。

对会议费和培训费，主要采取审核会议和培训会会议流程文件、是否有会议通知、签到表、会议议程等，审核参会人员是否重复参会、对经办人谈话了解情况、对参会人员进行谈话了解情况等方法。

4. **向发票开票单位进行核实**。在核对费用真实性时，如检查对象及其工作人员以“事情久远已经忘记具体细节”“经办人已离司”“管理不到位无法提供低值易耗品登记簿”等为由推脱，拒绝说明真实情况的，检查人员要去费用发票开票单位核实，取得相关单位关于是否真实发生费用事项的证明材料。

5. **运用 Excel 功能编制发票统计表鉴别虚假发票**。虚假发票现在已经成为保险公司虚列业务及管理费用的重要手段之一。在分支机构尤其是基层机构采用电子记账的单位较少、OA 软件应用不普及的现实情况下，应用 Excel 的强大数据处理功能鉴别虚假发票是一种比较有效的方法。对在检查中发现的可疑发票，编制发票统计表，按购买商品、发票号码、发票内容、购买日期、签字日期、发票类型、记账日期、单价、数量、金额、经办人员、发票书写情况（是否有涂改、是否大小写一致等情况）详细录入，如果有必要也可以输入检查对象所有原始发票。

可以按照以下五种方法进行发票的甄别筛选。一是按“发票内容”进行排序、汇总，同一类的支出会一目了然。然后，根据实际情况对发票所发生业务的真实情况，结合经办人员进行落实。如检查对象没有打印机、复印机，却有高额的打印费、复印费支出；用于福利的支出与实有人员情况不符等。把分散在各期间的相关内容的发票汇总起来，就不难发现检查对象有重复报销、套取资金等违法违规行为。二是按“发票书写情况”进行排序、汇总，对有涂写、大小写不一致、笔迹不一致等情况与有关人员进行笔迹核对，可能会发现相关人员篡改原始发票套取资金行为。三是按“发票类型”和“发票号码”进行排序、汇总，对发票号码在前而购买日期在后、或者购买日期在前而发票号码在后的情况，要对有关人员的笔迹进行仔细核对和询问。对大量连号发票要实地落实。四是按“购买商品、单价、数量、金额”进行排序、汇总，对同样商品单价差距大的进行核对，看有无用提高单价套取资金的行为。五是按“记账时间、购买时间”进行排序、汇总。有疑点的发票比较集中的月份，一般在春节、中秋节前后，要仔细核对，看是否用于发放福利和赠送礼品；对记账时间和签字日期与购买时间相差较远的要问明原因，看是否有为他人突击解决费用的问题。

如某保监局重点核查以下10种可疑票据：一是使用连号发票，一本发票盖多处消费单位公章；二是一张发票重复使用；三是所报销发票无法核实出处；四是发票金额与正常市场价格差距较大；五是报销会议费与开具发票的会场或宾馆可容纳的人数严重不符；六是报销科目与所附发票不一致；七是发票上有核算税点痕迹；八是票据出处与消费地点不符；九是汽车加油量远超出检查对象的汽车拥有量；十是使用假发票、过期发票报账。

6. **突击检查关键岗位人员的电子和纸质档案。**随着检查对象内部管控力度的加大，分支机构形式上的财务报销流程都日益规范，具有明显违法违规特征的虚列业务及管理费用行为已经逐步减少，检查工作难度加大。因此，在上述检查方法外，可以根据现场状况，采取突击检查分管负责人、部门负责人、经办内勤等关键岗位工作人员的电子和纸质档案的办法，查找记录虚列业务及管理费用和其真实用途的控制台账。

专栏 18：

从五个方面入手检查虚列业务及管理费用

某保监局在现场检查中重点从五个方面入手，开展虚列业务及管理费用项目的检查。一是费用报销原始凭证金额与记账凭证金额是否一致，是否存在账实不符问题。二是费用报销部门与费用归口管理部门是否一致，是否存在销售管理部门或展业团队报销办公用品、电脑耗材和燃油费等情形。三是费用报销人与报销款项领取人是否一致，是否存在公司内勤人员代替业务经办人报销业务及管理费用的情形。四是费用报销情况与费用实际发生情况是否匹配，是否存在频繁购买打印纸和计算器等办公用品的情形，是否存在燃油费列支远超公司自有车辆实际行驶里程油耗开支等情形。五是费用开支情况与会计账务处理情况是否一致，是否存在会计科目适用错误，将本应计入固定资产和低值易耗品的开支金额计入办公用品和电脑耗材开支等情形。

（四）法律适用

1. 禁止性规定：

《保险法》第八十六条规定："保险公司的偿付能力报告、财务会计报告、精算报告、合规报告及其他有关报告、报表、文件和资料必须如实记录保险业务事项，不得有虚假记载、误导性陈述和重大遗漏。"

2. 处罚依据：

《保险法》第一百七十二条规定："违反本法规定，有下列行为之一的，由保险监督管理机构责令改正，处十万元以上五十万元以下的罚款；情节严重的，可以限制其业务范围、责令停止接受新业务或者吊销业务许可证：（一）编制或者提供虚假的报告、报表、文件、资料的。"

《保险法》第一百七十三条规定："保险公司、保险资产管理公司、保险专业代理机构、保险经纪人违反本法规定的，保险监督管理机构除分别依照本法第一百六十一条至第一百七十二条的规定对该单位给予处罚外，对其直接负责的主管人员和其他直接责任人员给予警告，并处一万元以上十万元以下的罚款；情节严重的，撤销任职资格或者从业资格。”

（五）案例参考

案例一：某保监局查处寿险公司省级分公司银保省会本部通过虚列业务及管理费用套取资金违法违规行为

（1）**案情简介。**2010 年，某寿险公司某省级分公司所辖银保省会本部虚列培训费、会务费、公杂费等 45 笔共计 283.81 万元，扣除开票费用实际共套取资金 262.17 万元。

该寿险公司虚列业务及管理费用套取资金时，采取报销发票、将资金转账到开票单位后，再由该省级分公司相关人员从开票单位领回现金的方式进行。在套取的资金中，用于向客户经理支付激励费用 122.36 万元，为相关银行支付吸储贴息 39.08 万元，招待费 38.43 万元，促销费用 49.49 万元，中秋银保网点拜访花费 2.60 万元。

2010 年，该省级分公司某中心支公司采取同样办法，虚列办公用品、电脑耗材、日用品、培训费等 64 笔费用共计 34.27 万元，扣除开票费用实际共套取资金 33.40 万元。在套取的资金中，用于向客户经理支付激励费用 2.26 万元，为相关银行支付吸储贴息 6.90 万元，为相关银行办卡花费 11.96 万元，招待费 10.98 万元。

（2）**检查过程及方法。**检查人员在对该省级分公司开展现场检查时，首先收集、分析了相关业务、财务数据，审阅人员管理、业务发展、渠道拓展、业务管理、财务管理等方面的资料。检查人员在分析该寿险公司财务数据时发现，2010 年该省级分公司省会本部列支了约 384 万元的会议费，而 2010 年全年的业务及管理费用支出共计 2 362 万元，仅会议费项目的占比就达到了 16.3%，其真实性值得怀疑。

根据数据分析工作的初步结论以及检查费用真实性的经验，检查人员决定另辟蹊径，暂不采用筛选大额发票、对经办人进行问询谈话、对相关单位进行外调等传统检查方法，而采取直接检查相关经办人员电脑搜集证据的办法。查阅有关人员的电脑资料时，以“台账”“费用”等关键字进行搜索，直接发现大量虚列业务及管理费用的直接证据和线索，诸如直接名为“虚列费用明细”“银行小账报销台账”、列明各项暗贴点数及部分虚列费用直接用途的电子表格，以及明确涉及小账费用管理的财务会议纪要等纸质文件。

在掌握了这些重大证据和线索后，检查人员与该省级分公司总经理、各部门主管及各关键岗位人员谈话展开攻势。在充分有力的证据面前，相关人员承认了大量虚列业务及管理费用套取资金的行为，并根据检查人员的要求交出了表明所套取资金真实用途的各类原始票据凭证。

在该省级分公司某中心支公司，检查人员采用同样的办法，查实了该中心支公司通过虚列办公用品、电脑耗材、日用品、培训费等套取资金的行为。

（3）**处理结果**。该省级分公司及其所辖中心支公司虚列业务及管理费用、套取资金的违法违规行为违反了《保险法》第八十六条的规定。该省级分公司银保业务负责人、银保省会本部时任负责人、中心支公司总经理、中心支公司银保负责人对上述问题负有直接责任。依据《保险法》第一百七十二条和第一百七十三条规定，保监局责令该省级分公司及中心支公司改正，并分别给予罚款10万元的行政处罚；对省级分公司银保业务负责人给予警告，并处罚款3万元；对省级分公司银保省会本部时任负责人给予警告，并处罚款2万元；对中心支公司总经理给予警告，并处罚款1万元；对中心支公司银保负责人给予警告，并处罚款2万元。

案例二：某保监局查处寿险公司中心支公司虚列“营业费用——公杂费”套取资金违法违规行为

（1）**案情简介**。2010年1月~12月，某寿险公司某中心支公司通过寻找较为熟悉的超市、商店、加油站和宾馆，开出相应的“办公用品、油费、住宿费”等发票，虚列“营业费用——公杂费”费用21.28万元、“营业费用——燃油费”费用4.94万元、“营业费用——会议费”费用4.25万元，共计套取资金 30.47 万元，用于银保渠道维护支出。

（2）**检查过程及方法。**

- **确立检查关键原则。**保监局检查人员在检查虚列业务及管理费用时确定了以下三项检查关键要求：一是检查公杂费时，须查阅公司相关财务制度，查阅公司费用报销的流程，检查公司银保部门人员名单，查阅会计凭证及附件，查验发票的真伪，核对费用报销后的走向。二是检查车辆燃油费时，须了解公司配备车辆情况，支公司分布情况，开会、督导、培训的频率；查阅会计凭证及附件；查验发票的真伪；核对费用报销后的走向。三是检查会议费时，须检查公司会议档案、培训档案，检查业务员的出勤记录，检查相关会计凭证，检查凭证中附件是否齐全，查验发票的真伪，核对费用报销后的走向。

- **发现违法违规线索。**入场检查后，经过统计分析，检查人员发现如下违法违规线索。一是该中心支公司 2010 年银邮渠道业务共支出业务及管理费用 323.65 万元。其中，公杂费支出 38.75 万元，占比 12%；车辆使用费支出 28.76 万元，占比 8.89%；会议费支出 9.46 万元，占比 2.9%。上述三项费用支出额及占比均相对较高，需作为重点检查内容。二是在检查公杂费会计凭证时，发现大部分银保会议费用中未产生办公用品费用，部分办公用品发票均为同一天内分次开出，统计得出购买的办公用品数量过于庞大，与日常消耗的速度不符。三是在检查车辆燃油费时，发现该中心支公司仅配有两辆车，而车辆燃油费的支出金额已经远远超过合理的范畴。四是在检查会议费时，发现相关费用报销的会计凭证附件中，部分会议的参会人员名单雷同，签到表上的签名由同一人代签，业务员参会记录与其在银行网点的出勤记录相矛盾。

- **多项措施查实违法违规。**一是突击检查职场。检查该中心支公司银保部，查阅相关工作电脑中的资料，检查核心岗位人员坐席资料。二是全面调阅资料。调阅该中心支公司规章制度、与银行签订的协议、会计报表、会计凭证、承保档案资料、人员名单、人员档案资料、电话回访录音资料、银保内勤及业务员薪酬情况。三是搜寻有关线索。通过统计分析相关数据查找疑点，通过掌握全面情况寻找矛盾点，并以此为突破口，进行深入检查。四是核实相关情况。通过在网上验证发票的真伪、到工商部门了解开票部门的经营范围、检查参会人员的出勤记录，初步确定部分费用事项的虚假性，并记录相关情况作为证据。五是开展谈话问询。根据之前掌握的情况、搜集的证据，就该中心支公司通过虚假事项报销费用的情况直接询问经办人员，要求其给予合理解释，在其无法自圆其说的情况下，给其施加压力，使其承认虚列业务及管理费用的事实。之后，再询问银保部门负责人、该中心支公司负责人，直接出示相关证据资料，使其不得不承认虚列业务及管理费用的事实。六是落实违法违规的涉案金额。通过逐笔记录的方法，统计总金额，并与该中心支公司人员逐笔进行核实确认，做到铁证如山。

（3）**处理结果。**该中心支公司虚列业务及管理费用套取资金违反了《保险法》第八十六条的规定。依据《保险法》第一百七十二条和第一百七十三条的规定，保监局对该中心支公司罚款15万元；对该中心支公司总经理处以警告，并处罚款2万元；对银保分管副总经理处以警告，并处罚款3万元；对银保部经理处以警告，并处罚款1万元。

案例三：某保监局查处产险公司中心支公司虚列业务及管理费用套取资金违法违规行为

（1）**案情简介。**某产险公司某中心支公司虚列车船使用费、会议费及其他大额费用用于业务招待、手续费开支、向部分未签订合同的人员以报销的形式发放“工资”、招待费、旅游费等，涉及违法违规资金173.84万元。

（2）**检查过程及方法。**

• **对业务、财务管理制度进行检查。**检查人员在该产险公司省级分公司调阅了其业务、财务管理的相关规定，重点了解公司业务、财务管理流程和处理方法，通过检查发现该产险公司财务管控模式存在以下风险隐患：

一是省级分公司对下辖分支机构实行费用包干，对业务管理费项下二级科目列支内容虽有明确的界定，但是实际入账时并不严格执行，导致费用使用串户或列支实际用途与经济事项不一致的情况。如：在车船使用费中报销的大量加油票，实际用途为支付手续费。

二是财务部门对变动费用只审核原始票据的真实性，不审核实际用途与报销经济事由的一致性和真实性。

三是该产险公司对销售序列和内勤序列人员的界限模糊，手续费和销售绩效没有明确界定。部分无代理资格证人员、无工号的内勤和非内勤的业务人员，在手续费科目中无法列支的手续费、奖励或内勤人员工资，转而在车船使用费、公杂费等科目中列支。

四是因业务招待费列支比例受到相关税务规定限制，该产险公司实际发生的大量业务招待费，通过变通方式在业务及管理费用项下的其他二级科目中列支。

● **进一步查找风险点。**根据上述情况，检查人员对该产险公司的业务及财务情况进行了梳理，明确费用支出的检查重点是财务列支事项的真实性和列支票据的真实性。主要掌握以下风险点：一是在税务网站查询发票，看开票单位是否一致；二是到工商局网站查询发票开票单位，看开票单位是否真实存在；三是核对该产险公司举行活动的消费支出地和发票使用地；四是核对该产险公司列支的消费项目价格和检查人员的电话询价；五是导出费用列支科目的详细信息与该产险公司提供的账目相核对；六是对相关经办人、审批人、报销人开展谈话，了解真实情况。

● **找出违法违规线索。**车船使用费方面，根据该产险公司财务管理规定，车船使用费是指机动车船所需的燃料、辅助油料、养路、车检、过路过桥、停车等费用，营业机构的班子成员可以享受车贴。检查人员在检查中发现，扣除班子成员的补贴后，剩余的车船使用费金额仍然较大，而查勘车辆发生的费用在“赔款支出——直接理赔费用（间接理赔费用）——查勘费”科目中已经列支。针对这种情况，检查人员对相关经办人、财务人员进行了询问，其承认车船使用费中除了列支车贴外，还使用相关业务人员提供的汽油发票，住宿发票、火车票、路桥票等列支团队销售费用、招待费、手续费开支等其他费用。会议费方面，检查人员对所有会议费涉及的会议地点进行电话询价和实地调查，核实是否为真实发生的事项。根据检查发现，部分原始票据与财务记账凭证不吻合，有会议发票而无实际会议记录，涉及金额为9.48万元。随后，检查人员对相关经办人、负责人进行谈话，确认会议费票据有一部分并非真实发生的会议费开支，实际用途为旅游费、招待费等，只是以会议费的名义开支。

（3）**处理结果。**该产险公司利用虚列业务及管理费用套取资金用作其他用途的行为，违法了《保险法》第八十六条的规定。保监局依据《保险法》第一百七十二条和第一百七十三条的规定，对该产险公司罚款10万元，对相关负责人处以警告并罚款1万元。

案例四：某保监局查处寿险公司中心支公司虚列差旅费等套取资金违法违规行为

（1）**案情简介。**2010年1月~3月，某寿险公司某中心支公司通过银保客户经理报销非真实用途的汽油费、差旅费等发票的方式，虚列业务及管理费用共计58.11万元，主要用于银保渠道的维护。其中，车辆维修费2 900元，汽油费16.72万元，路桥费1.67万元，业务招待费1.91万元，市内交通费8.51万元，差旅费16.97万元，办公用品费6334元，其他公杂费共计11.42万元。

（2）**检查过程及方法。**

- **提前收集各类自查和稽核报告发现线索。**检查人员收集了该中心支公司近几年上报的各类自查报告，以及按中国保监会要求每季度定时上报的内部审计报告。经整理后发现，该中心支公司2010年第3季度上报的内部审计报告中明确提及，利用贴票方式向银行代理机构输送正常手续费之外的利益。根据此条线索，检查人员在制定检查计划时将虚列业务及管理费用套取资金作为检查重点。该中心支公司自己上报的这份内部审计报告，成为检查时突破其心理防线的利器。

- **非现场数据分析。**检查人员调取该中心支公司近两年的营业费用明细账，经汇总整理形成“主要费用科目汇总表”“费用报销汇总表”，按费用科目、月份、报销人员、报销内容等项目进行多维度分析，发现2010年1月~3月银保部门的业务人员在汽油费、住宿（差旅）费、市内交通费、办公用品等方面存在集中报销的情况，并确定了具体报销人员。

• **整理财务凭证发现疑点**。根据分析结果，检查人员调阅了相关财务凭证，逐单记录报销人员、报销时间、报销发票的内容、发票开具机构名称、发票号等。经汇总整理，发现累计报销某本地宾馆住宿发票10多万元，某业务人员单月报销住宿费2万余元，汽油费发票2万余元，日用品发票9 000余元，市内交通卡充值发票4 000余元等疑点。通过翻阅凭证还发现银保渠道住宿费、办公用品的报销审核流程明显不同于行政部门，不仅缺少必要的证明材料，也不符合该中心支公司的报销规定。

• **收集外围证据**。针对发现的疑点，检查人员通过税务机构网站或拨打查询电话核实发票真伪；走访部分发票出具单位，如走访市内某宾馆，了解宾馆相关情况，并核实发票内容情况是否属实；约谈财务审核人员，了解报销管理制度和审核制度，确定银保渠道费用报销不受相关财务报销政策的限制，财务部只对报销费用的总额进行审核。

• **约谈经办人员并量化违法违规金额**。检查人员选择疑点较多的部分银保业务人员作为约谈对象，并在约谈中适时抛出相关外围证据。约谈人员迫于确凿的证据，最终均承认虚列业务及管理费用套取资金的事实，并告知了套取资金的去向。接下来检查人员又约谈该中心支公司相关负责人，要求按照检查要求汇总虚列业务及管理费用套取资金的总量。检查人员将数据与原先掌握的疑点金额进行比对，最终确认该中心支公司虚列业务及管理费用套取资金52万余元。

（3）**处理结果**。该中心支公司虚列业务及管理费用套取资金，用于银保渠道维护，造成业务、财务数据不真实，违反了《保险法》第八十六条的规定。依据《保险法》第一百七十二条和第一百七十三条的规定，并考虑其他违法事实，保监局给予该中心支公司罚款16万元，对相关责任人警告并处2

万元罚款的行政处罚。

案例五：某保监局查处寿险公司中心支公司通过虚列会议费用等套取资金违法违规行为

（1）**案情简介**。某寿险公司某中心支公司通过编制虚假的会议通知、会议参会人员签到表等相关资料，虚假列支业务及管理费用套取资金69.93万元。

（2）**检查流程及方法**。

- **分析系统数据**。入场前，检查人员提取了该寿险公司的统计信息系统，对费用情况进行了全面分析，初步筛选了会议费作为可疑项目。

- **分析财务明细账**。进场后，检查人员调阅了2010年度明细账，通过对与中介业务相关的差旅费、会议费、培训费等科目的分析，初步判断银保渠道培训会议费可能存在虚假。

- **翻阅整理会计凭证**。检查人员翻阅了2010年度所有银保渠道会议费的会计凭证，并逐一登记了会议时间、地点、内容、参会单位及人数、发票单位、发票号等要素。经整理，发现会议地点比较集中、时间和金额比较有规律、参会的银行人员数量远大于按银行网点平均人数计算的数量等情况，推测可能是编造会议虚开发票套取费用。

- **外部核查**。首先，检查人员向税务机关核查了发票真伪，未发现假发票，排除了该寿险公司自行购买假发票的可能。接着，检查人员以业务咨询的名义向会议费所涉及的宾馆、会务中心了解是否可以虚开会议发票，了解到只要按发票金额的10%支付手续费，就可以协助虚开发票。考虑到向宾馆、会务中心外调有一定的难度，检查人员决定重点核查银行参会人员情况。检查人员向会议费所涉及的银行下发了现场检查通知书，并特意采取先传真通知银行省级分行的形式送达。各银行予以了高度重视，积极配合询问和参会情况核实。最终，各银行出具了未参会的书面说明，印证了检查人员的推测。

- **询问相关人员**。向各银行核实参会情况后，检查人员对该寿险公司银保内勤、部门负责人进行了询问。由于检查人员向各银行核实情况时，专门要求该寿险公司通知各银行的保险代理管理人员与检查人员联系，在此情况下，该寿险公司基本知晓了银行的回复口径，承认了编造会议材料套取资金的违法违规做法。

（3）**处理结果。**该寿险公司通过虚假列支会议费，编制虚假的报告、报表、文件、资料，涉及金额69.93万元，上述行为违反了《保险法》第八十六条的规定。依据《保险法》第一百七十二条和第一百七十三条的规定，保监局对该寿险公司处以罚款19万元，给予该寿险公司负责人警告并罚款5万元。

延伸阅读8：

保险公司关于以报销发票虚列业务及管理费用套取资金的"明细规定"

某保监局在现场检查中发现，某保险公司为应对检查，对报销发票虚列业务及管理费用套取资金制订了针对性的"明细规定"。

报销处理方式	可以报销的发票内容及类型	可以开票单位	列入会计科目	对发票报销要求	限额（个人为单个人报销限额，团队为整个团队报销限额）
个人	餐饮、服务、娱乐发票	餐厅、酒店、宾馆	招待费——餐费	招待费科目不能超过保费收入0.5%	1 000元
个人	礼品、工艺品、装饰品	商场、超市	招待费——礼品费		1 000元
个人	墨盒、碳粉、色带、网线等	电脑公司、电脑用品经营部	电子设备运转费——耗材		1 000元

续表 1

报销处理方式	可以报销的发票内容及类型	可以开票单位	列入会计科目	对发票报销要求	限额（个人为单个人报销限额，团队为整个团队报销限额）
个人	固定电话费用	电信	邮电费——电话费		800 元
个人	移动电话费用	移动、联通	邮电费——通讯费		800 元
个人	过路过桥票，住宿、燃油费，快巴、船、飞机票等		差旅费	不能用过多的外省发票	2 000 元
个人	道路客运、出租车发票	的士公司、汽车公司、公交公司	差旅费——交通费		1 000 元
个人	修理修配服务发票	修理厂	修理费——车辆修理费		2 000 元
个人	维修打印机、复印机等办公设备	电脑公司、电脑用品经营部	修理费——办公设备维修		1 000 元
个人	油费	加油站	车辆使用费——燃油费		2 000 元
个人	过路过桥票	公路管理	车辆使用费——过路过桥费		1 000 元
个人	停车费发票	各停车点	车辆使用费——停车费		500 元

续表2

报销处理方式	可以报销的发票内容及类型	可以开票单位	列入会计科目	对发票报销要求	限额（个人为单个人报销限额，团队为整个团队报销限额）
个人	洗车、打蜡、换机油等汽车服务发票		车辆使用费——车辆保养费		2 000元
个人	订书、订报、业务书籍	商场、超市、书店	营业费用——公杂费——书刊费		1 000元
团队	办公用品、笔记本、笔、文件夹、文件袋、文件盒	办公用品经营部、超市、商场	公杂费——办公用品费用	需办公用品清单	2 000元
团队	打印纸、传真纸	商场、超市、电脑公司、电脑用品经营部	公杂费——纸张费		2 000元
团队	日用品、五金用品等	商场、超市	公杂费——其他		3 000元
公司统一	会议餐费、会议用品、会议场租、住宿费、会务费	旅行社、酒店、宾馆	会议费——中支机构会议费	附件要求会议通知，通知内容：开会目的、时间、地点、参会人员、会议内容、就餐在点等。金额超过3 000元要转账	10万元以下

续表3

报销处理方式	可以报销的发票内容及类型	可以开票单位	列入会计科目	对发票报销要求	限额（个人为单个人报销限额，团队为整个团队报销限额）
公司统一	广告牌、广告灯箱	广告公司、制作公司	营业费用——户外广告费	需转账。需准备广告协议或资料等。宣传费+广告费科目不超过保费收入的15%	10万元以下
公司统一	新闻、网络、广播广告费	传媒公司	营业费用——新闻媒体广告费	需转账。需准备广告协议或资料等。宣传费+广告费科目不超过保费收入的15%	10万元以下
公司统一	单证印刷费、办公品印刷费	印刷厂	营业费用——印刷费——宣传用品印刷费	需转账。要准备印刷清单	10万元以下
公司统一	花、草、树、盆景	花店、个体户等	营业费用——绿化费		10万元以下
公司统一	出单点租金	出租人或自行去税务局开	营业费用——租赁费		10万元以下

续表4

报销处理方式	可以报销的发票内容及类型	可以开票单位	列入会计科目	对发票报销要求	限额（个人为单个人报销限额，团队为整个团队报销限额）
公司统一	培训讲师课酬费	自行去税务局开	营业费用——劳务费		10万元以下
公司统一	日用品、小礼品、活动费、条幅、海报、印刷宣传费、场地费等	超市、制作公司等	营业费用——宣传费	需转账。宣传费+广告费科目不超过保费收入的15%。准备营销活动方案	10万元以下
公司统一	工作服	服装厂或自行去税务局开	营业费用——劳动保护费	需转账。要准备合同	10万元以下

延伸阅读9：

银行强势地位加剧保险公司银保业务费用负担

某保监局在检查中发现，银保业务除了账内列支的手续费外，还存在各类隐形成本，加重了保险公司负担。一是向银邮网点、柜员乃至负责人支付各类现金、非现金利益，支付的比例从1%到12%不等。二是承担吸储费用。个别银行将吸储任务转嫁给与其存在银保业务往来的保险公司，若保险公司无法完成吸储任务，银行将终止为其代理保险业务。吸储费用率目前已达到每日1‰至2‰不等。三是承担发卡费用。个别银行还把各类银行卡发卡任务转嫁给与其存在银保业务往来的保险公司，办卡过程中发生的礼品赠送等费用也主要由保险公司承担。

四、保险公司利用保险中介，通过虚挂应收保险费套取资金违法违规行为现场检查

（一）释义

应收保费是指保险公司接受投保人的投保申请出具正式保单，保险合同正式生效后保险公司应该向投保人收取而未收到的保险费。如果承保的保险公司没有立即收取全数保费，而是获取了要求投保人在一定条件下和一定时间内支付保费的权利，就产生了应收保费。从性质上看，应收保费是保险公司对投保人的一种债权，表现为保险责任与交费的时间差。实际业务操作过程中，应收保费是不可避免的。检查人员要分析原因，辨别出正常和非正常的应收保费。

正常出现应收保费通常分为三种情形。一是信用政策形成的应收保费。由于展业和市场竞争的需要，保险公司针对一些大客户签发的企业财产保险、责任保险、货物运输保险等大额保单或招投标业务，在保险费交纳期限上会给予优惠。二是正常流转过程中形成的应收保费。保费在正常流转过程中，由于出单与结算之间的时间差以及保单在流转过程中的正常失误，如代理网点保费结算滞后，也会形成应收保费。有些保险业务如个人住房按揭保险、货物运输保险、航空运输保险等业务是通过银行、邮政及交通运输部门等兼业代理机构代办代收的，而保险公司与之结算惯例通常是月结或季结。保险中介机构的介入增加了保费从投保人到保险公司的环节，减缓了资金流通速度，导致保费结算期限较长从而产生应收保费。另外，一些不能在业务处理系统直接出单的保险业务，如某些代理业务、定额保险，要进行手工补录，由于补录时间紧、工作量大等原因补录数据不到位，未能及时进行收付保费

的结转确认，也会产生应收保费。三是系统处理方式和操作失误产生的应收保费。目前大多数保险公司的业务系统与财务系统已经实现了对接，业务系统中每录入一张保单，财务系统就会自动确认保费收入。在实际操作过程中，录单操作失误（录入的信息不能随便删除）及复核把关不严，导致同一张保单重复录入，财务系统相应进行多次确认，从而虚增一部分应收保费；因汇率差原因，也会形成应收保费。

非正常应收保费的产生可分为外部恶意拖欠行为产生的应收保费，以及内部造假行为形成的虚假应收保费，后者就是虚挂应收保费。在操作方式上表现为保险公司将签单时扣除手续费或其他回扣后的保费缺口额，挂在应收保费科目下，或者通过出具批单反向冲减保费收入。其目的就是通过“应收保费”账户进行造假，多提费用。

冲减虚挂应收保费的表现形式主要有五项。一是通过开具保险批单调整，折扣退还到保险中介机构账号，并开具退保费收据给被保险人。原因是：“经过被保险人申请，本公司同意，保险期限缩短到某日，鉴于此，减少保费X元。比例减少X% -X%。”具体操作，由被保险人出具委托书，保险中介机构进行具体操作。保险中介机构是否返还给客户、返还多少，尚不得知。二是通过开具保险批单直接自行调整，按照调整后的金额向投保人收取净保费并给投保人开具发票和批单。发票时间早于批单时间。发票金额为全额，批单为冲减金额。所列原因是：“投保人未按约定交纳第二期保险费X元，现将本保单项下保险费减少X元，同时缩短保险期限，本保单自某年某月某日终止保险责任”。三是通过投保人开具收据、保险公司开具退保费收据和批单的做法。原因是：投保人完善了消防设施，加强了管理，有效降低了风险，申请费率给予优惠；同时，投保人委托某汽车修配厂办理退还保费手续，所降保费汇入该汽车修理厂账号。四是将批单冲减保费收入用于支付经纪费和手续费。五是将投保人交纳的保费部分确认收入，相差金额以投保人多交保费名义退至保险中介机构。

如某保监局检查发现，某检查对象2008年在委托多家汽车销售商（4S

店）代理贷款车车辆保险业务时，按照机动车交通事故责任强制保险4%、商业车险25%的标准向汽车销售商支付代理手续费。汽车销售商一次性收取投保人3年的贷款车车险保费后，直接从保费中扣除3年保费的代理手续费，将剩余保费缴纳给检查对象。检查对象在保单生效时，将已向投保人收取但作为手续费扣除的保费记入应收保费科目。截至2010年12月31日，仍有85.95万元贷款车保费在应收保费科目挂账，其中2008年记入应收保费科目7 200元，2009年记入应收保费科目12.07万元，2010年记入应收保费科目73.15万元。2010年检查对象在承保某货运有限公司的保险业务时，口头承诺按投保保费的3%给予该货运有限公司安全预防费及车辆检测费。按此标准，检查对象2010年应支付给该货运有限公司相关费用59.93万元。检查对象将2010年承保的货运险保费51.51万元作为承诺的安全预防费及车辆检测费支付给该货运有限公司，并将上述保费在应收保费科目挂账。

在实际检查中发现，保险公司及其工作人员较多地存在借助或者通过保险中介机构虚挂应收保费套取资金的违法违规行为。保险公司的这种行为扰乱了市场秩序，增加了保险公司的经营风险，并容易引发理赔纠纷，损害保险业形象，应予严查。

（二）需要调阅的资料

1. 检查对象应收保费管理办法和相应的实施细则、应收保费台账（或清单、明细表）、应收保费管理权限授权书等。

2. 实施见费出单险种的保险业务清单（一般由电脑业务系统自动生成），业务报表，会计报表、总账和明细账，保费发票和保单领用登记簿，保单副本和发票存根联，见费出单POS机刷卡收费回单联，银行现金解款单，银行对账单等。

3. 投保单、保单业务联及其核保过程的相关记录资料，客户资信档案资料，与客户签订的《付费协议》，注销及终止合同处理资料，应收保费台账（应收保费明细清单），同一保单项下分期交费的银行方凭证，保险费发票，会计总账、明细账，应收保费账龄分析表等。

4. 与中介、代理机构（个人）签订的相关协议、应收保费坏账核销标准及坏账核销手续的资料等。

5. 相关险种的保单副本、批单及相对应的保费发票，各险种应收保费台账（清单）。

6. 会计保费发票记账联（或财务联）、银行款项收取证明、预收保费备查登记簿等。

（三）检查过程及方法

1. **对业务系统和财务系统进行穿行测试，将业务系统的签单保费与财务系统保费收入核对**。在业务系统中分险种提取本年度签单生效的保单保费，加、减本年度保单的加保保单保费和退保保单保费，与财务系统确认的本年度的保费收入（注意剔除非本年度的加保和退保保单）数据相核对，如果存在较大的差异，即可确定该险种保费入账存有不真实性和不完整性的问题。

2. **查阅批单冲减保费收入情况**。查看应收保费的贷方红字发生数及对应的有关支付单据，如批单、支付的银行凭证、对方开的发票等资料。因为本科目与保费收入对应，它的贷方红字直接对应保费收入的贷方红字，而冲减收入的凭证里没有相应的单据证明，但要把这两个分录链接完整取证会有些困难，因为是复合凭证，保费收入的贷方红字归集的保单与应收保费贷方红字归集的保单不是一一对应的。所以查批单，看冲减收入的事项和原因，结合查看批单后附的单证是最直接的途径。如果存在异常，可以判断批退冲减保费收入的真实性。

3. **审核单证使用与保费入账**。对未实行见费出单的某险种业务，如定额保单业务，从保单领用登记簿入手，审核已使用的保单副本是否全部装订成册，是否连号，有无跳号、断号，作废的单证是否完整成套。确认所有被领用并回销的保单保费是否全部入账核算，是否存在虚构投保人、签发虚假保单、开假发票、虚计保费收入，将当期未实现的保费收入虚增为当期保费收入记账等现象。

4. **分析“预收保费”的变动情况。**核实“预收保费”科目所挂的款项是否为保单所列示的投保人所交的款项，核实是否存在将长期挂账的已不能支付的其他款项或“预收保费”转移至当期投保的投保人名下，将投保人的保费通过借用账户等形式套取出来，从而达到截留投保人保费的目的；核实是否存在将长期挂账的、无人领取的、应当作为“其他收入”入账的“预收保费”，通过签发虚假保单进而虚增保费收入等问题。从该科目明细账入手，重点分析年末、年初“预收保费”科目余额的变化程度，结合年末、年初的业务增减变化，找出出现问题的检查线索，然后顺藤摸瓜，追溯审查业务保单副本、保费发票等原始凭据，进而确认预收保费的真实性。

5. **在检查资料内容之间寻找差异，发现问题，揭示本质或趋势。**一是请检查对象协助，在应收保费明细表上标注至检查时已收回的应收保费金额，对已收回金额较大的款项进行常规检查，即核对收款凭证、银行进账单、银行对账单、保单副本、保费发票存根等，注意凭证发生日期的合理性，检查是否收到保费款不及时进行账务处理，挪用保费。二是从业务处理系统中抽取一段期间若干险种的若干保单，与财务系统核对保费入账情况，检查是否存在对未收到保费但已承担保险责任的保单不做账务处理，未确认应收保费的情况。三是抽取会计期末新增的应收保费，与投保单、保险单核对，检查应收保费和保费收入确认期间是否提前于保险责任开始时间，即是否存在保险责任未起期但已记入应收保费；是否有保险合同不存在的应收保费。四是取得赔案立案清单、已决赔案清单、未决赔案清单，与应收保费清单核对，查找是否存在已出险赔付仍挂应收的保单，核实应收保费的真实性。五是审核同时冲减应收保费和保费收入的会计记录，检查是否对该笔保单的正本和保费发票予以收回，确认冲减的应收保费对应的保险合同是否存在，或是否通过非正常冲减应收保费（注销应收保费）来隐瞒转移收入。六是询问并检查应收保费核销（转作坏账的保费）情况，获取核销应收保费的依据，检查审批、授权、执行等手续是否齐全，核销手续是否完备，核销应收保费的账务处理是否正确。

6. **分析应收保费账龄及余额构成，核实应收保费真实性。**选择以下项目作为函证对象：大额或账龄较长的欠费客户；欠费笔数较多的客户；关联方项目；续保客户；与债务人发生纠纷的项目；发生频繁但期末余额较小甚至为零的项目；非正常项目，检查是否存在已实收保费虚挂应收，截留保费资金。

7. **确定保费收入的会计记录归属期是否正确。**部分检查对象为了设法完成保费任务而多计保费收入。如存在为了下一年度“开门红”，在本年度第4季度逐月人为地将一个年度的保单保险期限拆分成2个短期保单，将收取的全额保费按保险期限分别入账“应收保费”和“预收保费”科目，结转保费收入的情况。

检查中应注意把握四个与保费收入确认有密切关系的日期。一是开具保费发票或收款日期（结合银行对账单）。二是记账日期，即确认保费收入实现并将该笔保险业务记入保费账户的日期。三是签发保单日期，即对客户投保的保险标的进行勘验，并对投保条件进行核准后，签发保单的日期。四是保险责任的起期，即对客户投保的保险标的的风险开始承担保险责任的日期，检查对象应当于此日期开始确认保费收入的实现。上述四个重要日期的检查，具体可以考虑保费收入截止测试。

8. **现金交保费的检查。**一是从保险单证入手或从办公室或行政部门查看印刷品印制登记记录簿入手，采用顺查法，一路跟踪下来，直到摸清资金情况。查办公室印刷品情况主要是考虑到检查对象可能私下自印保单或变相保险单，如保险确认书等。二是通过问询了解当地市场业务费用行情，掌握上级公司业务费用标准或补贴标准。这样做的目的是通过大致测试可以掌握其展业成本，看正常渠道可获取的费用与市场真实的展业费用之间悬殊是否很大。如果很大，就要注意可能会存在埋单、吃单套取现金费用问题，需要加大检查力度。此外通过找人个别谈话或突击盘查综合财务部门的重要柜库也可能找到相关的线索。

（四）法律适用

1. **禁止性规定：**

《保险法》第八十六条规定："保险公司的偿付能力报告、财务会计报告、精算报告、合规报告及其他有关报告、报表、文件和资料必须如实记录保险业务事项，不得有虚假记载、误导性陈述和重大遗漏。"

2. **处罚依据：**

《保险法》第一百七十二条规定："违反本法规定，有下列行为之一的，由保险监督管理机构责令改正，处十万元以上五十万元以下的罚款；情节严重的，可以限制其业务范围、责令停止接受新业务或者吊销业务许可证：（一）编制或者提供虚假的报告、报表、文件、资料的。"

《保险法》第一百七十三条规定："保险公司、保险资产管理公司、保险专业代理机构、保险经纪人违反本法规定的，保险监督管理机构除分别依照本法第一百六十一条至第一百七十二条的规定对该单位给予处罚外，对其直接负责的主管人员和其他直接责任人员给予警告，并处一万元以上十万元以下的罚款；情节严重的，撤销任职资格或者从业资格。"

（五）案例参考

某保监局查处产险公司中心支公司虚挂应收保费支付手续费违法违规行为

（1）**案情简介。**某产险公司某中心支公司为招揽业务，通过净保费入账方式套取资金支付高额手续费，形成大量应收保费。该检查对象为应付应收保费指标考核，以清理死滞应收保费为名，于 2008 年 12 月 17 日 ~18 日和 2009 年 5 月 20 日 ~21 日通过"车险业务垃圾数据处理""机动车交通事故责任强制保险全额退保"及"变更保险期限"三种方式，分两次对 190 笔商业车险和 43 笔机动车交通事故责任强制保险业务进行违法违规批改，批退保费共计 124.19 万元。由于上述部分业务保险责任未终了，该产险公司又采用补录短期保单的方式，对未到期责任予以承保，以防止上述保单出险后无法赔付。补录短期保单共计 174 笔，签单保费 24.1 万元。

(2) **检查过程及方法**。检查人员在非现场分析调查的基础上，到现场调取了该产险公司近两年的所有应收保费台账，并进入财务系统下载近两年的应收保费明细账数据导入 Excel 表格中展开分析，查找各年度应收数据相对集中的月份、有一定特征规律数据，如整数或大额数据、相近或相同且频繁出现的数据等，并关联找出保单号调取存档保单和保费发票进一步审阅，发现如下问题：一是该产险公司提供的应收保费台账不完整，缺页少页情况比较严重。二是台账登记不规范。未按保单号逐笔登记，对车行或运输车队都是多笔合计登记；要素不齐全，保单号空缺情况较多。三是近 3 年的应收保费 80% 左右都集中在 4S 店、车行、车队几家代理机构上。

鉴于此，检查人员采取进一步措施。一是调阅了上述几类代理机构的代理协议，发现所有代理协议均不规范，保费结算条款问题较多，未明确提出结算时应保单、保费一一对应并提供保费具体清单等。二是要求该产险公司提供两年来 4S 店、车行、车队代理签单的所有保单保费及应收未收保费真实详细清单。

该产险公司迫于自身管理上存在问题的事实和检查的压力，最终承认了以下违法违规事实：由于车险市场竞争激烈，为了稳定与上述几家代理机构的业务，不得不贴近市场支付高额手续费，但由于可正常支配的手续费额度不够，迫不得已在应收保费上进行违法违规操作，如向代理机构支付高额手续费以及违法违规注销保单截留保费用作高手续费贴补。

该产险公司先通过虚挂应收保费后又注销保单冲销应收保费套取资金，这种操作行为违反了《中国保监会关于进一步规范财产保险市场秩序工作方案的通知》（保监发［2008］70 号）关于严禁虚挂应收保费、虚假批单退费、撕单埋单、阴阳单证、净保费入账、系统外出单、账外账等规定，属于典型的业务、财务数据不真实。

(3) **处理结果**。该产险公司中心支公司采取违法违规批改的方式对业务、财务数据进行修改，以达到应付考核的目的，造成业务、财务数据严重不真实。将收回的应收保费挪作账外列支，严重侵害了保险消费者的合法权益。因违法违规行为发生在2009年10月之前，故适用于《保险法》（2002年修正）。上述行为，违反了《保险法》（2002年修正）第一百二十二条的规定。依据《保险法》（2002年修正）第一百四十七条和第一百五十条的规定，保监局给予该产险公司罚款10万元的行政处罚，对相关责任人给予警告的行政处罚。

五、保险公司利用保险中介，通过虚假批改、编造假退保或者注销保单套取资金违法违规行为现场检查

（一）释义

《保险法》第十五条规定：“除本法另有规定或者保险合同另有约定外，保险合同成立后，投保人可以解除合同，保险人不得解除合同。”《保险法》第二十条规定：“投保人和保险人可以协商变更合同内容。”这些法律条文的立法本意在于保证投保人对于保险合同成立以后，所发生的保险合同内容变更乃至解除等各类情形的主动权、知情权、参与权。在保险合同成立后，会出现保险标的风险程度上升或者降低、保险保障标准增加或者减少、作为保险标的物的经营活动停止等影响投保人保险需求的各类变化事项。在这种情况下，投保人可以根据《保险法》的上述条文，向保险公司提出提高或者降低保险金额、责任限额，扩大或者减少标的、减少乃至退保险种等修订、终止保险合同的要求，并向保险公司补交或者从保险公司收回相应保险费。根据法律的要求，上述行为的前提是必须确保投保人完全知情，同时完全符合投保人本意。

《保险法》第十四条规定："保险合同成立后，投保人按照约定交付保险费，保险人按照约定的时间开始承担保险责任。"本条文的立法本意在于按照公平原则确定投保人和保险公司的权利和义务。保险合同成立后，作为买方的投保人应当按照约定向作为卖方的保险公司支付保险费。实际经营过程中，会出现由于保单信息登记打印出错成为废单、投保人直至保险责任期限届满仍拒不履行合同规定的支付保险费义务等情形。由于上述情形的存在，导致保险公司业务系统在出单时自动生成的应收保费没法收回。对于上述确实无法收到保费的保险单，按照保险公司的内部规定可以进行注销。

实际操作中，一些保险机构存在通过虚假批退等方式非法套取资金违法违规行为。一是与保险中介机构串通，在投保人不知情的情况下，以减少保险金额、责任限额或者终止保险合同等涉及退还保费的事项为理由，编造虚假申请材料，申请批退保费，并将所批退的保费先行支付到保险中介机构；保险中介机构在收到批退保费后，根据保险公司的要求给予保险公司或其指定对象，保险中介机构自身也从中获取不当利益。二是违背严格管理应收保费这一债权类资产职责，反而把应收保费当作套取资金的手段之一。例如，不将通过保险中介机构实际已经收取的保费缴入保费专户，而是继续存放在保险中介机构的代收账户或者保险中介机构控制的其他账户中。这一操作方式下，相应保单在保险公司的业务、财务系统中，继续呈现为保费未交状态；待保单的责任期限已过，再按照公司的注销保单工作流程，将业务、财务系统中的保单记录和应收保费记录清除；留存在保险中介机构账户中的资金则根据需要提现或者划转至保险公司其他账户，或者留存在保险中介机构作为手续费。

（二）需要调阅的资料

1. 检查对象的各级上级机构下发的、所有在用的关于批改保单、办理退保、注销保单的制度文件、工作函、工作通知、电子邮件等资料，以及本机构印发执行的、所有在用的关于批改保单、办理退保、注销保单的制度文件、工作函、工作通知、电子邮件等资料。

2. 检查目标时段内，检查对象的保单批改、退保、保单注销清单。

3. 目标保单的原件、批单原件、批改和退保申请材料原件和检查对象内部的签报、流程单等所有经办文件、办理注销保单的检查对象内部的签报、流程单等所有经办文件。

4. 记录保单批改、退保、保单注销的会计凭证。

（三）检查过程及方法

1. **认真研究检查对象的管理制度。**调阅研究分析检查对象提供的其各级上级机构下发的、所有在用的关于批改保单、办理退保、注销保单的制度文件、工作函、工作通知、电子邮件等资料，以及检查对象本身印发执行的、所有在用的关于批改保单、办理退保、注销保单的制度文件、工作函、工作通知、电子邮件等资料。

重点关注检查对象内部关于批改保单、办理退保、注销保单三项工作的职权划分状况和基本业务流程。在接受申请、申请初审、申请复核、审批决定、对外行使法律权利和履行义务、对内责任追究等工作流程环节上，上下级机构之间、同级机构各相关部门之间、相同部门不同职位之间的授权、分工越细致，出现违法违规行为的风险越小；权力越向上集中，出现违法违规行为的风险越小。

2. **查阅检查对象的保单批改、退保、保单注销清单。**要求检查对象提供的清单中应当至少包括：投保人、险种、保单号、承保时间、承保金额、保费金额、保费收取时间、批单号、批退（注销）时间、批退金额、批退保费划出时间、记录批退的会计凭证号、经办人名称、经办保险中介机构名称等信息。剔除不涉及保费金额批改的保单，如批改投保人住址、因车辆过户批改投保人姓名等，逐条审核涉及保费金额批改的保单的相关信息。

如采取详查法，把上述经整理后的保单均作为目标保单逐条运用后续检查方法开展检查。如采取抽查法，可按以下要素选择目标保单：一是投保人类型。通过网络、报纸等媒体搜索、掌握投保人类型。规模大、管理规范、社会影响力大的投保人往往风险管控水平较高，出现保险事故的可能性较低，被检查对象用作违法违规批退对象的可能性较大。二是投保险种类型。具有出险频率低或者出险时间区间有历史经验可以参考等特点的险种，被检查对象用作违法违规批退的可能性较大。一段时间内被小额、大量批改的险种，被检查对象用作违法违规批退的可能性也较大。三是批改保费金额。批改保费金额较大的保单被检查对象用作违法违规批退对象的可能性较大。四是批改时间。保单批改时间距离保险责任到期日越近，被检查对象用作违法违规批退的可能性越大。

3. **调阅目标保单的承保资料和批退、注销资料**。包括目标保单的原件，批单原件，批改和退保申请材料原件和检查对象内部的签报、流程单等所有经办文件，办理注销保单的保险机构内部签报、流程单等所有经办文件，相应会计凭证等。

通过调阅上述文件和材料，审核检查对象内部是否认真执行了关于批改保单、办理退保、注销保单的各项工作要求。如发现违反程序和规定的批改、退保和注销保单行为，则应对其重点开展后续检查。一是批退申请是否由投保人亲笔签名或盖章。由保险中介机构提出批退申请的，是否附有投保人亲笔签名或盖章的、明确授权保险中介机构可以代为申请批退的授权书。验证投保人亲笔签名或盖章真伪时，可与投保单上的签名或盖章进行核对。如非投保人亲笔签名或盖章，或者签名和盖章系伪造，应对其重点开展后续检查。二是批退的保费是否由投保人签收或者唯一、确定地划入投保人账户。审阅实际支付或者划转退还保费的会计记账凭证，对其所附原始凭证进行审核，如有签收收据，对签收人签名或盖章与申请批退材料不符的，应重点开展后续检查；如签收人系保险中介机构的，也应重点开展延伸检查，以便对资金真实去向进行核实。无签收收据，仅留存无法反映收款人姓名和账号的转账支票存根联的，也应对其重点开展后续检查。三是注销的保单各联和相应发票各联是否全部收回。对未收回保单各联及发票各联的注销保单，如短期意外险卡单业务，应重点开展后续检查。

4. **与检查对象的相关业务经办人、部门负责人、机构分管负责人谈话。**通过谈话要求其说明是否存在利用虚假批退、注销保单套取资金的行为。谈话时，可以将检查中已经发现的违反程序规定实施批退和注销保单、批退保费的签收人和申请人不一致、无法识别批退资金的真实去向等线索向被谈话人说明，对其施加压力。如被谈话人承认存在违法违规行为，则可收集相应的证据材料，确定违法违规事实；如被谈话人不承认存在违法违规行为，则继续运用后续检查方法。

5. **对保险中介机构进行延伸检查。**如批退申请人或者批退保费的签收人系保险中介机构的，以及被注销保单系由保险中介机构经办的，应对保险中介机构实施延伸检查。重点审查保险中介机构是否真实获得投保人的授权委托申请批退，代收的批退保费是否全额准确地转入投保人的账户，以及保险中介机构是否曾经代收过被注销保单的保费。可以要求保险中介机构提供投保人书面授权文件原件、代收批退保费的账户日记账和对账单、代收保费明细账、相关会计凭证等。

如发现保险中介机构代为申请批退后未代领批退保费、代领批退保费进入保险中介机构账户后长时间未划至投保人、批退保费划转至投保人的会计账户后以现金支票、转账支票存根联作为原始凭证留存的，以及曾经代收被批注保单保费但是保费长期未划入检查对象保费专户或被划入其他账户的，均应重点开展后续检查。

6. **向投保人核实。**如实施前述检查方法后，检查对象和相关保险中介机构均拒绝承认存在违法违规批退、注销保单行为的，均应将目标保单的承保情况、批退情况、保单注销情况逐一与投保人核实，确认检查对象是否存在违法违规行为。选择核实对象时，应尽量选择保费金额较大或者批退保费金额较大的公司、企业性质的投保人，避免选择私家车主等个人投保人，提高外调核实工作的成功概率和效率。

（四）法律适用

1. **禁止性规定：**

《保险法》第八十六条规定："保险公司的偿付能力报告、财务会计报告、精算报告、合规报告及其他有关报告、报表、文件和资料必须如实记录保险业务事项，不得有虚假记载、误导性陈述和重大遗漏。"

《保险法》第一百一十六条规定："保险公司及其工作人员在保险业务活动中不得有下列行为：……（十）利用保险代理人、保险经纪人或者保险评估机构，从事以虚构保险中介业务或者编造退保等方式套取资金等违法活动。"

2. **处罚依据：**

《保险法》第一百六十二条规定："保险公司有本法第一百一十六条规定行为之一的，由保险监督管理机构责令改正，处五万元以上三十万元以下的罚款；情节严重的，限制其业务范围、责令停止接受新业务或者吊销业务许可证。"

《保险法》第一百七十二条规定，"违反本法规定，有下列行为之一的，由保险监督管理机构责令改正，处十万元以上五十万元以下的罚款；情节严重的，可以限制其业务范围、责令停止接受新业务或者吊销业务许可证：（一）编制或者提供虚假的报告、报表、文件、资料的。"

《保险法》第一百七十三条规定："保险公司、保险资产管理公司、保险专业代理机构、保险经纪人违反本法规定的，保险监督管理机构除分别依照本法第一百六十一条至第一百七十二条的规定对该单位给予处罚外，对其直接负责的主管人员和其他直接责任人员给予警告，并处一万元以上十万元以下的罚款；情节严重的，撤销任职资格或者从业资格。"

（五）案例参考

某保监局查处产险公司私刻公章虚假批退违法违规行为

（1）案情简介。2009年12月，未经被保险人或投保人申请，某产险公司私刻某银行省级分行公章，私自制作虚假的批退申请，擅自进行批退操作，涉及保费5.49万元。2010年4月，上述款项转入该市一批发市场粮油经销处。

（2）检查过程及方法。

- **了解制度、筛查重点。**检查人员进入检查现场后，要求该产险公司提供所有管理制度、办法、岗位职责、承保流程、收付费流程、退保流程等相关文件，通过研究、分析，再利用保险稽核系统对重点、大额业务筛选。

- **深入检查、发现问题。**检查人员采取以下几种方式检查虚假批退保费：一是查阅投保单、该产险公司留存的保单副本、核心业务系统确定该笔业务是否承保。二是审核批退申请，对申请中所述批退理由、时间、业务险种、申请人、经办人等信息详细分析，判断退保是否合理，核查审批退保流程是否按照相关规定和流程办理。发现退保申请中的申请人公章模糊，经核对该产险公司与该银行签订的代理协议中的公章，发现2个预留印鉴不一致。三是通过查阅该产险公司的财务凭证，发现该产险公司所开具的转账支票存在疑点，部分转账支票的收款人为计算机打印，部分转账支票的收款人为手写。针对该产险公司对该笔退保业务开具的手写支票，检查人员以银企对账方式，到开户行查询该支票实际去向，发现支票存根联与支票联去向不一致，存根联为该银行，支票联实际去向为该市一批发市场粮油经销处。四是检查人员与该产险公司针对业务、财务出现的问题进行谈话，但被谈话人不承认其违法违规行为。

- **突击检查、查清事实。**随着现场检查的不断深入，该产险公司相关部门人员开始表现出消极抵抗和不配合的情况。对此，检查人员决定采取突击检查的手段，对重点部门、重点人物的办公桌、档案柜等进行检查。在办公室人员办公桌内查出包括该银行在内的13枚其他单位的假公章。通过核对这些证据，检查人员确认该产险公司私刻公章虚假批退的违法违规问题。

（3）**处理结果**。该产险公司违反了《保险法》第一百一十六条的规定。依据《保险法》第一百六十二条和第一百七十三条的规定，保监局对该产险公司处以5万元罚款；对直接责任人给予警告，并处3万元罚款。对私刻公章的违法行为，按照规定向有关部门移送。

六、保险公司串通保险中介，进行虚假理赔，骗取保险金或者牟取其他不正当利益违法违规行为现场检查

（一）释义

《保险法》第十四条规定："保险合同成立后，投保人按照约定交付保险费，保险公司按照约定的时间开始承担保险责任。"第一百一十六条规定："保险公司及其工作人员在保险业务活动中不得故意编造未曾发生的保险事故、虚构保险合同或者故意夸大已经发生的保险事故的损失程度进行虚假理赔，骗取保险金或者牟取其他不正当利益。"上述法律条文的立法本意在于明确保险合同成立后，保险公司应当因保险责任范围内的保险事故的发生，而对被保险人承担赔付保险金的义务，并明确禁止以编造保险事故为手段的诈骗行为。

保险合同成立后，一旦出现了保险责任范围内的保险事故，投保人、被保险人或者受益人应当及时通知保险公司，并向保险公司提供其所能提供的与确认保险事故的性质、原因、损失程度等有关的证明和资料。保险公司收到被保险人或者受益人的赔偿或者给付保险金的请求后，应当及时作出核定。保险公司应当在规定的期限内将核定结果通知被保险人或者受益人；对属于保险责任的，在与被保险人或者受益人达成赔偿或者给付保险金的协议后10

日内，履行赔偿或者给付保险金义务。保险合同对赔偿或者给付保险金的期限有约定的，保险公司应当按照约定履行赔偿或者给付保险金义务。

在实际操作过程中，部分保险公司为了达到非法套取资金的目的，通过与保险中介机构串通，在投保人不知情或者不完全知情的情况下，制造保险事故或者扩大保险事故损失程度，以此获得不应获得或者超过真实事故损失金额的保险金。领取保险金后，保险中介机构根据保险公司的要求，给予保险公司或其指定对象，保险中介机构自身也从中获取不当利益。

（二）需要调阅的资料

1. 检查对象各级上级机构下发的、所有在用的关于理赔工作的制度文件、工作函、工作通知、电子邮件等资料，以及检查对象印发执行的、所有在用的关于理赔工作的制度文件、工作函、工作通知、电子邮件等资料。

2. 检查目标时段内，检查对象的赔案清单。

3. 目标赔案的保单副本、赔款申请材料原件和检查对象内部的签报、流程单等所有经办文件。

4. 记录赔款支付的会计凭证。

（三）检查过程及方法

1. **调阅关于理赔管理的制度。**研究分析检查对象提供的、其各级上级机构下发的、所有在用的关于理赔工作的制度文件、工作函、工作通知、电子邮件等资料，以及检查对象本身印发执行的、所有在用的关于理赔工作的制度文件、工作函、工作通知、电子邮件等资料。重点关注检查对象内部关于理赔工作的职权划分状况和基本业务流程。在接受报案、现场查勘、编制赔案资料、赔案复核、赔案审批、对外行使法律权利和履行义务等工作流程环节上，上下级机构之间、同级机构各相关部门之间、相同部门不同职位之间的授权、分工越细致，出现违法违规行为的风险越小。

2. **认真审阅检查对象的赔案清单。**要求检查对象提供的清单中应当至少包括投保人、险种、保单号、承保时间、承保金额、保费金额、保费收取时间、报案时间、报案金额、赔案金额、赔款支付时间、记录赔款支付的会计凭证号、经办人、经办保险中介机构名称等信息。通过详查法将清单中的赔案作为目标赔案开展检查。可按以下要素选择目标赔案开展检查：一是赔案类型。制造或者扩大保险事故损失手段简单的险种赔案，被检查对象用作假赔案对象的可能性较大。二是赔案出现的频率。单一保险标的一段时间反复出现同样类型的赔案，则检查对象或有关人员利用保险标的物反复制造保险事故的可能性较大。三是赔案金额。赔款金额大的赔案审批程序多、审核力度大、审核周期长，赔款金额中小的赔案则审批程序简单、审核周期短。因此，检查对象或有关人员利用赔款金额中小的赔案制造或者扩大保险事故的可能性较大。

3. **调阅目标赔案的全套理赔资料。**包括目标赔案的保单副本、赔款申请材料原件和检查对象内部的签报、流程单等所有经办文件、相应会计凭证等。通过调阅上述文件和材料，一是审查是否存在保险中介机构在未取得投保人真实、完整授权的情况下，代为申请理赔的情形。如发现无投保人真实、完整的书面授权书，直接由保险中介机构申请理赔的赔案，应重点开展后续检查。二是审核理赔资金的划转情况。审查是否存在现金划转、支付现金支票或者转账支票、多笔划转、划转到保险中介机构等情形。如发现存在上述情况的赔案，应重点开展后续检查。三是审核理赔案卷资料逻辑关系和勾稽关系。重点审查是否存在损失勘查报告或者赔付审核报告中关于保险事故发生过程、事故损失金额、责任分配等重要内容的描述与现场勘查照片、现场估损表、人伤医疗费用发票等原始资料不符的情形。如发现存在上述情况的赔案，应重点开展后续检查。

4. **与检查对象的相关经办人、部门负责人、机构分管负责人谈话。**通过谈话要求其说明是否存在利用假赔案骗取保险金或者谋取不当利益的行为。谈话时，可以将检查中已经发现的无投保人真实、完整的书面授权书、现金划转、支付现金支票或者转账支票、多笔划转、划转到保险中介机构等线索向被谈话人说明。

如被谈话人承认存在违法违规行为，则可收集相应的证据材料，确定违法违规事实。如被谈话人不承认存在违法违规行为，则继续运用后续检查方法。

5. **对保险中介机构进行延伸检查。**如申请理赔人或者赔款的收款人系保险中介机构，应对保险中介机构实施延伸检查。重点审查保险中介机构是否真实获得投保人的授权委托申请理赔，以及代收的赔款是否全额准确转入投保人的账户。可以要求保险中介机构提供投保人书面授权文件原件、代收赔款的账户日记账和对账单、相关会计凭证等。

如发现保险中介机构代为申请批退后未代领赔款、代领赔款进入保险中介机构账户后长时间未划至投保人以及赔款划转至投保人的会计账户后以现金支票、转账支票存根联作为原始凭证留存的，均应重点开展后续检查。

6. **向投保人核实。**如实施前述检查方法后，检查对象和相关保险中介机构均拒绝承认存在编制假赔案行为的，均应将目标赔案的承保情况、理赔情况逐一与投保人核实，确认检查对象和保险中介机构是否存在违法违规行为。

（四）法律适用

1. 禁止性规定：

《保险法》第八十六条规定："保险公司的偿付能力报告、财务会计报告、精算报告、合规报告及其他有关报告、报表、文件和资料必须如实记录保险业务事项，不得有虚假记载、误导性陈述和重大遗漏。"

《保险法》第一百一十六条规定："保险公司及其工作人员在保险业务活动中不得有下列行为：……（六）故意编造未曾发生的保险事故、虚构保险合同或者故意夸大已经发生的保险事故的损失程度进行虚假理赔，骗取保险金或者牟取其他不正当利益。"

2. 处罚依据：

《保险法》第一百六十二条规定："保险公司有本法第一百一十六条规定行为之一的，由保险监督管理机构责令改正，处五万元以上三十万元以下的罚款；情节严重的，限制其业务范围、责令停止接受新业务或者吊销业务许可证。”

《保险法》第一百七十二条规定：“违反本法规定，有下列行为之一的，由保险监督管理机构责令改正，处十万元以上五十万元以下的罚款；情节严重的，可以限制其业务范围、责令停止接受新业务或者吊销业务许可证：（一）编制或者提供虚假的报告、报表、文件、资料的。”

《保险法》第一百七十三条规定：“保险公司、保险资产管理公司、保险专业代理机构、保险经纪人违反本法规定的，保险监督管理机构除分别依照本法第一百六十一条至第一百七十二条的规定对该单位给予处罚外，对其直接负责的主管人员和其他直接责任人员给予警告，并处一万元以上十万元以下的罚款；情节严重的，撤销任职资格或者从业资格。”

（五）案例参考

某保监局查处产险公司虚假理赔套取资金支付利益给投保人违法违规行为

（1）**案情简介**。2010年12月，某产险公司以货运险记录复印件、虚假报案记录、重复使用铁路调拨令、虚假现场查勘报告等资料，编造未曾发生的保险事故及夸大保险事故损失，虚假理赔骗取保险金，金额分别为4.58万元和7.36万元，资金支付给投保人。

（2）**检查过程及方法**。

- **从数据上确定检查目标**。检查人员进入检查现场后，调取了该产险公司通过保险专业中介机构承保的货运险承保档案、理赔档案。发现实际确认货运险保费收入133.2万元，赔案93笔，赔款金额80多万元。
- **从制度上查找漏洞**。通过数据分析后，检查人员要求该产险公司提供所有与理赔相关的管理制度、办法、岗位职责、承保流程、理赔流程、委托合同等相关文件，通过对文件、制度的研究、分析，发现该产险公司留存的理赔档案有悖于相关制度。

• **从理赔档案中发现问题。**首先，调取该产险公司的报案电话录音和报案登记簿，均未发现有报案记载。其次，调取赔案中的货运单复印件，货运单中记载的车号与报案时间、发车和到站日期、铁路保价、铁路部门出具的事故鉴定书中的车号均不符。再次，调取现场查勘报告，查勘报告中没有现场查勘记录和代勘记录，除金额为手写外，其他要素均为打印字体，查勘人为该产险公司经理和投保单位工作人员。最后，核对赔案中的“调拨令”，发现该案中的“调拨令”在其他赔案中已使用过。

• **从财务凭证、与相关人员谈话中确认违法违规事实。**根据赔案中显示的出险地点、现场查勘人员名单，对财务凭证进行了检查，未发现查勘人员到出险地的差旅费证明，进一步发现赔款转至投保单位账户。经与相关人员谈话，确认了通过虚假理赔返还投保人的违法违规事实。

(3) **处理结果。**该产险公司违反了《保险法》第一百一十六条的规定，依据《保险法》第一百六十二条和第一百七十三条的规定，保监局对该产险公司处以5万元罚款；对直接责任人给予警告，并处2万元罚款。

七、保险公司串通保险中介，挪用、截留和侵占保险费违法违规行为现场检查

(一) 释义

挪用截留保费是指保险公司利用职务便利或者串通、默许、纵容保险中介，对收取的保费不按规定交保险公司入账，而归自己或者他人使用。侵占保费是指保险公司利用职务便利或串通保险中介，为自己或者他人占有的目的，侵占保险公司保费。挪用、截留和侵占保险费，使保险费不能向应有的方向流转，应当予以严查严处。

保险公司串通保险中介挪用、截留、侵占保费具体表现形式：一是通过

开具“阴阳保单、阴阳发票”方式截留保费；二是将已收到的保费不入账，利用虚挂应收保费或截留保费方式取得账外资金；三是允诺或默许保险中介机构坐扣保费，用于支付手续费；四是通过“埋单”的形式截留保费。

（二）需要调阅的资料

1. 业务管理相关内控文件，主要险种及保费收入清单，重要凭证领取、核销登记簿。

2. 业务报表、财务报表，财务账册、记账凭证，保费收入、赔款支出等科目的总账、明细账、各险种业务保单副本、批单等业务档案资料。

（三）检查过程及方法

1. 通过调阅重要凭证登记簿，获取各险种业务重要单证领用登记、核销数量。

2. 根据单证使用情况，调阅保单、批单等业务资料，查看业务管理系统，获取各险种签单保费收入。

3. 调阅各险种业务保费收入明细账，获取各险种财务入账保费收入。

4. 核对各险种签单保费收入与财务入账保费收入是否存在差异。如果有差异，要求检查对象说明差异原因，并提供差异部分资金去向的证明材料。

5. 调阅手续费支出、赔款支出等科目明细账以及其他业务档案资料，检查手续费支出、赔款支出是否合规。

6. 外调投保人，掌握投保人划转保险费的时间、次数和金额，与检查对象的收付费记录核对，审核是否存在出具阴阳单、通过保险中介机构隐匿保费收入，是否以虚假批退的方式将收到的保险费转移至保险中介机构挪作他用，是否存在收到保险费后先挪作他用、随后再转回检查对象保费专户的情形。

7. 检查预收保费科目是否超常增加，同时查看银行日记账和银行对账单，如银行存款账未达账项中银行已收公司方未收金额较大，笔数较多，这时需要将业务数据与财务数据进行核对。如业务数据大于财务数据，就存在截留保费的嫌疑。

8. 核对投保日、保单指定生效日期和保单出单日期差，如间隔时间较长，且保单较多，需要调取财务数据进行核对。

(四) 法律适用

1. 禁止性规定：

《保险法》第八十六条规定："保险公司的偿付能力报告、财务会计报告、精算报告、合规报告及其他有关报告、报表、文件和资料必须如实记录保险业务事项，不得有虚假记载、误导性陈述和重大遗漏。"

《保险法》第一百一十六条规定："保险公司及其工作人员在保险业务活动中不得有下列行为：……（七）挪用、截留、侵占保险费。"

2. 处罚依据：

《保险法》第一百六十二条规定："保险公司有本法第一百一十六条规定行为之一的，由保险监督管理机构责令改正，处五万元以上三十万元以下的罚款；情节严重的，限制其业务范围、责令停止接受新业务或者吊销业务许可证。"

《保险法》第一百七十二条规定："违反本法规定，有下列行为之一的，由保险监督管理机构责令改正，处十万元以上五十万元以下的罚款；情节严重的，可以限制其业务范围、责令停止接受新业务或者吊销业务许可证：（一）编制或者提供虚假的报告、报表、文件、资料的。"

《保险法》第一百七十三条规定："保险公司、保险资产管理公司、保险专业代理机构、保险经纪人违反本法规定的，保险监督管理机构除分别依照本法第一百六十一条至第一百七十二条的规定对该单位给予处罚外，对其直接负责的主管人员和其他直接责任人员给予警告，并处一万元以上十万元以下的罚款；情节严重的，撤销任职资格或者从业资格。"

（五）案例参考

某保监局查处产险公司省级分公司串通保险中介，挪用、截留和侵占保险费违法违规行为

（1）**案情简介。**2009～2010年某产险公司某省级分公司在承保该省电力公司等5家单位的企业财产保险过程中，向投保人开具保费发票金额合计1 668.75万元，计入保费收入科目1 334.66万元，截留保费334.09万元，用于支付保险中介机构佣金。

（2）**检查过程及方法。**

● **锁定嫌疑对象。**一是根据分险种分析，发现该产险公司企业财产保险（简称“企财险”）占比较大；二是根据日常行为监管发现该产险公司招投标业务中标率高。检查人员决定对其产险业务进行合规性检查。

● **调阅相关资料并核实要点。**一是通过保险稽核系统调取保费在5万元以上的财产险保单、保单入账凭证。二是调取该产险公司保费收入账户银行对账单。三是上述大额财产险保单的佣金支付凭证。四是发现此类业务属于经纪公司业务后调取经纪合作协议。

核实要点：一是保单保费是否与记账凭证中银行进账单据金额一致。二是银行进账单据是否和银行对账单一致。三是保费收入户的银行对账单是否存在大额入账保费且金额与保单不一致现象。四是保费收入户的银行对账单是否有保费转出但并非转账至上级公司账户情况。五是经纪合作协议中约定的佣金比例是否和记账凭证中实际支付的佣金比例相同。

● **发现违法违规线索。**一是个别保单的金额与银行进账单据、银行对账单不一致，进账多于保单保费。二是部分保费计入预收保费科目，然后以退还多收保费的形式转账至经纪公司账户。三是经纪合作协议约定的佣金比例为20%，记账凭证中实际支付的佣金为15%，退保费的金额恰好是保费的5%。四是部分保单查阅相关信息发现没有支付任何佣金。

● **进一步调查核实。**一是检查人员赴4家经纪公司进行延伸检查。重点

核实客户缴纳给经纪公司的保费、经纪公司缴纳给该产险公司的保费、企财险业务的佣金比例、经纪公司佣金入账情况、通过经纪公司获取该产险公司提供给投保人的保单和发票金额。通过延伸检查发现该产险公司开具阴阳发票、截留保费支付给经纪公司作为手续费。二是检查人员与该产险公司相关经办人员和部门负责人询问谈话，了解业务的操作流程。在从经纪公司获取的证据面前，该产险公司承认了违法违规事实。

检查发现，该产险公司在2009～2010年间承保该省电力公司等5家单位的企业财产保险业务过程中向投保人开具保费发票金额合计1 668.75万元，实际确认保费收入1 334.66万元，截留保费334.09万元。采用两种形式：一是客户直接向该产险公司划转保费；该产险公司先将保费计入预收保费科目，然后将部分预收保费确认保费收入，剩余金额以多交保费名义划转保险中介机构账户，截留保费91.04万元，用于向中介支付佣金。二是客户通过保险中介机构代交保费后，该产险公司要求保险中介机构扣除20%佣金后，将净保费划转该产险公司。该产险公司开具阴阳发票，按照净保费确认保费收入，截留保费243.04万元。

• **违法违规原因分析**。一是该产险公司总公司对企财险占比进行考核，迫使基层需要承揽大量企财险业务。二是企财险市场竞争激烈，佣金比例成为争夺经纪公司掌控资源的基本手段。三是该产险公司具有健全的规章制度，但是为了业务发展，制度形同虚设。四是公司管理层为了完成考核目标，授意、暗示违法违规操作。五是一些相互制衡的岗位和人员不是相互监督和制约，而是相互配合。

（3）**处理结果**。该产险公司省级分公司截留保费用于支付佣金，违反了《保险法》第一百一十六条的规定，经查省级分公司副总经理对上述问题负有直接责任。依据《保险法》第一百六十二条和第一百七十三条，保监局对省级分公司处以30万元罚款，责令停止省会地区财产险新业务1年；对省级分公司副总经理给予警告，处以5万元罚款。

八、保险公司利用保险中介业务，为其他机构或者个人牟取不正当利益违法违规行为现场检查

（一）释义

《保险法》第一百一十六条规定，保险公司及其工作人员在保险业务活动中不得利用开展保险业务为其他机构或者个人牟取不正当利益。《中华人民共和国反不正当竞争法》第八条规定：“经营者不得采用财物或者其他手段进行贿赂以销售或者购买商品。在账外暗中给予对方单位或者个人回扣的，以行贿论处；对方单位或者个人在账外暗中收受回扣的，以受贿论处。”上述条文的立法本意在于禁止作为经营者的保险公司，利用包括保险中介机构在内的所有途经，为其他机构和个人谋取不当利益。

实际操作中，一些政府部门和企事业单位在经办保险业务过程中，利用垄断资源、行政权力，索取或收受回扣、财物或其他利益。部分保险公司出于市场竞争目的，对违法违规业务心存侥幸铤而走险，利用中介业务为其他机构和个人谋取利益，将直接业务转变为中介业务提取手续费，进行商业贿赂；采取与保险中介机构串通等手段，套取资金为有关单位和个人谋取不正当利益。如部分保险公司为了能够长时间获得在车管所等地点设立出单点资格，往往通过虚挂中介业务等办法套取资金，向车管所等单位支付利益。

（二）需要调阅的资料

可以参照第四部分“一、保险公司通过保险中介机构虚挂中介业务虚开中介服务发票套取资金违法违规行为现场检查”，调阅所需材料。

（三）检查过程及方法

检查过程分为套取资金的检查以及资金去向的追踪两个阶段。

第一阶段的检查方法可以借鉴对其他违法违规行为的检查方法。

第二阶段的检查方法侧重于通过对违法违规套取资金去向的追踪，审查是否存在向其他机构和个人谋取不正当利益的行为。

1. 与检查对象相关经办人、部门负责人和分管负责人谈话。以查实的套取资金行为为依据，要求其说明套取资金的真实去向，并提供相应的账目和原始凭证作为证明。

如被谈话人承认存在违法违规行为，则可收集相应的证据材料，确定违法违规事实。如被谈话人不承认存在违法违规行为，则继续运用后续检查方法。

2. 对相关经办人、部门负责人和分管负责人管理的相关纸质和电子文件进行检查。在相关人员在场的情况下，要求其打开文件柜、电脑等存储工具，查阅其中的文件资料，查看是否存在记录违法违规资金去向的账目和原始凭证。

如发现此类账目和相关原始凭证，则可收集相应的证据材料，确定违法违规事实。如未发现账目和相关原始凭证，则继续运用后续检查方法。

3. 向公安、税务等部门移送案件。将检查发现的相关违法行为移送公安、税务等部门，由其继续开展检查工作。

专栏 19：

检查保险公司通过中介渠道返还不正当利益问题

一是要求保险中介机构提供授权委托书或客户告知书（有些保险中介机构对正常业务会要求客户签字留存），判定客户是否真正委托该保险中介机构办理保险业务。要注意防止投保人与保险公司、保险中介机构串供。

二是检查保险中介机构费用明细账和凭证，与检查保险公司费用真实性方法类似，看是否存在虚列费用的问题，追踪真实资金取向。

三是检查保险中介机构人员构成和工资、主营业务成本开支情况和财务凭证，检查保险中介机构是否存在虚列营销员手续费、人员工资等套取资金问题。

四是检查保险中介机构银行存款交易流水，是否有明显的直接向保险公司、投保人支付款项的记录，且无合理解释。

五是对于保险中介机构列支的防灾防损费和咨询费，重点核实费用开支的真实性和合理性。

六是回访投保人，核实中介业务是否真实。

（四）法律适用

1. **禁止性规定：**

《保险法》第八十六条规定："保险公司的偿付能力报告、财务会计报告、精算报告、合规报告及其他有关报告、报表、文件和资料必须如实记录保险业务事项，不得有虚假记载、误导性陈述和重大遗漏。"

《保险法》第一百一十六条规定："保险公司及其工作人员在保险业务活动中不得有下列行为：……（九）利用开展保险业务为其他机构或者个人牟取不正当利益。"

2. **处罚依据：**

《保险法》第一百六十二条规定："保险公司有本法第一百一十六条规定行为之一的，由保险监督管理机构责令改正，处五万元以上三十万元以下的罚款；情节严重的，限制其业务范围、责令停止接受新业务或者吊销业务许可证。"

《保险法》第一百七十二条规定："违反本法规定，有下列行为之一的，由保险监督管理机构责令改正，处十万元以上五十万元以下的罚款；情节严重的，可以限制其业务范围、责令停止接受新业务或者吊销业务许可证：（一）编制或者提供虚假的报告、报表、文件、资料的。"

《保险法》第一百七十三条规定："保险公司、保险资产管理公司、保险专业代理机构、保险经纪人违反本法规定的，保险监督管理机构除分别依照本法第一百六十一条至第一百七十二条的规定对该单位给予处罚外，对其直接负责的主管人员和其他直接责任人员给予警告，并处一万元以上十万元以下的罚款；情节严重的，撤销任职资格或者从业资格。"

（五）案例参考

某保监局查处产险公司省级分公司通过保险中介为其他个人谋取不正当利益违法违规行为

（1）**案情简介**。2009年某产险公司某省级分公司未积极履行车船税代收代缴义务，以少收或不收车船税为手段开展保险代理业务。保险公司作为车船税法定代扣代缴义务人，不严格履行代收代缴义务，致使客户在购买机动车交通事故责任强制保险时偷逃税收，涉嫌变相给予客户保险合同约定以外的其他利益。

（2）**检查过程及方法**。

- **检查原因**。一是该省级分公司机动车交通事故责任强制保险业务增速较快，手续费比例较低；二是市场反映代理该公司保险业务的部分代理公司以不代收车船税的方式开展机动车交通事故责任强制保险业务；三是该产险公司的代理公司业务占比较高。

- **发现线索**。检查人员首先调阅了稽核检查数据和机动车交通事故责任强制保险承保档案，并逐一核实车船税随机动车交通事故责任强制保险保单代收情况以及没有随同保单代收车船税的情况。

检查人员随机抽查2009年该产险公司机动车交通事故责任强制保险承保档案10本（每本50份），发现该产险公司随同机动车交通事故责任强制保险保单代收车船税的比例较低。通过代理公司承保的机动车交通事故责任强制保险业务，未随同保单征收车船税比例较高，均通过提供完税凭证复印件的方式证明在当地税务部门已缴纳车船税。在对所附完税凭证复印件进行核实的过程中发现以下问题：一是部分地市机动车交通事故责任强制保险业务所附车船税完税凭证复印件模糊不清，无法识别姓名、车牌、金额相关信息。二是部分保单所附车船税完税凭证号码相同，但是完税凭证内容不同。三是部分车船税完税凭证复印件相关信息显示，不同用途、不同车型的完税金额相同，与车船税征收要求不同。四是部分完税凭证系手工填写，征收人员签字一栏中，签字及印章的位置完全相同。检查人员通过仔细观察辨认，初步判断完税凭证复印件系通过同一模板伪造。

• **调查核实违法违规行为。**检查人员对上述情况高度重视，进行了认真分析，达成了以下意见：一是税务机关不能提供完税凭证的网上查询，同时不对复印件出具真伪鉴定，仅从复印件本身很难确定完税凭证的真伪。二是每份完税凭证均有相应流水号码，正常完税凭证号码只可能使用一次，如果某个号码出现了两次以上，那么肯定至少一个是假的。三是机动车交通事故责任强制保险保单上对于没有代收车船税的车辆，会在保单上录入一条信息，名称为“完税凭证号码”。通过信息技术手段，筛选号码相同的完税凭证，这些就是虚假的完税凭证。

检查人员采取了以下方法：一是检查人员通过保险稽核系统提取了2009年承保的所有机动车交通事故责任强制保险承保清单；二是通过该产险公司总公司信息技术部提取了所有机动车交通事故责任强制保险保单的号码和“完税凭证号码”；三是通过数据关联在稽核数据中引入“完税凭证号码”；四是通过countif函数统计“完税凭证号码”的出现次数；五是筛选出出现次数在两次及两次以上的承保数据，最终发现车船税完税凭证号码重复信息12 004条，由此推断该产险公司承保的机动车交通事故责任强制保险业务中至少12 004份完税凭证系伪造。其中完税凭证号码0656874竟被重复使用达346次。

检查人员最终查实了该产险公司通过保险中介机构伪造、变造车船税完税凭证，向客户少收或者不收车船税的违法违规事实。

检查人员分析认为，该产险公司省级分公司成立时间较短、分支机构较少、业务规模较小、品牌实力较弱，市场竞争能力不强。为拓展业务，该产险公司在全省范围内委托保险中介机构开展代理业务，默许、纵容保险中介机构伪造、变造车船税完税凭证复印件，对客户少收或者不收车船税，以此形成较大的价格竞争优势。

（3）**处理结果**。鉴于涉嫌偷逃国家税收，保监局将该案移交省地方税务局。省地税局高度重视，将该案列为督办案件予以查处，查实该产险公司2009年度未按规定严格履行法定的代收代缴义务，造成应收未收车船税，责成该产险公司补交税款167.20万元，并处以应收未收税款金额50%的罚款，罚款金额83.60万元。

延伸阅读10：

保险公司防灾防损费使用存在风险

产险公司在防灾防损费的使用管理上较为随意，缺乏执行标准和依据。保险公司通过多种形式向投保人或保险中介机构支付防灾防损费。表面上公司就此事项账面“据实列支”，但实际上公司对费用发生的真实性难以掌控，存在较大违法违规操作空间。保险公司与投保单位以协议形式明确防灾防损费用比例，投保单位在可用范围内对该笔费用应用尽用，以票据形式向保险公司“报销”。投保单位极有可能在没有发生防灾防损费用的前提下，以票据的形式向保险公司索取费用，而保险公司为了维护客户，不会对此类费用的真实性进行判断，最终不得不为虚列费用“买单”。一旦这类费用并未用于防灾防损，而是别作他途，保险公司极有可能被动面临向投保人返还不当利益的风险。具体表现形式有以下四种：

一是投保人以票据形式向保险公司“报销”防灾防损费用。对于一些大型商业保险或统保项目，保险公司与投保单位签订协议，明确保险公司按照保费一定比例标准，向投保单位支付防灾防损费用。如检查中发现某保险公司总公司与某银行总行签订总对总协议，对银行自有财产进行承保，约定按机动车辆商业险总保费的1.5%支付安防费。按照总对总协议，投保单位在核定的费用范围内以票据形式向保险公司“报销”防灾防损费用。

二是保险公司以预付费形式向投保人直接或间接支付防灾防损费。如某保险公司以预付费形式，向修理厂支付安防费17万余元，用于购买车辆防滑链、防冻液等消耗物品，向投保人赠送使用。

三是保险公司购买安全防护设施，将使用权交付投保单位或其他相关单位。如某保险公司购买建筑工地安全塔吊防护设施，价值超过10万元，全权交付给某安监站使用并管理。

四是保险公司向保险经纪机构预付或按比例分摊防灾防损费用。一些保险经纪机构通过组织风险管理培训、编写印制安全教育宣传材料等形式，对投保单位开展风险安全知识教育。而这些费用实际上均由保险公司来承担，一般由保险公司直接预付给经纪机构或就实际发生的费用按比例分摊。

九、保险公司通过保险中介，给予或者承诺给予相关当事人保险合同约定以外的保险费回扣或者其他利益违法违规行为现场检查

（一）释义

法律范围内和理性的保险竞争应该是保险服务范围、服务质量、保险费率、管理水平等综合实力的竞争，而不是非理性地以过高的手续费、明显过低的费率和扩大承保责任争夺客户，或违法地以给投保人、被保险人、受益人回扣等方式招揽客户，或以高额有奖销售推销保单等不正当竞争手段扩大业务量，损害竞争对手，扰乱保险市场秩序。保险公司委托保险中介代理业

务，如果其通过保险中介给予或者承诺给予相关当事人保险合同约定以外的保险费回扣或者其他利益，则属于不正当竞争行为，应予以禁止，并追究相应的法律责任。

保险公司通过保险中介机构返还给投保人及相关当事人利益的具体操作方式多样。如一些保险公司将其包含在手续费内款项转账给保险中介机构，由保险中介机构通过“其他应付款”科目用现金支付给投保人及相关利益人。还有的保险公司通过批单、退保方式套取保费后，以业务往来名义转给保险中介机构，并委托保险中介机构以现金形式返还给投保人及相关利益人。

（二）需要调阅的资料

1. 中介业务台账、业务承保清单、手续费支付凭证。

2. 中介合作协议、营销员合同、营销员名单、

3. 保险中介机构业务台账、手续费入账凭证、现金账、银行账、明细账、总账。

4. 批退档案及相应的支付财务凭证。

5. 不同时期的业务激励方案和产品说明方案。

6. 检查对象和保险中介机构所有账户开立情况表（开户行、账号、用途、起止时间）。

（三）检查过程及方法

1. 审阅委托代理业务协议，检查手续费支付标准是否符合监管部门的有关规定。

2. 检查实际支付的手续费标准是否与协议规定一致。

3. 核对查验保险中介机构有关业务管理台账、往来业务会计凭证及所附原始凭证，以及相关的业务单证，以确认反映的业务经济事项信息是否正确，并验证各种台账、各项数据的一致性，根据核查需要重新验算手续费数据与

支付标准。

4. 审查保险中介机构相关会计科目是否存在异常情况，如是否存在大量使用现金支付的现象；会计凭证所附原始凭证，如现金支票签领人签章情况，是否为投保人或其委托人等。

5. 重点查阅有关保单、批单及支付退保费的原始凭证和业务资料，如投保人的申请书、委托书及支付退保费的会计凭证原始证据。

6. 通过向投保人发出函证证实有关经济事项是否存在，审查并落实有关支付现金原始凭证签收人是否与投保人为同一人。

7. 审核查阅团体保险承保档案，核对承保清单上的人数及保费，判断是否存在坐支保费支付手续费。

8. 审核营业费用科目，重点检查宣传费、激励费、聘用人员工资、营销续期业务佣金、办公费用等子科目，确认公司是否通过上述科目提取现金，并核实现金的用途和去向。

9. 延伸保险中介机构检查，核对中介业务的真实性。

10. 查阅保险中介机构财务账簿和原始凭证，审核营业费用发生的经济事项的真实性，同时重点核对资金流向。

11. 对投保人和被保险人进行回访，了解承保过程和细节。

12. 核验承保的变动情况，审查是否存在虚假批退。关注投标应标业务协议或合同条款，尤其是招标人是否提出过高或额外的招标要求；审查协议或合同发生变动相关原因是否真实、合法，变动手续是否完备，如有关批改申请是否为投保人提出、出具的批单内容是否与批改申请内容相一致，以及是否涉及批退保费的情况；查验有关会计凭证，审查退费金额是否与业务批单相一致，退保费是否转账至投保人以外的其他账户，或现金支付给其他机构或个人。

（四）法律适用

1. 禁止性规定：

《保险法》第八十六条规定：“保险公司的偿付能力报告、财务会计报告、精算报告、合规报告及其他有关报告、报表、文件和资料必须如实记录保险业务事项，不得有虚假记载、误导性陈述和重大遗漏。”

《保险法》第一百一十六条规定：“保险公司及其工作人员在保险业务活动中不得有下列行为：……（四）给予或者承诺给予投保人、被保险人、受益人保险合同约定以外的保险费回扣或者其他利益。”

2. **处罚依据：**

《保险法》第一百六十二条规定：“保险公司有本法第一百一十六条规定行为之一的，由保险监督管理机构责令改正，处五万元以上三十万元以下的罚款；情节严重的，限制其业务范围、责令停止接受新业务或者吊销业务许可证。”

《保险法》第一百七十二条规定：“违反本法规定，有下列行为之一的，由保险监督管理机构责令改正，处十万元以上五十万元以下的罚款；情节严重的，可以限制其业务范围、责令停止接受新业务或者吊销业务许可证：（一）编制或者提供虚假的报告、报表、文件、资料的。”

《保险法》第一百七十三条规定：“保险公司、保险资产管理公司、保险专业代理机构、保险经纪人违反本法规定的，保险监督管理机构除分别依照本法第一百六十一条至第一百七十二条的规定对该单位给予处罚外，对其直接负责的主管人员和其他直接责任人员给予警告，并处一万元以上十万元以下的罚款；情节严重的，撤销任职资格或者从业资格。”

（五）案例参考

某保监局查处产险公司省级分公司通过保险中介给予相关当事人保险合同约定以外的保险费回扣或者其他利益违法违规行为

（1）**案情简介**。某产险公司某省级分公司为承揽业务，利用保险中介机构套取资金，向投保单位支付现金。2010 年该产险公司内设营业总部将 2 469.64万元直接业务（包括大型车队等单位的车险业务），虚挂为某代理公司的代理业务，向其支付手续费共计 360.68 万元。该代理公司将其中的

323.88 万元分次转账至该省级分公司营业总部的国际业务部负责人的个人账户，营业总部将这些款项提取现金，返还给了投保单位。

（2）**检查过程及方法**。检查人员在对该产险公司省级分公司下属的营业总部的中介业务进行检查时发现，该营业总部与该代理公司合作密切。随即展开延伸检查发现，该营业总部将自身业务承保清单提供给该代理公司，虚挂成该代理公司的代理业务。该代理公司据此开具手续费发票累计 360.68 万元，并在收取开票费 36.8 万元后，将其余 323.88 万元分次转账至该营业总部国际业务部负责人的个人账户。检查人员进一步向该营业总部国际业务部负责人核实相关情况，调取所涉及的其个人银行账户对账单，证实其收到该代理公司转来的款项。

根据该负责人所述，这些款项由该营业总部国际业务部统一支配，从其账户中全部提取现金用于返还给投保客户。

检查人员根据该营业总部提供的清单，挑选了其中 5 家返还费用较大的投保人（主要是运输公司、大型车队）进行核实。检查人员分别同 5 家机构的保险业务负责人或经办人进行了谈话。5 家机构均表示，在与该产险公司的合作过程中，该产险公司均有向其返还费用的行为，返还的资金基本都用于自身安全教育、职工福利、奖励等。

（3）**处理结果**。该营业总部将直接业务虚挂中介业务套取资金、给予投保人合同约定以外的保险费回扣或者其他利益的行为，违反了《保险法》第一百一十六条的规定。依据《保险法》第一百六十二条和第一百七十三条的规定，合并该营业总部利用保险中介机构套费、委托未取得合法资格的机构从事保险销售活动等违法行为，保监局给予该产险公司省级分公司罚款 15 万元的行政处罚；给予直接负责的主管人员警告，并处罚款 2 万元的行政处罚。

十、保险公司账外暗中给予保险中介约定以外利益违法违规行为现场检查

（一）释义

账外暗中给予约定以外利益行为，是指保险公司为了推销自己的保险产品向保险中介机构和个人提供报酬和其他好处，以促成交易，排挤别的竞争者，进而占领市场的行为。按照法律规定，经营者销售或者购买商品，可以明示方式给对方折扣。这些折扣必须如实入账。接受折扣或佣金的经营者也必须如实入账。回扣与折扣的区别在于：折扣是公开如实入账，所有权归对方经营者；而回扣则是秘密不入账，是给交易经手人个人的。账外暗中回扣行为属于商业贿赂的不正当竞争行为。

账外暗中回扣行为的表现形式包括：一是通过虚列业务及管理费用套取资金，账外暗中支付给保险中介机构和个人；二是通过虚挂营销员业务套取资金，现金支付给保险中介机构和个人；三是通过购买中介发票，账外暗中向保险中介机构和个人支付协议外的手续费；四是虚增银保专员绩效套取资金，账外暗中向银邮保险兼业代理机构和个人支付协议外的手续费。

（二）需要调阅的资料

1. 营业费用明细账及大额项目支出对应的会计原始凭证。
2. 大额项目支出管理制度及对应的审批表或电子签报。
3. 营销员名单及手续费、佣金计提的相关制度。
4. 手续费发票及相对应的支付凭证。
5. 代理合同和协议，代理业务台账、承保清单。

（三）检查程序及方法

1. 检查计提手续费所依据的代理保费收入是否真实，手续费支付对象是否正确，支付方式是否符合有关规定。

2. 对大额、异常的手续费支出，查明资金流向，到有关部门、银行核对记账凭证显示的收款人是否真实。

3. 请检查对象协助，在预收保费明细表上标出到检查日止已转销的预收保费，对已转销金额较大的预收保费进行检查，核对记账凭证、保费收据、保单等，检查是否存在不合理转销预售保费，以截留保费资金。

4. 选择营业费用中数额较大以及本期与上期相比变化异常的项目追查至原始凭证。

5. 核实费用报销人和款项领取人是否符合有关规定，必要时到有关银行核对记账凭证显示的收款人是否真实。

6. 核实不真实领取佣金和手续费的资金去向和用途，核实通过不真实营业费用套取资金的去向和用途。

7. 延伸检查保险中介机构，核实保险中介机构入账手续费收入与检查对象支付手续费金额是否一致。如果不一致，有可能检查对象通过其他方式套取资金账外向保险中介机构支付高额手续费。

（四）法律适用

1. 禁止性规定：

《保险法》第八十六条规定："保险公司的偿付能力报告、财务会计报告、精算报告、合规报告及其他有关报告、报表、文件和资料必须如实记录保险业务事项，不得有虚假记载、误导性陈述和重大遗漏。"

《保险法》第一百一十六条规定："保险公司及其工作人员在保险业务活动中不得有下列行为：……（十一）以捏造、散布虚假事实等方式损害竞争对手的商业信誉，或者以其他不正当竞争行为扰乱保险市场秩序。"

2. **处罚依据：**

《保险法》第一百六十二条规定："保险公司有本法第一百一十六条规定行为之一的，由保险监督管理机构责令改正，处五万元以上三十万元以下的罚款；情节严重的，限制其业务范围、责令停止接受新业务或者吊销业务许可证。"

《保险法》第一百七十二条规定："违反本法规定，有下列行为之一的，由保险监督管理机构责令改正，处十万元以上五十万元以下的罚款；情节严重的，可以限制其业务范围、责令停止接受新业务或者吊销业务许可证：（一）编制或者提供虚假的报告、报表、文件、资料的。"

《保险法》第一百七十三条规定："保险公司、保险资产管理公司、保险专业代理机构、保险经纪人违反本法规定的，保险监督管理机构除分别依照本法第一百六十一条至第一百七十二条的规定对该单位给予处罚外，对其直接负责的主管人员和其他直接责任人员给予警告，并处一万元以上十万元以下的罚款；情节严重的，撤销任职资格或者从业资格。"

（五）案例参考

案例一：某保监局查处寿险公司省级分公司账外暗中给予银行兼业代理机构约定以外利益违法违规行为

（1）**案情简介。**某寿险公司某省级分公司以对银行代理机构进行培训为名，虚列培训会议费，将套取的部分资金转账支付给酒店、会务公司等第三方，并交由银行管理和使用。经查实由银行管理和使用的金额为232.65万元，其中甲银行分行206.65万元，乙银行分行26.00万元，实际形成保险公司给予保险中介账外手续费。

（2）**检查过程及方法。**在保监局对保险公司中介业务现场检查工作的计划和部署中，重点考虑了当地银行代理保险市场的整顿规范工作，根据非现场分析最终确定进驻该寿险公司省级分公司进行现场检查。针对银行代理保险市场的特点和日常监管掌握的情况，检查人员确定了"检查费用列支真实性”的主线，贯穿此条主线，在检查中注重“抓源头和找出口”。

● **抓源头**。调阅该寿险公司2009年、2010年的账表进行数据比对，发现该寿险公司2010年银行代理业务规模较2009年下降7%；而全年的银保业务费用却比可用额度超支2 600万元，超支比例12.7%，相对于该寿险公司银保业务量的变化方向不对称。随后，检查人员采取“查疑、鉴伪、追问”三步层层递进，对业务费用超支情况进行深入核查。一是查疑。调出2010年寿险公司省级分公司的财务账，将其中的培训费、会议费等费用科目作为重点进行筛查，调阅对应费用原始报销凭证，逐页查找报销凭证中所附材料的疑点。二是鉴伪。通过地税网查验发票真实性，核实承办会议酒店的接待能力，比对同一参会人员参会时间是否重合，比对参会人员签到笔迹与劳动合同笔迹，发现大量会议为虚构，未真实发生。三是追问。针对检查发现的线索，检查人员选择了银保专管员、营业区经理、营销总监、内勤等不同层级的21人进行询问，对会议逐一核实。

通过上述检查，初步查明了该寿险公司虚列业务及管理费用套取资金，并将相关资金划至会展公司、酒店宾馆等第三方的违法违规事实。

● **找出口**。对该寿险公司省级分公司检查所掌握的情况尚不能完全定性和查明资金流向的终点，检查人员随即重点调查与之合作的银行机构。

检查人员决定独立进驻银行对中介业务进行现场检查，随后向甲银行、乙银行等银行下发了现场检查通知书。在甲银行现场检查过程中，检查人员要求银行逐笔具体说明由该寿险公司划入第三方资金的使用情况和最终去向，正式询问银行下辖支行管理人员达14人次。面对前期已经掌握的有力证据以及检查人员坚决认真、锲而不舍的态度，被查银行在规定时限内上报了情况说明，交代了银行与该寿险公司协商、使用资金的情况，并最终确认了划入第三方的资金由银行单方管理和使用的情况。在对乙银行的检查中也收到同样的效果。

从检查发现的情况来看，保险公司通过制订“培训方案”报销费用，实质是给予代理保费达到一定规模的银行价值不等的学习考察名额或其他奖励，整个培训方案并未覆盖全部业务人员，无培训内容的实质要求，学习考察通常“走样”为旅游激励。保险公司因此不能据实列支相关费用，构成了暗中给予保险中介约定以外利益的行为。

(3) **处理结果**。该寿险公司省级分公司虚列培训会议费，套取资金支付给酒店、会务公司等第三方，由银行单方管理和使用，营业费用列支不真实，违反了《保险法》第八十六条的规定。保监局依据《保险法》第一百七十二条和第一百七十三条的规定，对该寿险公司及相关责任人进行行政处罚。相关银行账外管理使用手续费，保监局依据《保险法》第一百七十二条的规定对其进行行政处罚。

案例二：某保监局查处寿险公司中心支公司账外暗中给予银行兼业代理机构及人员约定以外利益违法违规行为

(1) **案情简介**。2010年，某寿险公司某中心支公司通过酒店、宾馆和旅行社等单位开具非真实发生的会议培训费、印刷费等发票，共套取资金34.81万元，暗中给予银行兼业机构及工作人员合同约定以外利益，具体包括宴请银行网点负责人和工作人员吃饭、娱乐等，赠送有奖邮政贺卡和土特产，安排银行网点人员旅游等。

(2) **检查过程及方法**。

- **内控检查确定检查方向**。根据该寿险公司省级分公司内控检查所反映出的问题和该中心支公司银保经营情况，检查人员实施分析性复核程序，将该中心支公司银保检查重点科目确定为会议培训费、业务宣传费、印刷费、差旅费和燃油费等项目，并将查找非法套取资金的具体流向作为检查的突破口。

- **分析报表数据发现线索**。按照这种思路，检查人员对获取的银保费用明细表等200多张表格进行Excel技术处理，形成一套“项目齐全、关联度高、信息量大”的分析表，作为查找银保业务违法违规线索的基础数据库。在此基础上，检查人员采取大额抽样等技术，充分利用工商税务信息查询系统等资源，调阅费用发票和业务档案，发现以下线索：

· 该中心支公司银保业务培训费 140 多万元，每个工作日平均费用高达 5 000 多元，明显违背常理。

· 该中心支公司业务宣传费反映的印刷品没有出入库记录、实际上也没有实物库存。有的印刷品按照省级分公司统一模块印制，规格、型号相同，但厂家价格不同。该中心支公司当年消耗某款产品折页 95 000 份，但该款产品的保单新单数为 86 份，占比不到 0.1%。

· 该中心支公司银保费用发票购票单位为旅行社而发票所盖印章为酒店或宾馆，存在虚开发票的嫌疑，涉案金额 103.8 万元。

· 该中心支公司银保费用科目有大量 500 元和 1 000 元的定额发票，报销日期间隔较长且有连号现象。

· 该中心支公司有 20 笔款项转给不明个人账户，按照财务规定应当转给有关印刷厂、酒店和招待所等单位，涉案金额 43.48 万元。

· 该中心支公司大部分银保人员出差时间和参加培训时间重叠，说明培训或者出差事件不真实。

· 该中心支公司车船使用费涉及的路线与交易事项中的行程不匹配，如记账凭证反映的是银保外勤人员去甲地出差，而车船使用费发票的提供单位为乙地加油站。

● **进一步查实违法违规**。为迅速查清事实，根据掌握的线索和情况，检查人员依次对银保专管员、银保部经理、银保第一负责人进行询问谈话，通过讲政策、摆事实，相关人员承认了通过将业务招待费归集到差旅费实际用于招待银行网点人员吃饭和住宿等情况，但对于其他问题拒不承认。为将案件做成“铁案”，检查人员及时采取外调程序，通过暗访和调查发现：一是酒店和宾馆没有相关会议费和招待费发票存根和记录；二是旅行社证实该中心支公司组织银行人员旅游；三是该中心支公司通过虚假印刷折页、宣传册等形式虚列印刷费；四是该中心支公司培训记录虚假等。

在确凿的证据面前，该中心支公司承认了违法违规事实：银行机构凭借强大的网络和资源优势，不仅抬高代理手续费率，还在账外索取非法利益；

为抢占市场，省级分公司采用销售费用包干政策，为该中心支公司实施违法违规行为提供了便利。

（3）**处理结果**。该中心支公司采用虚列业务及管理费用套取资金账外给予银行兼业代理机构及其工作人员合同约定以外利益的行为，违反了《保险法》第八十六条的规定，保监局依据《保险法》第一百七十二条和第一百七十三条，对该中心支公司给予20万元的罚款，并责令停止银保新业务3个月；同时，对该中心支公司银保主要责任人给予警告和2万元至6万元的罚款。

案例三：某保监局查处产险公司省级分公司账外暗中给予车商兼业代理机构约定以外利益违法违规行为

（1）**案情简介**。2010年某产险公司某省级分公司将部分汽车经销商代理的业务虚挂到某保险代理公司名下。该代理公司根据该产险公司提供的业务结算表上对应的手续费金额向该产险公司开具中介服务发票，并根据事先约定收取一定的费用后将剩余款项转回该产险公司。该产险公司随后将收到的资金通过账外暗中方式，分别向14家汽车经销商支付手续费合计189.55万元。

（2）**检查过程及方法**。

• **发现保险公司违法违规线索**。保监局在日常监管中发现，该代理公司以代理寿险和意外伤害保险为主，但其为该产险公司代理车险保费高达2 757.55万元，且大多数系新车机动车交通事故责任强制保险业务。但是根据保险中介市场业务渠道来源的情况，新车机动车交通事故责任强制保险业务主要由汽车经销商代理销售，其中存在较大的违法违规嫌疑。

检查人员重点围绕四个方面核实要点：一是出单工号的地址是否在该代理公司；二是查该代理公司是否在该产险公司领取单证；三是查出单点的名称是否和该代理公司一致；四是关注新车保险由该代理公司承揽的情

况。

检查人员通过该产险公司，调阅了所有该代理公司代理的保单以及对应的业务部门、业务绩效归属人员、出单工号、单证发放对象；同时，调取该产险公司所有出单账号及其使用机构，并要求该产险公司提供该代理公司向其开具的发票，与该代理公司向该产险公司开具的发票记账联和存根联相核对。

检查人员发现存在较多的疑点，如该代理公司没有在该产险公司领取过单证和出单设备，但是销售了大量机动车交通事故责任强制保险和商业车险。另外，部分保单的出单工号归属于汽车销售商，但是手续费支付给该代理公司，该代理公司名下的出单工号多达 16 个，且代理了大量新车机动车交通事故责任强制保险。

● **进一步调查核实违法违规。**

·检查人员赴该代理公司进行延伸检查。重点核实：是否领取单证，是否申请出单账号，是否领取 POS 机，是否有业务清单，是否能够联系到投保人，以及新车业务的开展情况。

·延伸调查的结论与从该产险公司获取信息完全不一致。一是该产险公司显示该代理公司领取了大量单证、申请过出单账号、领取了 POS 机，但该代理公司称没有；二是该代理公司无法提供客户联系方式，无法解释新车业务的来源。

·集中精力突破该代理公司。在对该代理公司高管的询问谈话中，高管无法解释检查发现的公司经营中相互矛盾的地方，最终交代了违法违规事实，承认上述新车业务并非该代理公司自己承揽。具体流程如下：该产险公司向该代理公司提供“业务结算表”（包含保费、手续费、保单件数），该代理公司根据表中对应的手续费金额，向该产险公司开具“保险中介服务统一发票”，该代理公司留取手续费的 8% 作为好处费，其余款项支付至该产险公司员工的个人银行卡，共计 27 笔，合计金额 189.55 万元。

·督促该产险公司承认违法违规事实。检查人员对该产险公司涉及员工进行询问谈话，督促相关人员说明银行卡巨额资金的去向，并获取了员工用于分配资金的账外账。证据显示，2010 年 1 ~12 月，该产险公司省级分公司每月根据代办业务的规模分别向 14 家车商支付现金合计 189.55 万元。在详细的证据面前，该产险公司承认虚挂代理公司业务套取资金，并将资金账外暗中支付给了与其合作的 14 家汽车经销商的事实。该产险公司为追求业务增长，与部分不具备代理保险业务资格的汽车经销商合作开展业务，与汽车经销商合作中默许其不开中介服务发票。

（3）**处理结果**。该产险公司通过账外暗中的方式给予 14 家汽车经销商合同约定以外利益，数额巨大，违法了《保险法》第八十六条的规定。根据《保险法》第一百七十二条和第一百七十三条的规定，保监局给予该产险公司省级分公司处以 30 万元罚款；对省级分公司副总经理给予警告，处以 5 万元罚款。同时，按照同查同处的原则，对协助套取资金的代理公司处以 15 万元罚款，对总经理处以 2 万元罚款。

专栏 20:

保险公司向银行兼业代理机构支付额外利益

某保监局在检查中发现，某寿险公司为拓展业务，维护与银行的关系，将 206.65 万元资金划入第三方账户，即 14 家酒店、会务公司等单位，账户资金由一家代理保险业务的银行管理和使用，为双向印证，某保监局对银行进行检查。

一是坚定信心。检查人员对检查银行代理保险业务存有一定顾虑，担心银行不配合检查，保监局领导及时给予坚决支持，让检查人员放心、放手地开展对银行的检查。

二是特别重视检查的程序性和严谨性。由于被查银行的代理保险业务份额超过 50%，之前也缺乏相关检查经验，因此，检查人员特别重视检查的严谨性，提前设计好检查的流程，注重检查必须履行的手续，强调检查的严谨性，做好现场检查工作的铺垫。

三是注重检查的方法和技巧。

第一阶段声东击西。检查人员首先选择了保险代理业务量最大的银行，在入场后并不急于拿出前期检查的证据让银行确认。考虑到保险公司虚列业务及管理费用中大部分为培训费，检查人员从掌握银行基础的、具体的制度、通知、培训等情况入手，要求银行自查保险公司划入第三方资金的具体使用用途。

第二阶段敲山震虎。在银行自查情况掌握之后，检查人员要求银行说明保险公司划入第三方账户的资金是否由银行使用，由谁结算等。但是被查银行对检查人员提出的问题均进行了否认，并提出银行对第三方资金并无管理权、使用权，只有建议权。检查人员以书面形式抽调银行下辖支行多名管理人员进行询问，调查了解资金的具体走向及使用过程，在被查银行系统内造成一定震慑。被查银行看到检查人员的态度坚决，自身的态度也发生了一定变化，表示保险公司划入第三方资金由该行使用，但均是用在保险培训上。

第三阶段短兵相接。检查人员再次以书面形式要求被查银行提供资金使用的情况说明及原始凭据，并指出检查人员在保险公司检查中已经掌握了一定的证据，保监局在以往的检查中也发现该行有类似行为，要求该行如实进行情况说明。面对检查人员坚决认真的态度，被查银行在规定时限内上报了情况说明，全面反映了银行与保险公司如何协商、如何使用资金的情况。结果显示，在2010~2011年4月期间，206.65万元资金由被查银行及下辖支行使用了174.83万元，支付会务公司开票费4.39万元，还有27.42万元未使用。其中，被查银行提供了发票复印件1页（金额为35万元）、机票复印件2页（金额为5 700元），其他资金的使用情况未提供发票原件或复印件等原始票据。相关资料见下表：

保险公司与被查银行资金往来及使用情况（部分）

序号	金额（元）	保险公司付款方式及时间	收款方	发票开具时间	资金管理使用方
1	36 220	网银（2010/11/16 划款）	被查银行招待所	2010/10/27	被查银行市分行
2	57 925	网银（2010/11/11 划款）	某会展服务中心	2010/10/15	
3	78 728	网银（2010/11/16 划款）	某酒店有限公司	2010/10/14	
4	102 006	网银（2010/12/28 划款）	消防培训中心	2010/10/26	
5	18 000	网银（2010/11/03 划款）	某旅游有限公司	2010/10/13	
6	86 493	转账（2010/12/29 划账）	某旅游有限公司	2010/11/11	被查银行市分行
		转账（2010/12/29 划账）	某广告公司	2010/11/11	
7	385 000	网银（2010/12/12 划款）	某会展服务中心	2010/10/19	
8	33 459	网银（2010/11/18 划款）	某会展有限公司	2010/10/28	
9	49 950	网银（2010/9/17 划款）	某会展服务中心	2010/9/3	被查银行多家支行
10	41 000	网银（2010/9/15 划款）	某会展服务中心	2010/9/3	
11	20 907	网银（2010/9/17 划款）	某会展服务中心	2010/8/24	
12	64 800	网银（2010/12/16 划款）	某会展服务中心	2010/11/29	
13	37 000	网银（2010/9/17 划款）	某会展服务中心	2010/8/25	

十一、保险公司唆使、诱导保险中介欺骗投保人（被保险人或者受益人）违法违规行为现场检查

（一）释义

最大诚信原则是现代保险法的基本原则之一。《保险法》第五条规定，保险活动当事人行使权利、履行义务应当遵循诚实信用原则。最大诚信原则即为，保险合同当事人订立合同时及在合同有效期内，应依法向对方提供影响对方是否缔约以及缔约条件的重要事实，同时绝对信守合同缔结的认定与承诺；否则，受害方可主张合同无效或解除合同，甚至要求对方赔偿因此而受到的损失。因此，在保险合同订立及履行过程中，保险公司不得唆使、诱导保险中介向投保人、被保险人或者受益人提供与保险合同条款内容及其他事实不符的情况，给投保人、被保险人或者受益人以错误信息，使其在违背自己真实意志的情况下签订保险合同，或者接受保险合同的额外义务，或者接受有损其利益的保险赔款。

结合民事法律来看，所谓欺诈，是指故意欺骗他人，使其陷于错误判断，并基于此错误判断而为意思表示的行为。从内部分析，他人的欺诈行为与本人的意思表示之间存在因果关系就可能构成欺诈；从外部表现看，欺诈行为常表现为虚构、夸大、变更、隐匿事实等行为，依法律或习惯应当告知而不告知的沉默行为，亦可构成欺诈行为。按照《最高人民法院关于贯彻执行〈中华人民共和国民法通则〉若干问题的意见（试行）》所作的解释："一方当事人故意告知对方虚假情况，或者故意隐瞒真实情况，诱使对方当事人作出错误意思表示的，可以认定为欺诈行为。"

销售欺诈误导是指在保险合同订立及履行过程中，或者在保险产品销售过程中，出于故意或恶意，使得投保人相信并购买保险产品的行为。其行为表现大致可以分为以下几类：一是在销售过程中没有讲述必要的事项，如犹豫期及权利、缴费期限等；二是夸大保障范围或保险收益，避谈风险损失或不提及费用扣除；三是未经投保人或被保险人同意，擅自代签名或教唆投保人代替被保险人签名；四是引诱欺诈投保人或暗示投保人不如实告知，或超额承保，私下许诺给予回扣及其他利益。

从监管实践来看，相对于寿险传统保障型产品，新型产品较为复杂，在销售过程中更易出现误导性讲解，出现误导销售。如在个险渠道，销售误导投诉主要与新型产品有关，涉及意外险、健康险的误导投诉相对较少；在银保渠道，由于寿险新型产品占据主流，误导问题几乎全部涉及该类产品。同时，随着更多的保险专业代理机构及保险经纪公司涉足人身险产品销售，误导行为从个险、银邮等主要销售渠道向保险专业中介渠道蔓延滋长。

（二）需要调阅的资料

保单、投保单、投诉记录、保单回访记录、险种条款、出单人员名单、营销员名册、抽查承保资料、提取抽查的承保数据、承保实务规定、产品管理制度及使用的培训教材、产品说明会上所散发和使用的各类宣传品资料、讲解人员使用的讲义内容和讲课课件等。

（三）检查过程及方法

1. 核查检查对象制定的相关产品管理制度及使用的培训教材、宣传材料是否违背有关法律法规。

2. 查阅检查对象在产品说明会上所散发和使用的各类宣传品资料、讲解人员使用的讲义内容和讲课课件，是否存在虚假陈述和误导宣传、是否夸大或变相夸大保险合同利益、是否隐瞒初始费用等各项费用扣除情况，是否进行同业诋毁或与同业产品作不实比较。

3. 查阅检查对象通过保险中介机构销售保单的回访和投诉咨询记录，判断是否存在销售误导。

4. 抽取通过保险中介机构销售的部分保单，电话询问客户，判断是否存在销售误导。对于异常情况，走访客户了解投保过程，引导客户提供投保过程中的其他见证人，并制作调查询问笔录。

5. 根据抽样规则随机抽取一定数量的投保单进行审阅，确认投保人是否签字认可对保险条款的充分理解，或确认投保单是否加盖单位公章。

6. 随机抽取不同险种、险别及对应的条款，要求展业、出单人员解释和宣导。

7. 走访询问展业、出单人员，办理承保业务时是否存在代投保人填写投保信息，并在未取得委托手续情况下代投保人签字。

8. 系统导出同一展业或出单员办理的业务，对比投保单签字，确认是否存在展业、出单员代签投保单情况。

9. 审阅承保资料，比对投保人在投保单上签字情况，确认是否存在投保未经投保人（或授权人）签字（盖章），或是否存在由他人代签但无代签手续情况。

10. 按业务发生总量和抽样规则，抽取由同一展业人员经办的非单位投保的承保资料，检查、审核是否存在投保单未经投保人签字，由展业人员或出单员代签投保单情况。

11. 审阅理赔资料，用投保信息比对理赔查勘情况，确认投保人的投保信息是否真实。

（四）法律适用

1. 禁止性规定：

《保险法》第一百一十六条规定："保险公司及其工作人员在保险业务活动中不得有下列行为：（一）欺骗投保人、被保险人或者受益人；（二）对投保人隐瞒与保险合同有关的重要情况；（三）阻碍投保人履行本法规定的如实告知义务，或者诱导其不履行本法规定的如实告知义务。"

《保险法》第一百三十一条规定：“保险代理人、保险经纪人及其从业人员在办理保险业务活动中不得有下列行为：（一）欺骗保险人、投保人、被保险人或者受益人；（二）隐瞒与保险合同有关的重要情况；（三）阻碍投保人履行本法规定的如实告知义务，或者诱导其不履行本法规定的如实告知义务。”

2. **处罚依据：**

《保险法》第一百六十二条规定：“保险公司有本法第一百一十六条规定行为之一的，由保险监督管理机构责令改正，处五万元以上三十万元以下的罚款；情节严重的，限制其业务范围、责令停止接受新业务或者吊销业务许可证。”

《保险法》第一百六十六条规定：“保险代理机构、保险经纪人有本法第一百三十一条规定行为之一的，由保险监督管理机构责令改正，处五万元以上三十万元以下的罚款；情节严重的，吊销业务许可证。”

《保险法》第一百七十三条规定：“保险公司、保险资产管理公司、保险专业代理机构、保险经纪人违反本法规定的，保险监督管理机构除分别依照本法第一百六十一条至第一百七十二条的规定对该单位给予处罚外，对其直接负责的主管人员和其他直接责任人员给予警告，并处一万元以上十万元以下的罚款；情节严重的，撤销任职资格或者从业资格。”

（五）案例参考

某保监局查处寿险公司中心支公司诱导保险营销员进行宣传误导违法违规行为

（1）**案情简介。**2010年2月，某寿险公司某中心支公司个险负责人在对营销员进行宣传推广新产品培训时，自行设计产品宣传页，并参考总公司“宣传幻灯片”内容，增加公司宣传彩页，其中对产品的宣传页及“疑难解答”“温馨提示”宣传页含有明显的误导内容。

（2）**检查过程及方法。**《人身保险新型产品信息披露管理办法》对投连险、万能险、分红险的信息披露进行了规范，但一些保险分支机构在展业过程中，仍有不规范宣传的现象存在。如在宣传部分保险产品时，印制一些含有误导内容的宣传品，对营销员进行固定话术培训，混淆保险与储蓄的概念，盲目将投保与存款进行比较，误导投保人。常见表现为：一是片面强调保险产品的收益性，回避分红、投连产品收益的不确定性，将历史高收益作为吸引投保人的主要手段。二是回避退保费用扣除说明。告知消费者随时可取，隐瞒退保费用扣除说明。三是模糊保险期限，将长期寿险产品宣传为3~5年期的定期存款产品。四是回避缴费年限及要求。对期缴要求不进行说明，很多客户直到第二年被催缴费用才知道自己购买的是保险。

检查人员经过对该中心支公司宣传材料细致排查，发现其具体违法违规内容如下：一是产品条款没有承诺分红收益，而宣传页却承诺分红收益，以列表方式演示产品收益，如缴费期5年收益率168%；缴费期10年收益率187%。二是将保险产品宣传为存款，在“温馨提示”宣传页中称：“存钱又不是花掉，有什么问题，你存五万还是十万。”“存得多了可以少，不影响收益多好啊。”“这是一次存款三次付息：满期付息；每年领利息；如果每年不想领利息，我们还要按复利计息给你。这才是稳赚不赔高收益”。三是故意隐瞒提前退保会遭受损失的情况。在“疑难解答”中宣称：“只存5年，收益15年，年年有利息，存的时间短，收益时间长”；“存了5年后，过了3年、5年想用钱，就可以取出来，也有利息”。

（3）**处理结果**。该寿险公司误导宣传违反了《保险法》第一百一十六条的规定。保监局依据《保险法》第一百六十二条和第一百七十三条规定，给予该寿险公司中心支公司罚款10万元的行政处罚；给予该寿险公司中心支公司个险负责人警告并罚款2万元的行政处罚。

专栏21：

“三道防线”防范销售误导

由于人身保险产品特别是新型产品专业性强，功能较为复杂，缴费周期较长，销售过程中存在的问题和风险往往具有滞后性和隐蔽性，片面夸大收益、隐瞒初始费用扣除情况等销售误导行为时有发生，严重危害广大保险消费者利益和行业形象。为了有效防范销售误导行为的发生，保护保险消费者利益，某保监局从完善制度入手，加强对保单售前、售中、售后的全过程监管，牢固筑起保护保险消费者利益的三道防线。

第一道防线：保单销售前进行投保提示

制定了《人身保险投保提示要点》，要求各保险公司在销售1年期（不含）以上的个人人身保险产品时，应主动向投保人发送《投保提示》，明确告知客户保险产品的特点和风险以及投保人的权利和义务。其内容主要包括以下方面：

一是提醒投保人投保前仔细阅读保险条款，并特别提醒投保人关注保险责任、责任免除（除外责任）、犹豫期权利等内容。

二是对于需要分期缴纳保费的人身保险产品，提醒投保人充分考虑是否有足够、稳定的财力长期支付保费。

三是提醒投保人、被保险人亲笔签署人身保险投保书、健康告知书，以及其他表明投保意愿或申请变更保险合同的文件，否则会影响合同效力。

四是提醒投保人在购买分红保险、投资连结保险、万能保险等新型人身保险产品时应注意分红或投资收益是不确定的。购买投资连结保险、万能保险产品时应注意初始费用扣除情况。

五是提醒投保人银行保险产品经营主体是保险公司，不宜将保险产品与银行存款、国债等进行片面比较。

在统一明确投保提示基本内容的基础上，为确保投保提示要求得到认真贯彻执行，保监局又从三个方面对保险公司提出了具体要求：一是明确提示主体为各寿险公司，加大了公司的管理责任。投保提示由各寿险公司自行设计、印制，需报监管部门备案。二是要求各公司将《投保提示》作为公司承保档案的组成部分，随合同资料一同存档保管，保存期限与保险合同保存期限一致。三是进一步严格监管要求，保监局将把投保提示执行情况纳入寿险公司内控评价体系进行检查。

第二道防线：销售过程中规范产品说明会管理

制定了《某省寿险公司产品说明会规范性要求》，要求各保险公司完善有关产品说明会的制度和流程，切实加强管控力度。其主要内容包括：

一是要求各省级分公司制定统一规范的产品说明会管理制度。产品说明会应由分公司指定部门统一管理。产品说明会管理制度应报保监局备案。

二是要求各省级分公司加强对产品说明会讲解人员的管理，强化培训，建立健全资格认证与考核制度。

三是要求各省级分公司统一管理在产品说明会上所散发和使用的各类宣传品资料、讲解人员使用的讲义内容和讲课课件，不得出现虚假陈述和误导宣传，不得夸大或变相夸大保险合同利益，不得隐瞒初始费用等各项费用扣除情况，不得进行同业诋毁或与同业产品作不实比较，不得存在其他违反相关法律法规的内容。

四是要求产品说明会举办单位不得提供现金或实物奖励，诱使客户现场签单或缴纳订金。

保监局对产品说明会实施备案管理，产品说明会举办单位事前应将产品说明会资料向省级分公司指定部门备案，事后应妥善保存产品说明会的声像资料，保监局将不定期抽查各公司产品说明会管理情况。

第三道防线：销售后对新契约进行100%回访

制定了《某省人身保险业务新契约回访基本要求》，对各保险公司电话回访工作提出以下要求：

一是各保险公司应对保险期限在1年以上（不含1年）、投保人为个人的人身保险新契约业务进行全面回访。对于农村人身保险业务、万能保险、投资连结保险业务应按照中国保监会相关规定实行100%回访。

二是新契约回访应以电话方式为主。因投保人原因无法进行电话回访的，应安排专人以书面形式进行面访。电话回访应全过程录音，面访内容应由投保人签字确认。因投保人原因无法达成电话回访的，保险公司应采取书面回访、上门回访等形式补充。

三是新契约回访应在投保人收到保单并书面签收后、犹豫期结束前完成回访。月度电话回访达成率应为100%。

四是明确了回访成功的标准。回访时间在犹豫期内，投保人本人接受回访，投保人对回访问题予以明确回答。

五是明确了各公司进行新契约电话回访的必选内容。受话人是否为投保人本人，是否收到保单并签收保单回执，投保资料是否本人亲笔签名，是否已认真阅读产品说明书和保险条款，是否理解犹豫期的含义及相关权利，是否已了解责任免除以及保单退保相关规定。

六是要求各公司应当制定问题件处理流程，在犹豫期内指派专门部门或人员处理回访中发现的问题。

七是要求各公司应当妥善保存电话回访录音。电话回访未成功的，应当以书面回访记录代替并附未达成原因的说明。

投保提示、产品说明会管理、新契约回访要求三项制度构成了防范销售误导风险的三道防线，贯穿人身保险产品销售全过程，对于防范销售误导、保护保险消费者利益具有重要的作用。为确保上述各项制度要求执行到位，保监局充分利用各类专项检查、信访检查等机会，采取暗访、内控评价等方式对执行情况进行监督检查，对执行不力的公司加大检查力度，对存在销售误导的公司加大处罚力度，最大限度地降低销售误导发生率，最大限度地保护保险消费者利益。

十二、保险公司委托无合法资格机构、个人销售保险违法违规行为现场检查

（一）释义

《保险法》第一百二十二条规定：“个人保险代理人、保险代理机构的代理从业人员、保险经纪人的经纪从业人员，应当具备国务院保险监督管理机构规定的资格条件，取得保险监督管理机构颁发的资格证书。”第一百一十六条规定：“保险公司及其工作人员不得委托未取得合法资格的机构或者个人从事保险销售活动。”第一百三十条规定：“保险佣金只限于向具有合法资格的保险人、保险经纪人支付，不得向其他人支付。”

保险公司委托无合法资格机构、个人开展保险销售活动。主要表现为：一是委托无合法资格专业代理机构、兼业代理机构和营销员开展业务，向没有资格的机构或个人支付佣金。二是通过把业务虚挂在有资格的保险中介机构或个人名下，向没有资格的机构或个人支付佣金。

（二）需要调阅的资料

中介渠道协议及备案情况，代理合同或协议登记簿，中介渠道业务管理台账，佣金管理台账；营销员花名册，营销员档案资料，营销员业务管理台账，佣金台账，财务支付凭证。

（三）检查过程及方法

1. 调取与检查对象合作的保险代理机构和营销员名录以及所签代理协议，核实是否存在委托未取得合法资格的保险代理机构及个人从事保险营销活动，

是否未按照规定签署代理协议。

2. 查阅检查对象佣金支付台账，核对支付对象是否与检查对象签订委托代理协议。

3. 查阅检查对象与专业代理机构、保险经纪公司和兼业代理机构签订的所有合作协议，核对保险中介机构许可证是否伪造、是否处于有效期内、是否超区域、超范围、超险种代理保险业务。

4. 通过中国保监会保险营销员管理子系统和检查对象营销员管理系统进行比对，核对是否存在资格证书不存在、资格证号与姓名等其他信息不一致、所属公司不是检查对象等情况。

5. 进入检查对象业务系统核对营销员业绩和佣金发放情况，审查营销员信息统计表、营销员协议、人司申请及后续教育材料，与问题营销员进行谈话，核对是否存在假冒持证人员签订委托代理协议、领取手续费等行为。

6. 审核检查对象佣金支付会计凭证，对手续费结算单、转账凭证等要素进行翻阅、登记，梳理可疑线索。

7. 向客户核实业务人员的信息，并通过检查对象核实业务人员的信息及业务往来情况。

（四）法律适用

1. 禁止性规定：

《保险法》第一百一十六条规定：“保险公司及其工作人员在保险业务活动中不得有下列行为：……（八）委托未取得合法资格的机构或者个人从事保险销售活动。”

《保险法》第一百一十九条规定：“保险代理机构、保险经纪人应当具备国务院保险监督管理机构规定的条件，取得保险监督管理机构颁发的经营保险代理业务许可证、保险经纪业务许可证。保险专业代理机构、保险经纪人凭保险监督管理机构颁发的许可证向工商行政管理机关办理登记，领取营业执照。保险兼业代理机构凭保险监督管理机构颁发的许可证，向工商行政管理机关办理变更登记。”

《保险法》第一百二十二条规定：“个人保险代理人、保险代理机构的代理从业人员、保险经纪人的经纪从业人员，应当具备国务院保险监督管理机构规定的资格条件，取得保险监督管理机构颁发的资格证书。”

《保险法》第一百三十条规定：“保险佣金只限于向具有合法资格的保险代理人、保险经纪人支付，不得向其他人支付。”

2. **处罚依据：**

《保险法》第一百六十条规定：“违反本法规定，擅自设立保险专业代理机构、保险经纪人，或者未取得经营保险代理业务许可证、保险经纪业务许可证从事保险代理业务、保险经纪业务的，由保险监督管理机构予以取缔，没收违法所得，并处违法所得一倍以上五倍以下的罚款；没有违法所得或者违法所得不足五万元的，处五万元以上三十万元以下的罚款。”

《保险法》第一百六十二条规定：“保险公司有本法第一百一十六条规定行为之一的，由保险监督管理机构责令改正，处五万元以上三十万元以下的罚款；情节严重的，限制其业务范围、责令停止接受新业务或者吊销业务许可证。”

《保险法》第一百六十九条规定：“违反本法规定，聘任不具有任职资格、从业资格的人员的，由保险监督管理机构责令改正，处二万元以上十万元以下的罚款。”

《保险法》第一百七十三条规定：“保险公司、保险资产管理公司、保险专业代理机构、保险经纪人违反本法规定的，保险监督管理机构除分别依照本法第一百六十一条至第一百七十二条的规定对该单位给予处罚外，对其直接负责的主管人员和其他直接责任人员给予警告，并处一万元以上十万元以下的罚款；情节严重的，撤销任职资格或者从业资格。”

（五）案例参考

案例一：某保监局查处寿险公司省级分公司委托无合法资格的个人销售保险违法违规行为

（1）案情简介。某寿险公司某省级分公司为提升个险销售业绩，委托大量不具备保险代理从业资格的人员和不具备该公司发放的“保险营销员展业证”（简称“展业证”）的人员代理业务并支付佣金。2010 年，共委托 291 名（占同期该公司营销员总数近 10.52%）不具备保险代理从业资格的人员代理保险业务，累计支付佣金 443.47 万元；在未为 450 名（占同期该公司营销员总数近 18.17%）持有“保险代理从业人员资格证书”的营销员办理展业证的情况下，即委托这些人员代理业务，累计支付佣金 1 104.82 万元。

（2）检查过程及方法。

2010 年，该寿险公司营销员管理采取省级集中模式，佣金由省级分公司采取转账方式统一支付。检查人员以该寿险公司个险销售业务为总抓手，对该寿险公司全省营销员管理情况进行了全面检查。一是汇总营销员个人信息。调取该寿险公司 2010 年度在册营销员信息清单、2010 年度离职营销员信息清单和 2010 年 1 ~ 12 月营销员佣金发放表，并进入业务系统下载 2010 年度的个险渠道所有业务台账，将上述材料中所有营销员的信息（包括姓名、身份证号码、代理保费金额、支付佣金金额、所属分支机构等）进行梳理、汇总，全面掌握该寿险公司 2010 年度所有营销员的信息。二是相互对比，互相印证。将从业务台账中获取的保费收入、佣金支付比率等业务数据和财务系统中的佣金支出数据进行核对，查找有无虚挂中介业务、虚增营销员人头等行为。三是进行电话求证。随机电话询问了部分营销员，查证有无保险代理从业资格、有无展业证、是否实际代理业务、代理保费金额及佣金领取等情况。四是对部分业务量较大的营销员进行调查谈话，了解代理业务、日常展业、佣金领取、考核激励等方面的情况。五是在保险中介监管信息系统中对每一位营销员的有效信息进行查询。核实有无保险代理从业资格、保险代理从业资格的有效期、有无展业证及展业证的发放机构等信息。通过上述工作，发现如下问题：

- 部分人员代理了保险业务并领取了佣金，但保险中介监管信息系统中没有这些人员的有效信息。
- 部分人员代理了保险业务并领取了佣金，但保险中介监管信息系统中没有这些人员展业证的有效信息，或者有展业证但是展业证由其他保险公司发放。

对此，检查人员又调取了该寿险公司2010年度营销员佣金发放相关会计凭证，并对财会部和个险部相关工作人员进行了调查谈话。该寿险公司最终承认了上述违法违规事实。

（3）**处理结果。**该寿险公司省级分公司委托不具备保险代理从业资格的人员代理业务并发放佣金的行为，违反了《保险法》第一百一十六条和第一百三十条的规定。依据《保险法》第一百六十二条和第一百七十三条的规定，保监局给予该寿险公司8万元罚款的行政处罚，对相关责任人给予警告并处5 000元罚款的行政处罚。

案例二：某保监局查处寿险公司大量委托无合法资格的个人销售保险违法违规行为

（1）**案情简介。**2010年3月，某寿险公司某省级分公司委托632名未持有“保险代理从业人员资格证书”人员从事保险销售活动。

（2）**检查过程及方法。**

- **通过非现场监管发现线索。**保监局在日常非现场监管中发现，该寿险公司省级分公司部分省辖市中心支公司营销员数量大起大落，内部营销员管理系统数据与保险中介监管信息系统中归属到该寿险公司的营销员数据严重不符，并连续有信访件反映该公司存在委托不具有合法资格人员从事保险销售活动的行为。
- **初步检查。**检查人员认为，需要核实以下三点来判断违法违规行为：该寿险公司内部管理系统数据是否与保险中介监管信息系统中归属到该公司的营销员数据一致，已持证人员入司日期是否晚于取得资格证日期，该寿险公司是否通过签订《保险代理合同》或配发销售代码的方式委托未持证人员从事保险销售活动。检查人员调阅了截止到2010年3月31日该寿险公司内部营销员管理系统数据（包括姓名、身份证号、资格证号、展业证号、销售代码、所属省辖市、入司时间等字段）、营销员入司档案、营销员管理方面的相关文件、班子成员内部分工文件等文件资料。

• **发现线索并确认违法违规事实**。经初步核实，2010年3月，该寿险公司省级分公司共为2 399名营销员配发了销售代码，委托其开展保险销售活动。上述人员中，以“身份证号”为关键词，有756人无法在保险中介监管信息系统中辖区数据库里查询到资格证持有信息。检查人员进一步调查核实：一是转变查询方法。分别以“资格证号”“姓名”为关键词，在保险中介监管信息系统中重新核查上述756人的资格证持有信息。二是扩大查询范围。以“身份证号”为关键词，在保险中介监管信息系统全国数据库里核查上述756人的资格证持有信息。三是组织谈话。分别与该寿险公司省级分公司分管营销员工作的班子成员、个险部负责人以及具体经办人员谈话并制作调查笔录。最终认定，2010年3月，该寿险公司省级分公司委托632名未持有“保险代理从业人员资格证书”人员从事保险销售活动。

(3) **处理结果**。该寿险公司省级分公司委托未持有“保险代理从业人员资格证书”人员从事保险销售活动的行为，违反了《保险法》第一百一十六条的规定，该寿险公司省级分公司总经理助理对此负有直接责任。保监局依据《保险法》第一百六十二条和第一百七十三条，责令该寿险公司省级分公司改正，罚款10万元；对该总经理助理给予警告，罚款2万元。

案例三：某保监局查处产险公司中心支公司委托无合法资格的个人销售保险违法违规行为

(1) **案情简介**。某产险公司某中心支公司委托未取得合法代理资格的个人从事保险销售活动，并向其支付佣金。2010年，产险市场竞争激烈，该产险公司为应对上级公司的业务考核目标，委托13名未取得合法保险代理资格的个人从事保险销售活动，并向其支付佣金16.17万元。

（2）**检查过程及方法。**

• **调阅资料发现疑点。**检查人员要求该产险公司提供内勤和业务人员详细名单（包括身份证号、代理资格证书号、入司时间和联系方式等）、营销员委托代理协议、业务台账和业务管理系统最大权限账户。

经查，该产险公司在核心业务系统中仅维护了76名公司员工和业务员（是指与公司签订劳动合同，负责营销员管理的人员）工号，未维护营销员及代理机构信息。该产险公司将核心业务系统中的业务均挂在上述76人项下，核心业务系统数据管理混乱。检查人员无法根据核心业务系统确定每笔保单的真实业务归属，且该产险公司平时很少手工维护业务台账，无法按照检查人员的要求提供全面、详细的业务台账及手续费支付明细。这给检查带来了很大困难。

• **检查营销员真实性。**该产险公司提供的名单显示仅有85名营销员。为了核实营销员人数的真实性，检查人员以手续费检查为抓手，逐一登记手续费凭证后附的营销员信息，发现2010年该产险公司共向415名营销员支付过佣金。检查人员通过保险中介监管信息系统对上述415名营销员进行逐一查询，通过汇总分析，发现以下问题：

一是2010年1～5月，该产险公司以现金方式向326名营销员支付手续费103.67万元；而6月以后，通过银行转账方式仅向89名营销员支付手续费78.36万元，前后营销员人数差距较大。二是手续费领取手续极不规范。允许营销员以现金方式领取手续费，且存在一个或两个营销员为多人代领手续费的情况。三是缺少营销员代领手续费授权书。只要该营销员在手续费支付单后附的营销员清单上，公司都会将手续费支付给该营销员。四是经查询保险中介监管信息系统和相关业务台账，13名无保险代理从业人员资格证书的人员共领取手续费16.17万元。五是经查证415名营销员展业证信息，发现33名营销员展业证归属于其他保险公司。

• **进一步查实违法违规行为。**针对以上疑点，检查人员采取以下措施：一是与代领手续费的营销员谈话，营销员称代领的业务均为自身业务，会计凭证后附的营销员与领取手续费的业务无关；二是与该产险公司负责人谈话，负责人承认相关会计凭证中签名领取手续费的13人为实际做业务的营销员，凭证中罗列的其他营销员均未做过凭证中列明的业务，通过这些会计凭证虚列营销员85人；三是与33名展业证归属于其他保险公司的营销员联系，33名营销员出具书面证明，证明2010年未给该产险公司代理过业务。最终，该产险公司承认2010年存在委托未取得合法保险代理资格的个人从事保险销售活动、虚增营销员等违法违规行为。

（3）**处理结果。**该产险公司的行为违反了《保险法》第八十六条和第一百一十六条的规定，依据《保险法》第一百六十二条、第一百七十二条和第一百七十三条的规定，保监局责令该产险公司改正并处罚款20万元；该产险公司党委书记作为实际履行高管职责的人员对违法违规行为负有直接责任，保监局依法给予警告并处罚款1万元。

案例四：某保监局查处寿险公司中心支公司委托无合法资格的机构和个人销售保险违法违规行为

（1）**案情简介。**2010年，某寿险公司某中心支公司委托26家未取得“保险兼业代理业务许可证”的银行和邮政网点开展代理保险业务，涉及保费规模1 171.80万元，支付手续费43.51万元。共委托357名未持有“保险代理从业人员资格证书”人员销售保险产品。

（2）**检查过程及方法。**根据非现场监管和营销员投诉情况，检查人员针对该寿险公司中心支公司涉嫌委托未取得合法资格的机构和人员销售保险产品进行了重点关注；在完成对该中心支公司基本检查程序后，根据掌握的线索，及时开展银行无证经营保险业务检查。

• **检查无证机构。**一方面，从该寿险公司省级分公司银保业务系统中提取2010年度该中心支公司委托销售保险产品的银行网点清单，与保险中介监管信息系统中的兼业代理机构子系统相核对，查清该中心支公司委托无资格银行机构的具体名称；另一方面，从该中心支公司财务系统获取无资格银行机构的代理保费和佣金支付信息，与业务档案和凭证相核对。在此基础上，检查人员开展银行机构延伸检查，调阅两家银行保险代理协议、业务和手续费台账、保险单证领用清单、保险代理财务资料；审阅这些银行机构是否持有有效资格证书，是否与该中心支公司开展业务合作，是否从事保险销售行为。经过询问、谈话和实地调查，证实两家银行的部分网点确实未持有有效资格证，且与该中心支公司签订了委托代理合同，销售了保险产品，获取了相关的手续费。根据以上检查方法，检查人员也查实邮政局所属 16 家网点也存在相同情况。

• **检查无证人员**。一是从该寿险公司省级分公司获取该中心支公司稽核接口数据，运用保险稽核系统导出未持资格证书人员名单。二是从该寿险公司省级分公司个险业务系统提取 2010 年该中心支公司保险营销员名单，包括姓名、身份证号码、所属单位、年龄、性别、代理保费、支付佣金等关键字段。三是根据获取的资料，编制未持证人员的详细清单；并利用保险中介监管信息系统中的保险营销员管理子系统的资格证综合查询功能，选择未持证人员的姓名、资格证书、身份证、资格证书类型、证书状况、报名公司、所辖区域项目，证实这些保险营销员是否持证，是否在有效期内持证；四是检查已证实未持有效证书人员的委托代理协议、代理保费金额、支付佣金、代理保单等原始资料，并分类汇总，形成有力证据。

在事实面前，该中心支公司和两家银行承认了违法违规行为。因为银行拥有强大的网络和资源优势，掌握着大量保费的来源，在监管力度和频率不高的情况下，实施无证展业的违规收益大于违规成本；而部分未持证营销员虽难以通过资格考试，但掌握大量的保费资源；为争夺保险市场和资源，保险公司往往有意放松对持证资格的要求。

（3）**处理结果**。该中心支公司委托无资格机构和人员销售保险产品，违反了《保险法》第一百一十六条的规定。依据《保险法》第一百六十二条和第一百七十三条，保监局给予该中心支公司20万元的罚款，对其直接负责的主管人员和其他直接责任人员给予警告，并分别处以2万元~6万元不等的罚款。两家银行部分网点无证销售保险产品违反了《保险法》第一百一十九条的规定。依据《保险法》第一百六十条的规定，保监局结合银行现场检查配合情况，分别对两家银行给予8万元和5万元的罚款。

专栏22：

中介业务检查程序方法及关注要点

某保监局在中介业务现场检查中，注重以下检查程序，关注以下检查重点：

检查程序方法

（1）要求检查对象提供代理业务台账明细（分险种和渠道）、费用报销财务账簿、手续费及佣金支取情况、员工明细、营销人员明细、业绩考核指标等业务财务信息。

（2）与检查对象负责人、合规负责人、中介业务负责人、出单岗位责任人、财务岗位责任人谈话，了解代理业务流程及管理情况，相互印证谈话内容，判断代理业务及手续费支付真实性。

（3）汇总各类业务财务数据，利用Excel表等工具进行分类筛选，评估费用报销、佣金支付、保费收入等各类数据的真实性、合理性和一致性。

（4）充分利用现有检查手段对检查对象内部流转文件和关键岗位人员计算机进行筛查，查找内部留档文件，为案件寻找突破口。

（5）选取部分可能存在虚开中介服务发票嫌疑的保险中介机构进行延伸检查，双向验证公司业务财务数据真实性。

（6）采取政策手段，推动检查对象主动交代违法违规事实，并配合对无代理资格人员的调查取证。

检查要点

（1）与相关责任人谈话时做好记录，以相互印证谈话内容的真实性。

（2）注重业务数据和财务数据的真实性校验，重点关注费用报销、佣金支付、保费收入等数据的对应关系。

（3）全面查阅检查对象的单证系统、业务系统和收付费系统，并注重与财务账簿和记账凭证进行比对，核查数据是否一致。

（4）与检查对象的问询谈话是验证业务来源及真实性的突破口，应注重保存证据。

（5）关注单证领用、出单单位、出单地点、经手人等原始单证中的具体信息，从蛛丝马迹中寻找证据。

（6）注重利用举报信息，尽可能挖掘违法违规线索。

（7）注重利用突击检查、流转文件筛查等方法，查实检查对象内部文件中的违法违规证据，为确定案件事实提供有力支撑。

十三、保险公司编制或者提供虚假的中介业务报告（报表、文件、资料）违法违规行为现场检查

（一）释义

保险公司中介业务报表、报告等信息反映保险公司的业务状况、财务状况，是了解保险公司中介业务的经营状况、发现问题和风险以及监管部门查处中介业务违法违规行为的重要证据和资料。通过查阅、分析保险公司的相关报告、报表、文件，有助于监管部门实现对保险公司的有效监管。因此，

相关报表、报告、文件和资料，必须真实、准确、完整，不得有虚假记载、误导性陈述和重大遗漏。保险公司、保险代理机构和保险经纪公司不履行上述义务，故意编制或者提供虚假的报告、报表、文件和资料，掩盖其违法违规行为，扰乱保险监督管理秩序，应承担法律责任。

保险公司弄虚作假，导致业务、财务数据记载不真实。通常有六种表现形式：一是通过保险中介机构虚列业务及管理费用，为其他单位和个人报销费用从而增加经营成本，导致业务、财务数据不真实。二是通过保险中介机构虚开中介服务发票套取资金的违法行为。操作方式以保险中介机构的名义向税务部门申购发票进行虚开或向保险中介机构购买发票。三是虚挂中介业务套取资金，导致业务、财务数据不真实。四是制作虚假赔案，向保险中介机构支付虚假赔款。保险公司内部人员与保险中介机构勾结串通合谋通过赔案套取资金。五是违法违规批退保费用于支付手续费或合同以外利益，导致业务、财务数据不真实。保单批改是指对保险合同的某些条款进行修改或补充，是保险合同当事人真实意愿的表达，保单批改是承保业务中经常发生的业务环节。但在违法违规操作中保险公司并未根据保险合同当事人主、客观情况的变化，不是依照法律规定的条件和程序进行批改。六是通过制作阴阳保费发票、埋单等方式截留保费用于支付手续费，导致财务数据不真实。保费收入发票联与记账联记载的信息存在差异，如常见的保险费金额不一致，一般是发票联保费金额大于发票记账联保费金额，差额部分保费被截留或直接坐扣。此外，还有被保险人不一致的情况。

（二）需要调阅的资料

1. 检查对象总账、银行账、现金账、记账凭证、银行对账单、相应明细账。

2. 检查对象所有账户开立情况表（开户行、账号、用途、起止时间）。

3. 与专业、兼业代理机构的委托代理合同、个人代理合同及档案资料。

4. 检查对象省级分公司资产负债表、利润表、分险种利润表（包括电销）、营业费用明细表。

5. 检查对象省级分公司“手续费支出”“业务及管理费用”科目明细表（Excel 格式电子版）。

6. 检查对象季度经营情况分析，包括季度、年度分析表。

7. 承保档案（机构代码、机构名称、险种、保单号、流水号、投保人、被保险人、签单日期、起保期、终止期、保费、业务类型、手续费或绩效、支付对象）。要求 Excel 或 Txt 格式。

8. 专业、兼业、营销员业务明细表（序号、保单号、投保人名称、保险中介机构或营销员名称、保费、手续费比例、手续费金额、起保日期、分支机构名称、出单点名称）。要求 Excel 或 Txt 格式。

9. 中介业务管理制度。

10. 保险稽核系统所需电子数据。

11. 营销员法律法规和职业道德培训档案。

12. 收发文登记本、单证登记本、内部签报、班子成员及管理层人员分工、业绩考核书、内部审计稽查报告、用印记录。

（三）检查过程及方法

1. **虚增营销员人头套取资金的检查。**一是核查报销经济事项的真实性，是否为保险中介机构和个人报销费用；二是核查营销员的真实性，是否存在通过虚增人员套取资金；三是访谈营销员了解每月实际领取手续费金额情况，如果实际领取手续费金额与财务系统支付手续费金额不一致，涉嫌虚列中介渠道费用。

2. **虚开中介服务发票套取资金的检查。**一是比对不同保险中介机构开具的发票号码是否连号，如果存在则涉嫌虚开发票；二是检查是否存在虚挂中介业务（参见第四部分“一、保险公司通过保险中介机构虚挂中介业务虚开中介服务发票套取资金违法违规行为现场检查”）。

3. **虚挂中介业务套取资金的检查**（参见第四部分“一、保险公司通过保险中介机构虚挂中介业务虚开中介服务发票套取资金违法违规行为现场检查”)。

4. **虚假赔款的检查。**一是对于开通“被保险人赔款信息查询系统”的检查对象，通过“被保险人赔款信息查询系统”核查部分保单的赔款金额和流向，发现赔款金额和流向与实际情况不符时，重点关注并进一步核查。二是对属于自动核赔范围的业务，是否存在理算人员修改案件数据、赔款支付账号，骗取赔款的行为。三是通过审核承保情况、报案情况、查勘情况、历史出险记录等信息，审核事故是否属于保险责任，案件是否存在虚假成分。四是提取同一标的多次出险的赔案，比对赔案是否有重复使用相同赔案的要素，如同一出险地点、同一照片、同一受损部位，比对合理性和规范性。五是提取重大关系单位和公检法等行政司法单位的案件，查看案卷中是否存在以赔付支付不正常费用，或扩大赔付套取赔款等现象。

5. **违法违规批单的检查。**一是登录业务承保系统，以批减保险金额、费率、保费、中途退保为筛选条件。筛选并导出被批改的保险单明细。二是审阅所抽样本的批改资料，对比实务操作规程、《转授权书》、确认批改是否合规和按程序操作，确认批改内容是否与批改申请和批改批复文件一致。三是审阅批减保费的批改资料，核对是否有被保险人提供的批改申请，申请人签字是否为投保人本人，退保资金是否直接支付给被保险人，确认批退保费是否真实，有无通过批退保费支付手续费或形成账外资金的可能。四是登录业务承保系统，以批改日期为筛选条件。筛选出批改日期相近的以批退保费为目的的批改业务，逐单审阅批改资料，确认是否存在经营单位违法违规集中批改。如果存在，检查人员需进一步跟踪，确认批退的保费去向，确认是否存在通过批退挪用保费或形成小金库的可能。五是登录业务系统，以批改生效日期、核批通过日期、保险期限为筛选条件。逐单审阅批改生效日期是否先于核批通过日期，确认是否存在倒批单情况。

6. **阴阳单的检查。**对于阴阳保单：一是对比保单信息和投保单信息，如果不一致，进一步跟踪差异的原因；二是对于车险盗抢案件、全损案件或者作废的保单，需要收回保单正本，对比保单正本与副本的信息；三是通过了解超额赔付、超范围赔付等理赔问题，了解客户服务投诉记录等，获取阴阳单相关线索；四是回访保户核实保单正本的信息。对于阴阳发票：一是比对投保单信息与系统承保信息，如果不一致查找原因并跟踪；二是比对投保人转账保费金额与系统承保金额、入账发票联金额信息，如果不一致查找原因；三是将系统承保投保人信息与保险中介机构代理业务台账信息进行比对，如果不一致查找原因；四是回访保户核实保单正本和保费发票的信息；五是检查直接在“保费收入”科目冲减保费的会计处理是否合理，依据是否充足。

（四）法律适用

1. 禁止性规定：

《保险法》第八十六条规定：“保险公司的偿付能力报告、财务会计报告、精算报告、合规报告及其他有关报告、报表、文件和资料必须如实记录保险业务事项；不得有虚假记载、误导性陈述和重大遗漏。”

2. 处罚依据：

《保险法》第一百七十二条规定：“违反本法规定，有下列行为之一的，由保险监督管理机构责令改正，处十万元以上五十万元以下的罚款；情节严重的，可以限制其业务范围、责令停止接受新业务或者吊销业务许可证：（一）编制或者提供虚假的报告、报表、文件、资料的。”

《保险法》第一百七十三条规定：“保险公司、保险资产管理公司、保险专业代理机构、保险经纪人违反本法规定的，保险监督管理机构除分别依照本法第一百六十一条至第一百七十二条的规定对该单位给予处罚外，对其直接负责的主管人员和其他直接责任人员给予警告，并处一万元以上十万元以下的罚款；情节严重的，撤销任职资格或者从业资格。”

（五）案例参考

某保监局查处产险公司中心支公司编制、提供虚假的中介业务报告（报表、文件、资料）违法违规行为

（1）案情简介。某保监局2011年3～5月对某产险公司某中心支公司中介业务进行检查。该产险公司为掩盖把车商业务虚挂在某保险代理公司名下套取资金的违法违规事实，赶制14家车商和某保险代理公司的《合作协议》范本，安排车商和代理公司盖章，将协议日期提前，并把虚假的《合作协议》提交保监局检查人员，谎称是真实的中介业务，干扰检查人员的正常工作。

（2）检查过程及方法。

- **发现违法违规线索。**保监局检查人员在对该产险公司2010年中介业务现场检查期间，发现某保险代理公司名下2 757.50万元业务属于虚假中介业务，检查人员通过《事实确认书》要求该产险公司进行事实确认。该产险公司反馈意见称该保险代理公司的业务为真实中介业务，系该产险公司委托某保险代理公司拓展的车商业务；同时，向检查人员提供14份汽车经销商和某保险代理公司的《合作协议》。《合作协议》加盖14家车商和某保险代理公司的公章，主要内容为某保险代理公司派出人员在汽车展厅销售车险。检查人员在现场检查已经结束的情况下，重新安排人员对《事实确认书》反馈意见以及反馈材料的情况作进一步的调查核实。

- **查清违法违规事实。**检查人员先后调取了该产险公司通过某保险代理公司承保的清单，并匹配车险业务的车牌号码及车辆品牌；调取上述业务对应的业务部门、业务绩效归属人员、出单账号、单证发放对象；调取相关出单账号的使用机构及使用地址。

检查人员逐一核实要点：一是核查该产险公司向某保险代理公司发放单证情况；二是核查该产险公司向某保险代理公司配发出单账号情况；三是核查出单账号实际使用情况；四是核查该产险公司与某保险代理公司的合作部门及业务维护人员情况。

经查发现，该产险公司未向某保险代理公司发放单证，某保险代理公司代理业务对应的出单账号实际为车商使用，某保险代理公司代理业务涉及该产险公司多个部门及多名业务维护人员。

● **进一步调查核实**。检查人员对某保险代理公司进行延伸检查，重点核实以下情况：一是是否从该产险公司领取单证和出单设备，是否将单证和出单设备发放给汽车经销商；二是是否与该产险公司及14家车商签订合作协议，签署的时间、地点、经销商的签署人员；三是收取手续费后是否将手续费发放给汽车经销商。

检查人员在经过精心准备，掌握大量一手资料的前提下，对某保险代理公司相关人员进行询问，获得以下信息并予以取证：一是某保险代理公司未从该产险公司领取过单证和出单设备，也从未将单证及出单设备分配给车商。二是未与14家车商签订《合作协议》开展业务合作，14份协议系该产险公司近期交给某保险代理公司，当时已经加盖14家汽车经销商的公章，交由某保险代理公司盖章，并要求某保险代理公司将签署日期提前至2009年年底、2010年年初。三是某保险代理公司根据该产险公司提供的业务清单开具发票38份，金额206.03万元，收到该产险公司转账支付的手续费后，某保险代理公司扣除8%，将其余款项通过网上银行支付到该产险公司2名内勤银行卡上，共计27笔，合计金额189.55万元。调查的结果与该产险公司反馈的情况有本质差别。

检查人员对该产险公司的经办人员、部门经理、负责人进行询问谈话，并出示从保险代理公司获得的证据。最终，该产险公司承认为掩盖虚假中介业务，提交虚假《合作协议》，进行虚假陈述和申辩的事实。

（3）**处理结果**。该产险公司提供虚假文件、材料违反了《保险法》第八十六条的规定，保监局依据《保险法》第一百七十二条和第一百七十三条的规定，对该产险公司处以20万元罚款；对两名直接责任人员给予警告，并分别处以3万元和2万元罚款。

附加阅读：

保监局在现场检查中总结提炼使用的系统性方法

● “五项结合”法

● “3×3 工作模式”法

● “一原则、两分析、三比对、四核实”法

● “数据分析、查阅凭证、询问核实、外调取证”法

● “四核实、六对比”法

● “三相印证、逐一核对”法

● “四路延伸、五个注重”法

● “五项举措、六大技巧、七路出击”法

● “三个倒逼”法（详见第一部分“六、保险公司中介业务检查取得了哪些成效”）

● “一个纲、两条线、三路延伸、四查结合”法（详见第五部分“二、制定现场检查方案要着重把握哪些方面”）

● “四核、四查、四看”法（详见第五部分“十九、怎样在检查中贯彻同查同处的原则”）

● “调阅资料、综合分析、外调、访谈”法（详见第四部分“二、保险公司通过虚增营销员人头、将直接业务转挂保险营销员名下套取资金违法违规行为现场检查”）

● “四核对、三对照、两查找、一回访”法（详见第四部分“二、保险公司通过虚增营销员人头、将直接业务转挂保险营销员名下套取资金违法违规行为现场检查”）

● “八要素”法（详见第四部分“一、保险公司通过保险中介机构虚挂中介业务虚开中介服务发票套取资金违法违规行为现场检查”）

● “九步骤”法（详见第五部分“八、可遵循哪些步骤和技巧来核

查保险公司中介业务真实性”）

“五项结合”法

某保监局检查人员紧密围绕中国保监会确定的保险公司利用中介业务和中介渠道弄虚作假、虚增成本、非法套取资金等重点进行检查，讲究方法，不断推进检查工作向纵深发展。

（1）内部控制检查和违法违规问题检查相结合。内部控制是防范风险的重要手段，检查内部控制不仅能发现内部控制设计和执行中的薄弱环节并督促机构整改，还能促进检查效率的提高。检查人员将内部控制检查和违法违规问题检查紧密结合，通过内部控制检查熟悉制度、查找漏洞，促进检查工作高质高效进行，同时对检查对象作出全面、客观的评价。

一是熟悉检查对象各项制度。关注业务财务流程，按照资金、单证、人员的流向逐项查找疑点。

二是穿行测试。穿行测试是随机抽取一个时间段连号保单，在业务系统中对承保、手续费计提、支付等业务流程进行测试。通过测试，查验检查对象信息系统是否存在人为可操作空间。检查人员分别模拟不同类型业务，对综合业务管理系统、短期健康险和意外险管理系统、理赔系统、银保系统、营销员管理系统等进行穿行测试，以熟悉检查对象业务系统及发现系统缺陷。

三是审阅检查对象发文。调阅了2008年第4季度以来的各项发文，从预算指标、竞赛方案、手续费政策、单证清理等文件中查找线索。

四是浏览检查对象内网。逐项浏览内网消息，从非正式发布的通知、文件中查找风险隐患。

（2）重点检查和全面检查相结合。中介业务现场检查不同于信访检查，没有现成的线索可循，也不同于专项检查，不能只局限于某个或某几个方面，而是要覆盖检查对象的大部分业务领域。检查人员将重点检查和全面检查结合起来，既注重检查的覆盖面，又围绕关键领域进行重点检查。

对于检查省级分公司，根据其不经办具体业务的特点，确定以财务费用为检查重点，从以下四个方面开展全面细致的核查：一是人力费用，重点关注人力费用增长过快的情况。二是手续费及佣金支出，重点关注与业务规模的匹配情况。三是业务及管理费用，重点关注会议费、车辆使用费、公杂费等科目。四是业务付费情况，重点关注付款手续的规范性。

对于检查中心支公司，重点关注业务和财务情况。一是重点查看大额或有疑点的业务档案。重点查找退保金支付给投保人以外的单位或个人、投保后短期内即退保等情况。二是重点抽查大额的收入和支出项目。查看财务凭证，审查检查对象的全部银行账户对账单，追查资金流向。三是重点检查业务及管理费用科目，分类汇总手续费、会议费、公杂费、差旅费、车船使用费、业务宣传费、印刷费等重点费用支出，查找对应会计凭证进行审核，确认费用支出真实性。查看手续费的支付标准、支付对象是否符合规定。四是逐项核实检查对象全部有价单证的入库、领用及盘存情况，重点盘查易产生风险的短期意外险和健康险卡单，查找埋单问题。

（3）**业务检查和财务检查相结合**。通过两方面查实的线索相互印证，做到查深查透。

一是核对业务与财务数据。将从业务台账中获取的保费收入、赔款支出、退保金等业务数据与财务账上的财务数据核对，查找埋单、保费收入不入账等问题。

二是核对实物记录与财务登记。将固定资产、低值易耗品等实物资产与其财务购买记录逐项核对，并比对打印纸、打印机及墨盒等办公用品的使用情况，确认合理性。

三是核对营销员基本情况表与财务佣金发放表。获取营销员基本情况表及代理合同，与财务佣金发放表核对，查找未持证人员。

四是核对业务台账与手续费及佣金发放情况。将手续费支付表、业务人员佣金发放表与业务台账进行核对，查找虚列佣金问题。

(4) **上下联动与内外联动相结合**。一是上下联动，即对省级分公司和中心支公司的检查结合起来。检查人员分别将两级公司的业务、财务数据进行校验，尤其是会议费、手续费（佣金)、车船使用费、公杂费等重点科目，借以发现数量较多的虚假经济事项。二是内外联动，即对检查对象和有关保险中介机构开展同查。认真分析与检查对象中心支公司发生业务合作的保险专业中介机构的日常业务财务报表和信访投诉情况，调取检查对象所有中介业务台账和代理协议。通过核查，揭示部分保险中介机构代理险种全部为车险，手续费比例单一化、标准化且与当地市场手续费水平有差异，自身营业费用偏少等问题。由此推测，检查对象的中介业务存在套取资金支付手续费的可能。

(5) **外调取证和内部检查相结合**。检查人员通过获取外部证据来印证检查出的线索。到宾馆等单位核实费用支出，到银行核实培训会议、大额转账支出，到税务部门核实发票，约谈部分营销员和银保专管员，了解检查对象日常管理、佣金发放、培训等情况，采取面谈、电话联系等方式，向投保人了解投保、退保及给付的真实性，并核实发放奖励情况。

“3×3 工作模式”法

某保监局在中介业务检查中，确立“抓牢三个项目、依托三种系统、突出三大重点”的“3×3”工作模式。

一是根据保险公司中介业务现场检查的总体部署，确立中介业务管理制度、内控执行力和业务财务违法违规三个检查项目。查找检查对象是否具有较为完备的中介业务管理制度，是否开展依法合规经营方面的内部审计或稽核，有关制度的执行力是否达到预期效果；确立在省级分公司层面抓内控，从内控入手，寻找违法违规的根源，在中心支公司及以下机构抓财务、盯业务，查找中心支公司中介业务违法违规问题。

二是认真掌握检查对象SAP财务系统、OA系统和人身保险中介业务系统，充分利用信息技术优势，迅速切入保险公司中介业务经营的各个环节。通过掌握SAP财务系统，了解检查对象财务处理流程和成本核算规则，以及费用的归集和分配，便于及时有效查找相关信息和数据。通过掌握OA系统，了解检查对象业务活动、管理活动信息，以及其在不同部门、人员之间进行共享、沟通和处理的过程，为现场检查提供有效的线索和证据。通过掌握人身保险核心业务系统，将业务和财务系统相互连接起来，了解检查对象承保、收付费、保全等环节的风险点和涉嫌的违法违规行为。

三是密切关注保险公司中介业务违法违规行为，重点盯住个人营销、银行保险和团险三大渠道。个险方面，抓营销员佣金支付比例和发放情况，特别是佣金支付标准的执行情况及资金的具体流向，努力查找检查对象是否存在将直接业务转挂保险营销员名下套取资金和虚增保险营销员人头套取资金等问题。银保方面，在关注大账手续费支付的同时，着重关注银保专管员绩效激励、培训费用等数据的真实性，查找公司利用中介业务和中介渠道弄虚作假、虚增成本、非法套取资金等突出问题。团险方面，重点关注检查对象通过保险专业中介机构和兼业代理渠道拓展的业务，查找虚挂中介业务套取资金、拼凑团单等问题。

“一原则、两分析、三比对、四核实”法

某保监局检查人员在检查中做到“在干中学，在学中干”，探索出坚持“一原则”“两分析”“三比对”“四核实”的检查方法，在梳理大量的业务和财务数据的同时，发现违法违规问题的重要线索，确定

检查的突破口，收到了较好效果。

“一原则”就是坚持有步骤、有计划调取资料这一根本原则。根据保险公司业务流程和内部管理情况，设定周密的检查步骤，确定向检查对象调取资料的先后顺序和时间安排，将调取第一批资料按时全部收集齐全后马上调取下一批。不同批次资料都具有一定的勾稽关系，这种方法有效防止了其篡改和提供虚假资料。

“两分析”就是根据调取资料，一方面，分析员工名册与薪酬支出，判断内勤职工是否发放了绩效和奖金，判断外勤职工是否发放了基本工资，以此判断出其虚列业务及管理费用的手段；另一方面，着重分析相关财务凭证项下支付手续的所有投保单原件，以此判断其真实渠道信息的“密码”，为进一步归类与核实有关问题提供关键性信息。

“三比对”就是将台账的渠道信息与系统记录相比对，台账间记录信息相比对，台账与支付凭证相比对。在中介业务检查过程中，业务台账是深入调查的重要依据，检查人员首要任务就是要确定它的真实性和准确性，通过“三比对”的勾稽校验能够查找出检查对象业务台账中存在的问题。

“四核实”就是将非现场监管数据与检查对象提供的数据进行核实，业务系统的渠道信息与财务系统的支付信息进行核实，保险中介机构检查人员的台账数据和保险公司检查人员发票信息进行核实，营业费用支付金额和有关固定资产登记信息进行核实。“四核实”能够通过业务流和财务流两条主线对中介业务的真实性进行核实，基本能够准确发现虚列业务及管理费用的问题，通过反复校验和比对能够确保将问题查深、查透。

“数据分析、查阅凭证、询问核实、外调取证”法

“数据分析”，是费用检查的关键环节，主要通过分析检查对象的“业务及管理费用”和“手续费”明细账，发现问题线索，确定重点抽

样对象。在具体分析中通常采用“一分、二比、三抽样”的方式。“一分”就是分二级子科目（如“会议费”“差旅费”等）、分业务团队、分月份、分保险中介机构（手续费）统计相关费用数据；“二比”就是将细分的数据与上年同期比、与业务规模比、在团队之间比、在月份之间比，发现数据规律或异常；“三抽样”就是根据比较结果，在保证一定抽样比例的基础上，确定抽样对象，通常以规模大、比例异常的费用科目、业务团队和保险中介机构为抽查重点。

“查阅凭证”，是费用检查的基础环节，主要通过调阅相关业务、财务原始凭证，从原始记录中发现问题线索。检查中，一是做好底稿记录，通过对报销事项、原始发票、支票、相关人员等大量信息的整理，直接发现报销事项集中、连号发票不同单位等问题线索；二是注意利用工商、税务登记信息，如利用工商局的企业信用信息系统查阅发票开具单位的真实性和延续性，利用税务局的发票查询系统鉴别发票真伪等。

“询问核实”，是费用检查的重要环节，主要是根据发现的问题线索，与相关当事人（包括报销人、审批人和领款人等）谈话，核实相关费用的真实性。这一阶段的关键是做好谈话前期准备，尤其是与谈话有关的证据一定要充分，摆事实、讲道理、攻心为上。

“外调取证”，是费用检查的辅助环节。一方面是前往发票开具单位对发票所列事项的真实性进行现场核实，获取相关证据；另一方面，是通过银行调取有关支票影印件，查实资金流向。

“四核实、六对比”法

（1）四核实。

一是核实业务真实性。具体做法为核对财务凭证所附业务明细与业务系统数据是否一致，中介发票开具单位与业务系统中“业务渠道”是否一致，检查对象业务明细与保险中介机构业务明细是否一致。

二是核实人员真实性。具体做法为核对财务凭证所列领取佣金的营销员与营销员管理系统数据是否一致，所谓离职前领取佣金的营销员是否办理离司手续以及是否确实签订过代理合同。

三是核实资金流向真实性。具体做法为核对手续费领取单位与银行对账单显示的“收款方”是否一致；以现金形式支付的，核对领取经办人身份和签字笔迹，并进行询问笔录。

四是核实发票开具真实性。具体做法为核对检查对象入账中介发票与保险中介机构发票存根是否一致，是否存在“大头小尾”等问题。

（2）六对比。

“六对比”即将业务签单数据和财务入账数据对比进行检查；将承保数据、信息和理赔数据、信息对比进行检查；将检查对象的手续费支出和保险中介机构的手续费收入对比进行检查；将从检查对象获取的中介发票的发票联和从保险中介机构获取的存根联相互比较进行检查；将营销员领取手续费情况与营销员管理系统的持证数据对比进行检查；将相同公司不同季度、不同科目的营业费用对比进行检查。

“三相印证、逐一核对”法

（1）业务与业务相印证。

一是将业务系统中渠道代码、业务归属人、业务员工号或营销员代码核对，是否存在不一致，查找虚挂中介业务线索。

二是将单证留存和使用情况与单证管理台账核对，查找撕单、埋单线索。

三是将营销员信息、营销员代理合作协议与营销员信息管理系统核对，查看是否持有代理资格证和展业证、是否签订委托代理协议，查找委托无合法资格个人开展保险代理活动线索。

四是将合作代理机构信息、代理合作协议与具备代理资格的代理机构名录核对，查找是否签订委托代理协议，是否具备代理资质，查找委托无合法资质机构开展保险代理活动线索。

（2）财务与业务相印证。

一是将业务台账与财务账簿核对，查看保费收入、赔款支出等数据是否一致，查找埋单、净保费入账等线索。

二是将业务台账与财务凭证核对，比对业务台账保费收入与佣金及手续费支出与营销员佣金计提及发放明细、代理机构手续费支付、银保客户经理绩效工资和奖励发放情况，查找虚列佣金及手续费线索。

三是将营销员信息表与营销员佣金计提及发放明细核对，查看是否向离司人员发放佣金，是否营销员佣金发放时间早于入司时间，查找虚列佣金线索。

（3）财务与财务相印证。

一是将财务凭证手续费支出支票存根联与银行对账单核对，查看手续费支出是否真实。

二是将会议记录与财务费用支出核对，将办公用品购买情况与财务购买记录核对，将修理费、燃油费、查勘费与财务费用支出核对，以确认其合理和真实性，查找虚列业务及管理费用线索。

“四路延伸、五个注重”法

（1）四路延伸。

一是向上延伸，根据检查对象内控制度缺陷和风险漏洞追查总公司管控责任。二是向下延伸，通过调阅相关当事人银行账户往来明细追踪检查对象资金管控风险。三是横向延伸，进入银行网点等兼业代理机构核实业务数据真实性。四是外围延伸，通过调阅检查对象费用发生项目发票开具单位营业记录、财务档案核实经济事项及资金往来真实性。

（2）五个注重。

一是注重运用信息技术手段搜索和锁定证据、检查重点，加强对检查对象业务财务系统的整体检查。二是注重以费用轨迹为主线，追踪费用趋向，以点带面，查实查清虚列业务及管理费用。三是注重通过网上查验、税务鉴定、银行对账、外部单位核实等方式，加大核查力度。四是注重明察与暗访相结合，明察检查对象依法合规经营情况，暗访抽查核实结果。五是注重查清表象，深挖根源。既要查清在基层的表现，更要查清上级机构的失控环节；既要落实操作人员的直接责任，更要落实高管人员的管理责任，追溯问题产生的根本原因。

“五项举措、六大技巧、七路出击”法

（1）抓内控，管制度，五项举措查找漏洞。

一是入场前，检查人员邀请检查对象省级分公司监管联络员专门介绍和讲解银保发展情况、历年实施的监管措施、组织架构、内部控制执行等情况，做到“知己知彼”。

二是通过审阅检查对象内部制度，了解到检查对象采用事业部制，即具体业务和管理由个险、团险、银保三个部门的条线管理模式，三个部门任务、考核及其费用的具体使用等，分别由各部门负责人条线直管，中心支公司总经理及财务负责人管控作用较弱。

三是在省级分公司检查期间，检查人员选择若干具有代表性的银行业务保单在信息系统进行“穿行测试”，发现检查对象财务系统的复核流程不完善。

四是通过调阅检查对象银保产品费用政策等文件，了解到银保销售费用实行包干政策。

五是通过对银保部经理谈话，了解到检查对象培训支出去向不真实，主要用于银行网点人员旅游或餐饮。

（2）抓财务，盯业务，六大技巧发现线索。根据在省级分公司掌握的基本事实和获取的一系列银保业务电子清单，检查人员结合检查对象中心支公司银保业务财务数据等情况，积极创新检查方法。

一是从异常数字中发现疑点。从检查对象省级分公司获取的关于中心支公司业务及管理费用明细表，结合从检查对象 SAP 财务系统获取的营业

费用明细表分析，发现银保业务招待费、住宿费、车辆使用费、会务费、燃油费等细目出现大量500元和1 000元的定额发票，存在较大的偶然性。

二是从异常业务往来单位发现疑点。抽取银保业务费用金额单笔在5 000元以上的大额发票，将发票信息输入工商、税务信息系统，发现检查对象有20笔款项转给不明个人账户，而按照财务规定应当转给有关印刷厂、酒店和招待所等单位，涉案金额43.48万元。

三是从异常时间发现疑点。获取银保培训计划、课程表、培训记录，结合银保内外勤员工考勤记录和出差时间，发现大部分银保人员出差时间和参加培训时间存在重叠问题，说明培训或者出差存在虚假现象。

四是从异常地点发现疑点。通过调阅原始凭证发现，检查对象车船使用费中有过路费与行程不匹配的现象。如去甲地的车船使用费的发票盖章单位为乙地加油站。

五是从发票信息奇异关系发现疑点。检查人员采取大额抽样技术，抽取银保费用明细金额在5 000元以上的会议费、培训费、印刷费相关发票，通过工商局核查盖章单位等企业信息。根据工商、税务等系统反映的信息，编制开票单位与购买单位不一致清单，发现发票购票单位为旅行社而发票所盖印章为酒店或宾馆，存在虚开发票的嫌疑，涉案金额103.8万元。如2010年银保部一笔2.05万元的会议费，发票由某宾馆盖章，但税务系统反映该发票为某国际旅行社有限公司所购买。

六是运用逻辑推理发现疑点。2010年，检查对象中心支公司银保业务培训费140多万元，每个工作日平均费用超过5 000元，显然违背常理。又如银保业务印刷品按照省级分公司统一模块印制，规格、型号相同，但厂家价格不同，如同为一款产品折页，甲印刷厂单价为1.2元，乙印刷厂单价为0.35元，前者是后者的3.4倍。又如2010年检查对象领取和印刷该款产品折页95 000份，而2010年该款产品的保单新单数为86份，占其折页的数量不到0.1%。

（3）破难题，突外围，七路出击搜集证据。

一是做好与银保专管员的谈话。根据掌握的线索和证据，为进一步固定证据，检查人员对银保专管员进行询问谈话，通过讲政策、摆事实，银保专管员承认了通过将业务招待费归集到差旅费实际用于招待银行网点人员吃饭和住宿，以及通过报销差旅费等方式套取资金实际用于检查对象内部员工吃饭和招待网点员工等情况。

二是外调旅行社、宾馆和酒店，证伪大额会议费的真实性。在外调过程中，注重扮演好两种角色：一种是以洽谈业务身份出现的暗访角色；一种是以调查身份出现的执法角色，同时关注旅行社与宾馆和酒店的利益关系。暗访发现酒店、宾馆为了招揽业务愿意虚开发票；调查发现宾馆、酒店无法出示检查对象开会的证明，如某酒店找不到会议费发票存根和记录；而部分旅行社承认检查对象组织银行人员旅游。

三是外调印刷厂和礼品经营部，证伪印刷费和业务宣传费的真实性。2010 年，通过到税务部门调查发票信息发现，甲印刷厂主要业务是代开票；通过调查乙印刷厂发现，检查对象存在通过虚假印刷折页、宣传册等形式虚开发票的行为；通过实地调查某礼品经营部发现，该经营部属于贸易机构，主要靠经营纪念币生存，存在协助检查对象虚开发票行为。

四是外查银行，证伪培训费的真实性。根据所掌握的检查对象有关情况，分银行编制代理网点清单、培训情况表、业务招待费用情况表、旅游情况表，检查人员分别前往三家银行开展延伸检查工作。通过暗访银行网点，进行询问、谈话和调查，发现银行人员并未参加检查对象的培训，证伪了检查对象培训费用的真实性。检查人员还通过将从检查对象电子清单中获取的银行网点名单与保险中介监管信息系统兼业代理机构子系统核对，发现检查对象存在委托无资格银行机构代理保险业务问题。

五是联合执法，破解取证难题。检查人员积极启动现场取证程序，但由于保险监管执法权限的制约，检查人员无法强制要求检查对象的利益单位提供相关书面证据。在这种情况下，保监局要求检查对象省级分公司调离干扰取证的银保部某第一责任人，同时启动联合税务联合检查程序。迫于压力，检查对象中心支公司同意交代检查人员发现的问题，并主动交代套取资金的实际流向。在某银行抗拒执法检查时，保监局积极与银监局沟通，采取联合检查的方式，查实该行违法违规问题。

六是充分发挥 Excel 软件稽核、心理突破等传统检查技术优势，深入查找检查对象违法违规资金的实际流向。检查人员集中力量翻阅大量财务凭证和业务凭证，获取和编制与中心支公司中介业务财务数据有关的大量电子数据，如银保业务及管理费用清单、工资薪酬发放表、银保手续费支付清单、银保外勤人员基本情况表 200 多张电子表格，运用 Excel 软件的筛选、排序、自定义查询、数据透视等功能，分析和查找逻辑关系混乱、明显违背常理的开支和费用数据；采用压力谈话方式，迫使检查对象交代违法违规问题；采用电话访问、暗访、实地调研、问卷调查等方式了解检查对象涉嫌违法违规行为。

七是依法取证，做好结案工作。为将案件做成“铁案”，检查人员严格按照取证制度的要求，注重证据的充分性、相关性、可靠性和真实性，做好取证记录、工作底稿编制等结案工作。

第五部分　相关问题

开展保险公司中介业务检查，应严格按照《中国保监会现场检查工作规程》（保监发［2009］115号，简称《规程》）的要求进行，注重检查程序的合法性和规范性。《规程》将现场检查分为检查准备、检查实施、检查报告、检查处理和检查档案整理五个阶段，对每一个阶段的工作都给予了细化，并对各个环节如何实施进行了具体的描述。着力做好上述关键环节的各项工作，是完成检查任务的关键。

本部分针对保险公司中介业务检查各主要环节中的一些较为重要的具有综合性和关键性的问题，以及检查实践中的一些典型问题，阐述了多年检查实践所形成的一些思路和做法，力求使保险中介监管干部有所启示、有所借鉴。

一、选择检查对象如何突出代表性和典型性

选择检查对象，是中介业务检查初期的一项重要工作，是实现中介业务检查目的的重要保障，要基于市场实际和监管实际妥善考虑。

市场实际就是要客观地看到保险公司中介业务违法违规问题严重，是一个解决起来需要全面衡量、讲求战略战术的问题。检查重在敲警钟、发信号、明导向；而监管实际就是要正确、客观地看待监管自身的力量和经验。因此，保险公司中介业务检查不要求“面上开花”，而是要做到“找得准，查得出，罚得了”，即不在面上做文章，而要在点上下功夫，坚持通过多年持续有效的严查重处，达到不断巩固、扩大、深化检查成果的目的。简单地说，就是要有水滴石穿的定力。

为彰显检查效力、体现监管决心和导向，推进检查应该做到严查重处、持续深入、不断巩固。原则上保监局每年可只选择一到两家保险公司开展中介业务检查，但务必通过查深查透来发现中介业务违法违规典型行为并依法予以重罚，务必坚持持之以恒地深化检查。只有这样，才能切实对市场起到强有力的威慑作用。

因此，如果检查对象选得不准，查不出具有普遍性、代表性或典型性的问题，将直接削弱处罚的力度，进而影响整个中介业务检查成效。概括起来说，尤其要注重检查对象的代表性和典型性。选择中介业务检查对象，需要综合考虑和运用一些方法技巧。当然这些方法可以灵活多样，也需要因地、因时制宜。在检查实践中，保监局在这方面进行了有益探索，积累了许多有效的做法。如结合非现场监管分析结果与市场投诉反映等各类信息，从中介

业务占比大小、中介综合成本费用率异常或波动较大、中介业务连续性等因素来综合考虑（参见第三部分“四、怎样利用非现场监管数据筛选检查对象”）。

基于上述现实，在选择检查对象时一定要瞄准那些合规意识缺乏、存在问题多、市场反映差的典型公司，保证后续检查过程中所揭示问题具有典型性和严重性，更加能够发挥对市场的警示和引导作用。检查对象的代表性和典型性还体现在中介业务在整个公司业务中的占比状况。

如某保监局在选择检查对象时重点关注辖内各保险公司的年度信访投诉情况、保险公司分类监管评价结果、年度保险公司费用率监测指标、日常监管相关情况。此外还对检查对象所在市场情况进行细致了解，如当地市场费用达到何种程度，检查对象的市场费用又是处在何种水平以及在当地市场中的表现如何，以此来判断检查对象是否存在违法违规可能。

某保监局在选择检查对象时要注重“四项突出”：一是重点突出中介业务规模较大、中介业务同比增长异常的机构；二是在中介渠道业务构成上重点突出专业代理占比较高的机构；三是综合考虑产寿险公司分类监管测评结果，重点突出手续费率、综合费用率异常的机构；四是结合近三年检查投诉情况，重点突出有违法违规记录、举报投诉较多的机构。

某保监局在选择检查对象时，有针对性地做好以下“功课”：一是完善指标分析，重点关注市场份额较大、中介业务占比较高及费用率指标异常波动的保险机构。二是实施市场评议，重点关注市场评议较差、市场反响不良、信访投诉较多的保险机构。三是开展摸底调查，选取几家虚开中介发票比较严重的代理机构进行调查，重点关注与其发生业务的保险机构。

某保监局对辖内保险公司中介渠道构成及业务结构占比、日常报表及分类监管指标等非现场监管的预警程度、中介业务管控及以往现场检查情况、信访投诉及接受行政处罚情况、媒体负面报道次数等几个方面进行量化分析，按照排列顺序选择中介业务检查对象。

二、制订现场检查方案要着重把握哪些方面

现场检查是中国保监会及其派出机构依法对检查对象经营管理情况进行实地检查的行政执法活动，即监管部门派出检查人员直接深入到保险公司或保险中介机构对其业务、财务、风险等方面进行实地调查取证。对检查对象实施现场检查，首先要根据检查计划、检查任务等情况制订现场检查方案，这是现场检查的纲领和依据。现场检查方案内容主要包括：指导思想、目标任务、工作重点、组织措施、检查对象、检查依据、检查目的、检查范围、检查内容、检查方式、时间安排、实施步骤、检查人员分工、纪律要求等。在实施过程中，根据现场实际情况，可以对现场检查方案作适当调整。现场检查方案的制订要注重把握以下几个方面：

（一）思想和目标要明确

开展保险公司中介业务检查，就是要通过抓住保险中介市场违法违规的源头，解决整个保险中介市场秩序的规范问题，服务于整个保险市场秩序规范工作。中介业务检查要“揭盖子”和“敲警钟”，即通过查深查透典型案例、把保险公司在中介业务经营管理中的违法违规问题揭示出来，通过依法严厉处罚违法违规机构和责任人员、向更多的公司和更多的人员发出警示，让整个行业警醒，督促保险公司尽早尽快规范中介业务经营管理，做到合法合规。检查思想要统一，检查目标要坚定。

如某保监局对检查标准提出严格要求，要求对检查对象的每一笔中介业务都进行检查，对每一笔中介费用的真实性都进行核实，对违法违规金额和比例要有具体量化描述。制订充分的预备方案，以应对检查中可能遇到的各种情况和问题。提前对检查对象进行全面摸底，了解其所在市场费率的一般水准及差异情况。

（二）检查重点要突出

中介业务检查就是要抓住保险公司中介业务的真实性、合法性、透明性这三个要点。具体检查内容主要是虚挂中介业务、虚增营销员、虚挂应收保费、虚假批退、虚列业务及管理费用等突出问题。

如某保监局围绕四大环节确定检查重点：一是围绕承保环节。以单证为基础，核查单证和归档承保案卷，了解保单使用情况是否真实，对异常情况逐单跟踪落实。检查是否存在挪用、截留和侵占保费用于支付中介费用的问题。核查批改申请人、理由和批减保费去向是否真实。二是围绕中介费用环节。以资金流向为主线，核查手续费或佣金支付最终对象是否真实，收款人是否具有合法资格，是否签订代理协议，代理协议内容是否符合监管法规要求，收到款项是否开具发票。三是围绕营业费用环节。以票据报销方式支付的费用真实性为重点，特别是关注金额较大的款项支出，必要时可延伸检查或外调核实，跟踪资金去向。四是围绕理赔环节。以赔款支出为重点，调阅赔案案卷核查案件真实性，检查有无利用虚假理赔向投保人、被保险人给予不正当利益等问题；核查赔款支付对象真实性，追踪被保险人与领款人不一致的赔案。

（三）实施步骤要详细

根据检查内容覆盖多个流程环节制定相应的检查实施步骤，使现场检查经验较少的人员也能依据检查实施步骤开展检查并取得一定成效。

如某保监局针对省级分公司和分支机构不同的经营管理特点，细化检查方案，实行区别对待。对省级分公司，主要检查保险公司中介业务内控管理制度是否完善，监督落实是否到位，信息系统管控是否有效，突出关注营销人员的激励考核制度、手续费和营业费用政策、授权管理制度、信息系统管控、中介管理岗位设置及人员分工、省级分公司与下辖机构的业务关联关系等，明确管理责任。对分支机构，重点检查两个部分：一是制度执行方面，中介业务内部管理是否严格执行总公司（或省级分公司）制定的中介业务管理制度，是否及时整改稽核检查出的问题，是否建立保险业务人员培训档案，是否设立专门岗位对代理业务进行管理并建立代理业务合规经营档案。二是中介业务数据真实性、合法性，同时查实非法套取资金的使用去向。

（四）具体检查方法要具有针对性

针对每类违法违规问题详细描述特征及表现形式，并针对问题对应制定具体检查方法，提高检查的针对性和有效性。

如某保监局根据“突出重点、查深查透”的工作要求，确立了“一个纲、两条线、三路延伸、四查结合”的检查方法。

“一个纲”就是紧紧抓住“省级分公司”这个纲，强化省级分公司的职能管控、内部统领作用，针对检查中发现下属公司虚增营销员的共性问题，要求省级分公司实行以点带面、层层深入的延伸自查，以查中心支公司一个点，带动全省一个面，要求检查对象省级分公司组织全省其他中心支公司对照检查，集中清理。在检查人员进场时由省级分公司提交自查自纠报告，检查人员认真详细核查自查结果，监督自查结果基本真实反映公司中介业务违法违规情况。

“两条线”就是实行推动公司自查自纠和现场检查相结合，双管齐下。一条线是发挥检查人员集体智慧，严查检查对象利用中介业务或中介渠道弄虚作假、虚增成本、套取资金的违法违规行为。另一条线是通过调动检查对象自身力量深入开展自查自纠，变被动为主动，引导检查对象主动查找问题，让问题早暴露、早整改。

“三路延伸”就是分三路开展交叉延伸检查。一路实行省级分公司与中心支公司交叉检查，由查省级分公司延伸查中心支公司直至营业部，发现问题后再返查省级分公司管理责任。二路实行保险公司和保险中介机构交叉检查，由查保险公司延伸查保险中介机构，再由保险中介机构返查保险公司。三路实行主查公司和其他主体交叉检查，由重点检查一家省级保险公司，再延伸调查行业内其他公司，着重解决行业内存在的共性问题。

“四查结合”就是采取检查对象自查、检查人员全面检查、基层机构重点抽查、外围机构延伸调查相结合的检查方法，彻底查实中介业务违法违规问题，详细调查套取资金去向，摸清违法违规行为来龙去脉。

专栏23：

中介业务检查方案实施细则

某保监局根据《2011年关于保险公司中介业务检查和保险代理市场清理整顿实施方案》要求，结合检查实际，制订本实施细则。

一、加强组织领导，明确职责分工

成立检查工作小组，统一部署和协调检查工作。

1. 主管副局长担任检查组组长，主管全面检查工作。

2. 中介处处长任副组长，负责具体检查工作的部署和实施。

3. 检查组下设两个检查小组，工作各有侧重。第一小组主要负责保险公司中介业务真实性、合法性和透明性检查。第二小组主要负责专业、兼业代理机构代理业务、财务的真实性和合法性检查。同时，各小组负责撰写检查方案，草拟“调阅资料清单”，调取稽核软件数据，整理进场会谈记录，整理汇总检查工作底稿，编写现场检查事实确认书，撰写检查报告，草拟处理意见等。

4. 检查的后勤管理工作由专人负责，具体工作包括：缮制检查预算表，借款，下发检查通知书，申请廉政监督卡，检查中进行费用管理，检查后进行费用报销等。

二、全面部署保险中介市场自查自纠工作

按照中国保监会要求，全面部署省内保险中介市场经营行为合规性的自查自纠工作。为防止保险公司和与其合作的保险中介机构相互串通、捏造事实、编造数据，影响自查自纠表格信息真实性以及自查自纠工作的质量，应先部署保险中介机构的自查自纠工作，后部署保险公司中介渠道业务合规性自查自纠工作，并在此基础上结合信访投诉等市场反映，选择辖区内部分保险公司、保险代理机构进行重点检查。

三、深入做好保险公司中介业务检查工作

（一）检查目的

按照中国保监会“逐步深入、严查重处”的思路，针对前两年检查暴露出的问题，结合当前全省保险公司中介业务存在的突出问题，持续深入开展检查，强化监管权威，进一步提高监管干部的能力和水平。

（二）检查内容和检查期间

重点查处保险公司利用中介业务和中介渠道弄虚作假、虚增成本、非法套取资金等突出问题，原则上以2010年中介业务为主，必要时可向前追溯或者向后延伸。具体检查内容主要有：

1. 将保险业务虚挂于保险中介机构、保险营销员名下套取资金。

2. 通过保险中介机构虚开发票及虚增业务及管理费用套取资金。

3. 利用中介业务和中介渠道套取资金向利益关联单位和个人非法输送利益等违法违规问题。

4. 串通保险中介机构虚假退保、虚假理赔套取资金。

（三）检查对象

拟选择某产险公司作为检查对象，并按照中国保监会要求，选择基层公司和省级分公司分别进行检查。

该产险省级分公司2010年保费收入13.80亿元，占产险市场份额10.09%，列全省产险公司第3位，现有分支机构101个。中介渠道特别是代理渠道业务规模较大，该公司2010年和20家代理公司开展业务合作，代理公司代理保费合计1.84亿元，占比13%。

（四）检查方法

对省级分公司侧重检查贯彻落实《处罚办法》、107号文《通知》情况及内控制度建设等情况，对分支机构侧重检查保险公司中介业务真实性、合规性、透明性等情况。

1. 步骤一：解决查什么问题。按照《处罚办法》、107 号文《通知》的要求，对保险公司中介业务合规性提出明确要求。这些要求主要包括 10 项内容。

(1) 中介业务管理制度是否合法、科学、有效，确保公司经营行为依法合规、业务财务数据真实客观。

(2) 业务财务管理信息系统是否能真实、准确、完整记载中介业务的业务和财务信息，是否能够逐单记载通过保险代理人、保险经纪人签订的保单的保险费和佣金数额。

(3) 是否加强了对中介业务的稽核审计力度，建立了中介业务违法行为责任追究机制。

(4) 是否能够按照中国保监会的规定，对保险代理人进行法律法规和职业道德培训，并保留详细的培训档案。

(5) 是否设置专门岗位，负责对保险代理业务进行日常管理，并且建立代理业务合规经营档案。是否建立代理业务定期核查制度，将核查结果记入代理业务合规经营档案。

(6) 是否在委托合同中约定，保险公司有权要求保险代理人纠正保险违法行为；保险代理人拒不纠正的，保险公司有权终止其代理权的内容。

(7) 保险公司分支机构是否按照总公司中介业务管理制度的要求选择保险中介机构，并报总公司或者省级分公司批准。

(8) 保险公司的业务、财务电子化信息系统，是否包括中介业务管理系统，对通过保险中介机构销售的每张保单的保单号、投保人名称、保险标的、保险费、佣金计算标准及金额、保险中介机构的名称等实时记录，作为佣金支付的依据。

(9) 保险公司省级分公司是否使用唯一的支出账户、以转账方式直接向保险中介机构以及签订委托代理协议的个人支付佣金（不得以现金方式支付）。是否存在保险公司省级以下分支机构支付佣金。

(10) 保险公司及其分支机构是否存在对直接销售的业务提取佣金，是否存在向无保险中介资格的机构支付佣金，是否存在向未与其签订委托代理协议的保险代理机构和个人支付佣金。

2. 步骤二：解决有哪些罚则处理违法违规行为：《保险法》《处罚办法》的相关规定。

3. 步骤三：解决进场后需要调阅哪些资料。

(1) 基础档案资料（由＊＊＊负责，成员＊＊），具体包括：

●专业、兼业代理合同，个人代理合同，银保专管员、公司内勤人员等名册和相关档案资料。

●收发文登记，公司发文，内部签报，人事任命文件，公司管理层分工和各部门职责分工，上级公司通知，业绩考核书，内部稽核检查报告，用印记录。

●熟悉保险公司计算机系统，包括业务、财务、单证、统计等管理系统的用户名和密码，做到知晓如何操作。

●检查短期意外健康保险卡单、银行账户有关交易记录、网银账户往来账，核对银行对账单、税务发票，盘点现金库。收集营销员、银保专管员档案。

(2) 重点关注的业务信息和资料（由＊＊＊负责，成员＊＊），具体包括：

●关注手续费及相关费用资金提取和发放。重点查找手续费、费用和绩效发放标准等发放记录；对各专业、兼业、业务员，重点收集业务台账及个人业务费用银行存折。

●分析复核公司经营数据，包括审阅各中心支公司承保、批改、赔案、费用列支数据，以及各中心支公司各个渠道、各类人员业绩数据等，将数据进行相互复核分析，查找嫌疑数据和不合理的勾稽关系。

• 将公司提供的稽核数据包输入保险稽核系统，利用稽核系统提供的稽核点进行违法违规行为自动筛选。

• 将公司提供的各类数据与检查人员在统计信息系统取得的数据进行比对，分析数据差异形成原因。

4. 步骤四：检查过程中需要重点关注的关键环节。

对分支机构检查时，充分总结前两年对保险公司中介业务的检查经验，重点检查保险中介服务发票及业务费用支出真实性，检查中介业务真实性，佣金支付真实性。

（1）从中介费用支付环节核查业务舍规性和真实性。重点检查2010年度中介业务支出科目，以资金流向为主线，逐笔核查手续费或佣金支付最终对象是谁，是否真实。如果是支票结算，重点关注实际收款人是否与存根一致；如果是现金支付，与相关人员谈话，重点关注确认是否本人真实领取。对收款人重点关注是否具有合法资格，是否签订代理协议，代理协议内容是否符合监管法规要求，付款方式是否符合结算要求，收到款项是否开具保险中介服务统一发票。

（2）从营业费用支付环节核查业务合规性和真实性。调阅该公司费用管理制度，检查费用支出各科目，重点关注以票据报销方式支付的费用真实性。特别是金额较大的款项支出，如有可能逐笔核查，必要时可延伸检查或外调核实。对于费用支出虚假的需询问有关经办人，核查款项最终去向和用途。

（3）从承保环节核查业务合规性和真实性。分析中介业务异常情况。按照中介业务五要素分析法（正常中介业务有五个基本要素，即保险中介机构领取的单证序号、保险中介机构出单人员工号、被保险人地址与保险中介机构地址匹配、保险中介机构出具中介发票、手续费转账至保险中介机构账户)，对保险公司所有中介业务进行上述五要素比对，凡不满足以上条件的锁定为可疑业务。

检查中介服务发票，是否存在套开发票现象。套开发票使保险公司中介业务数据大于代理公司监管报表数据，发票联金额大于存根联的金额。通过编程把保险中介机构监管报表和保险公司的中介业务流向进行对比，对保费收入小于保险公司保费收入的保险中介机构，进行重点延伸检查。再通过编程对存根联和发票联进行对比，核实具体套开发票的金额。

对批减保费业务逐单核查批改申请人、理由和批减保费去向是否真实，重点关注收款人与付款人不一致的业务，以及保险中介机构提出批改申请的业务。对应收保费逐笔核查真实性。必要时均可外调核实。

以保费收入科目为线索，调阅财务记账凭证，重点关注集团客户大额现金支付保费的业务和一张支票支付多个投保人保费的业务，检查是否存在挪用、截留和侵占保费用于支付中介费用的问题。

(4) 从理赔环节核查中介业务合规性和真实性。重点关注通过向投保人、被保险人支付不当利益，确认中介业务理赔案件真实性。

(5) 从资金去向核查业务合规性和真实性。

在摸清该保险公司银行存款开户情况的基础上，重点关注账户使用是否规范，核查支票存根记载事项是否真实；如有异常，以此为线索核查资金去向和用途。

收集保险公司向代理公司转账的代理公司银行账号，重点核实资金来源和去向的真实性。

(五) 实施步骤和时间安排

1. 检查准备阶段（2011 年 1 月 20 日 ~2 月 28 日)。收集整理有关资料，对保险专业中介机构非现场经营情况、上年度信访投诉情况等进行分析，对自查自纠结果进行研究分析。组织进场前培训，学习《2010 保险公司中介业务检查材料汇编》，熟练掌握保险稽核系统，了解检查对象的基本情况等。

2. 检查实施阶段（2011 年 3 月 1 日 ~4 月 15 日）。2011 年 3 月 1 日 ~3月 30 日，拟对地市分支公司业务实施现场检查，重点检查保险公司中介业务真实性、合规性等情况。2011 年4 月 1 日 ~4 月 15 日，对省级分公司实施现场检查，重点检查贯彻落实《处罚办法》情况及内控制度建设等情况。

3. 检查处理阶段（2011 年 4 月 18 日 ~5 月 20 日）。对查实的违法违规问题进行梳理归类，按照中国保监会“同查同处、从重处罚”的要求，提出具体处理意见并形成书面报告上报保监局领导。依法做好对各类违法违规问题的处置工作，涉及违法犯罪的坚决移送相关执法部门。

4. 总结上报阶段（2011 年 5 月 23 日 ~6 月 15 日）。对保险公司中介业务现场检查形成报告，上报中国保监会。

四、工作要求

（一）高度重视，认真准备

加强学习，研习政策，统一思想，凝聚共识。现场检查前要做好非现场分析，落实检查人员培训，注重过程管理，确保检查质量。

（二）选准对象，重点突出

选择保险中介业务占比较大、与保险中介机构关联度较高、代理保费规模适中的机构作为检查对象，做到有的放矢。

（三）查深查透，务求实效

现场检查要围绕保险公司中介业务这个环节，紧扣检查重点，查深查透。坚持从严从重处罚，充分发挥震慑作用。

（四）严格程序，廉洁自律

严格遵照《中国保监会现场检查工作规程》要求，确保现场检查依法合规；严格遵守《保险监管人员行为准则》，做到严守纪律、清正廉洁。

（五）及时披露，扩大影响

查处工作结束后，及时在辖区内通报现场检查的结果，充分发挥舆论监督作用，扩大社会影响，树立监管部门敢抓敢管、积极作为的良好形象。

专栏24：

中介业务现场检查实施计划

一、检查对象

待定。

二、检查期间

2009年全年业务，必要时可上溯或下延。

三、检查时间

2010年3月初至2010年4月14日，根据实际检查情况顺延或减少检查时间。

四、检查人员

组长：1人；主查人：2人；组员：9人。

五、检查人员分工

（一）对保险机构的现场检查

1. 数据分析组：负责总体数据分析（约2～3人）。

（1）编制各险种中介业务承保、保单号、代理渠道、经办人、保费、手续费、费用、赔付等数据清单和2009年营销员清单。

（2）根据上述清单，抽取客户联系电话，致电客户，对部分客户购买保单方式进行核实。重点查找非中介业务，提供给客户访问组进行书面核实。

（3）编制中介业务发票使用清单。重点查找非中介业务发票使用情况。

2. 单证清点组：负责对保险公司2009年使用的部分险种保单进行清点和核对（2人）。

按出入记录，编制各险种保单出入登记表；按险种编制保单使用情况一览表。上述两表比对，重点查找遗失、注销等单据，发现是否存在埋单行为。

3. 谈话调查组：负责对关键性当事人进行谈话，了解账外资金使用情况（2人）。

（二）对保险中介机构的现场检查（保险中介机构检查组：约4人，分两组）

1. 数据分析。

（1）对保险中介机构监管报表、纳税申报表、所有银行账户对账单、发票申购单、发票存根、每张发票所对应的业务清单与保险公司提供数据是否一致进行核对。

（2）编制资金使用情况一览表，关注资金划出后使用情况（必要时，到相关银行进行数据查询）。

2. 谈话调查。

（三）对投保人的调查（客户访问组：2人）

根据保险公司和保险中介机构调查情况，向相关投保人核实有关情况。

根据检查需要，向相关银行查询有关账户资金往来情况。

六、检查范围：保险公司中介业务

（一）代理业务——过单套取手续费

保险公司与代理公司（包括专业代理公司和兼业代理机构）合作开展的各项业务。重点查找保险公司将自身业务虚挂在代理公司名下的业务及保险公司混淆业务渠道，进行不实记录（即营销员业务、代理业务、直接业务混挂问题）。

（二）经纪业务——虚假批改

保险公司通过经纪公司发生的中介业务。重点翻阅向经纪公司划付批改资金的业务，查找不真实的投保人委托、不合理批改理由的批改业务。

（三）部分理赔业务——虚假赔案

保险公司委托公估公司进行核损、赔付的业务。重点翻阅由经纪公司代收赔款或理赔金额不合理的赔案，查找虚假赔案。

（四）营销员业务——虚挂业务、虚增人员

保险公司营销员代理的业务。重点查找虚挂在营销员名下的直接业务或其他业务，以及保险公司虚增营销员人头套取佣金的情况。

七、检查内容与方法

本检查主要分为三个阶段：

（一）对保险公司进行突击进场检查

××月××日下午前往××，第二天上午进行突击进场检查，在表明身份和递交检查通知书后，检查组按两人一组分为××个小组分别对财务部、市场部、中介渠道部、理赔部以及业务团队进行所有业务财务档案、电脑、优盘封存（立即查看OA系统的电子邮件）检查。

重点检查业务费用政策文件、费用报销统计报表、手续费及业务台账、费用报销与支出登记本（明细账/流水账）、存折、业务员及营销员存折清单、印章、保险业务协议、投保清单传真件（重点是短期意外险业务）、联号发票等实物或电子文档、套打保单的电子界面和未装订的保单发票业务财务联、内部OA系统的电子邮件（费用申请和批复）。

（二）调取保险公司中介业务清单及档案

1. 掌握公司整体费用水平和运营情况。详细了解公司费用政策，总体费用、最大业务团队所有业务保费收入的方式、凭证，对应业务费用支出的金额、方式、收款人；对应业务投保人的返佣金额（向业务员、团队内勤、团队长了解）；该公司手续费是通过哪些科目和方式支付出去的。

2. 掌握当地市场2009年平均费用水平。向当地其他公司了解当地市场2009年的手续费比例。

3. 掌握该公司的业务财务系统（系统会全面记录公司的上述各项数据信息）。

4. 调取2009年1月1日至2009年12月31日中介渠道全险种承保清单。

了解和掌握全险种业务来源情况，必要时与手续费支付清单比对。重点检查大型商业保险项目、政府机关业务、车队及运输公司、共保分保业务、社会补充保险业务等传统直接业务的业务来源。查看业务系统中的代理渠道（过单开票的保险中介机构）和经办人（真正做成该业务的人）。

5. 调取2009年1月1日至2009年12月31日中介渠道全险种批改清单。抽样检查是否存在向保险中介机构支付批退保费资金或现金支付批退保费资金的情况。

6. 调取2009年1月1日至2009年12月31日中介渠道全险种理赔清单。

（1）抽样检查理赔案件真实性（通过报案电话）；

（2）结合承保清单，抽样检查业务来源（通过报案电话）；

（3）抽取大额赔款支付会计凭证，检查是否存在通过保险中介机构支付的赔款。

7. 调取2009年手续费明细账及所有手续费会计凭证。

（1）根据第4点发现的疑点，对手续费支付情况进行追踪（看该营销员是否了解该业务，是否知道有该笔收入）。

（2）通过手续费支付会计凭证，收集手续费支付的业务员存折账号，要求业务员提供存折及流水明细，必要时通过银行协查（同时看该业务员是否了解该业务，是否知道有该笔收入）。

（3）通过手续费支付会计凭证，收集手续费支付的保险中介机构银行账号，并对保险中介机构进行检查（该账号资金是否入账，是否再提出支付营销员佣金或转到其他的机构，核对支付的真实性），必要时通过银行协查。（另可根据数据报送系统分析有过单开票可能性的保险中介机构、异地代理的保险中介机构。）

(4) 针对通过现金支付的手续费，若为业务员业务，则要求业务员提供手续费存入的存折及流水明细（主要抽查单笔金额较大的支付项目）。

(5) 针对通过现金支付的手续费，若为保险中介机构业务，则记录各保险中介机构现金收取手续费的流水情况及签收人名称，并对保险中介机构进行检查。

8. 调取2009年业务及管理费用明细账。

抽查大额异常的费用报销凭证，追查报销人的资金去向，包括转账支付的存折及流水明细、现金支付的存入存折及流水明细，目的是追查可能存在的团队小账。

（三）对相关保险中介机构检查和向投保人调查相关情况

1. 数据分析。

(1) 根据保险公司检查情况，核实有关保险中介机构监管报表、纳税申报表、所有银行账户对账单、发票申购单、发票存根等有关情况。

(2) 根据保险公司检查情况，编制保险中介机构资金支付情况一览表，关注资金划出后使用情况（必要时，到相关银行进行数据查询）。

2. 谈话调查。

(1) 根据保险公司检查情况，重点确定资金交接人员情况。

(2) 根据保险公司检查情况，向相关投保人核实有关业务真实性及资金去向。

三、进场后应怎样及时有效地提取各类现场检查资料

及时、完整地提取现场检查资料对提高检查效率、完成检查工作具有尤为重要的作用。

（一）要着重做好的相关工作

一是根据检查主要内容，研究分析哪些文件资料能够反映检查内容。二是制作现场检查资料调取清单。明确资料的名称、内容、具体要件、具体时间、数量、提交时限等。三是调阅资料时，要当场填写“现场检查资料调阅清单”一式两份，由检查人员和检查对象双方经办人签字后分别保存。四是调阅清单上要注明提供资料的日期，并写明如不能按规定日期提供资料，视为拒绝或者妨碍检查。五是进场时指定专人对提交的资料进行审核，具体包括数量、内容的完整性、形式上的合法性，对不符合要求的资料，双方进行签字确认，明确重新提供的时限要求。六是对发现的关键证据资料及时保存和复印。七是调阅的资料使用完毕后，应当及时退还检查对象，并在“现场检查资料调阅清单”上注明归还日期，由接收人签字确认。八是对数据量较大的业务、财务数据尽可能要求提供电子数据，对数据进行分析处理后，对涉嫌违法违规的问题要求提供书面数据资料，进行核对。九是尽可能在检查过程中一次性或集中要求提供资料和数据，尽最大程度减少对检查对象的影响。十是在查阅资料时，要保证资料的完整和完好，不要故意撕毁、污损、水浸、胡乱堆放，要按照相应的顺序摆放好，用后放回原来的位置，便于取阅。

（二）把握需要调取的主要资料种类

1. 公司管理类。包括公司基本管理制度，包括业务、财务、人事、信息、日常管理等各个方面，工作计划、工作总结、员工名单和通讯录、内部稽核

审计检查报告、公司中介业务自查自纠报告、会议纪要、内部签报、公司发文、公司管理层分工及各部门职责分工、上级公司通知等相关资料。

目的：了解检查对象的组织架构、内部工作流程和责任分工等。

2. 业务管理类。包括承保流程、核保流程、理赔流程、核保政策、理赔政策、绩效考核办法及实际完成情况、中介委托协议、兼业代理合同、个人代理协议、营销员清单及工号、展业资料、中介业务指标和费用预算情况、单证领用登记簿、中介渠道的管理和考核办法、保险公司有关核保、核赔及费用政策等。

目的：了解检查对象的业务管理模式、内控制度的漏洞以及可能存在违法违规行为的风险点。

3. 业务经营类。包括保单原始凭证、电子保单信息、保单副本、保全档案、承保档案、理赔档案、退保档案、各渠道业务台账、管理报表、业务档案、批退凭据、报案登记、已决赔款台账、车险保单清单、批单信息表等。

目的：分析业务来源的真实性、业务操作的规范性和合法性，寻找违法违规问题线索。

4. 财务管理类。包括收付费流程、财务报销流程、会计账簿、有关银行账户、银行对账单、网银账户往来账、支票登记簿、手续费汇总表、会计凭证、电子台账（保费收入明细账、营业费用明细账、手续费支出明细账、应付赔款明细账、财务数据台账、应收保费台账等）、代查勘费收据、业绩考核表等相关资料。

目的：对照业务经营资料，检查资金收付情况，核实资金流向；对照业务人员和营销人员名单，检查人员与资金的匹配情况，确定人员归属。

5. 信息技术类。包括提供业务、财务、单证、统计、办公、人事等管理系统的用户名和密码，取得尽可能高级的使用权限。

目的：通过系统调取相应的业务、财务信息，分析检查对象的信息系统是否能够满足需求。

如某保监局检查人员进场后，首先调阅了检查对象《单证管理规定》《保险代理管理办法》《红黄蓝牌处罚制度》等16份制度资料，审查了与支公司建立业务合作关系的6家保险中介机构的渠道管理档案，与检查对象渠道管理部门的相关人员进行了谈话，了解检查对象在中介渠道管理方面存在的问题，并通过检查对象的业务管理系统按照业务渠道对业务来源进行了抽查。检查人员对检查对象各业务渠道的绩效管理办法和费用报销政策进行调查了解，发现财务制度比较严格，尤其对直接业务人员的费用政策和绩效工资控制很严，所有的财务凭证都由上级机构统一管理，支公司没有独立的财务人员，基本不存在虚列业务及管理费用的问题。调阅了支公司2009年度业务台账，对其全部中介业务进行了筛查，逐笔检查了批单情况，发现明显存在虚挂中介业务套取资金的现象。最后调阅了财务凭证27本，审查了1 000多份原始凭证，以及手续费支出明细账、支票领用登记本、费用表、利润表等财务资料；向检查对象财务管理人员了解中介业务的资金收支流程，令其编制了2009年手续费汇总表、手续费凭证清单，抽查了部分财务凭证的业务来源，将财务与业务记录进行了核对，还登录税务机关的系统查询了中介发票的真伪，发现检查对象的手续费支付环节存在疏漏和问题，为检查打开了突破口。

某保监局在核实检查对象银保业务时，有针对性地调阅了以下资料：

保险公司方面：业务及管理费用、手续费及佣金支付明细账、其他应收应付明细账；相关会计凭证、手续费及佣金台账、财务报表等；银保、财务、印章等相关内部制度；车辆所有权证；会议通知、课件、参会人员名单、签到簿、费用动支签报等会议材料；公章、银保部门章使用记录；办公用品、电子耗材入库出库登记簿；固定资产管理卡片；年度预算及各月预算执行情况；投诉档案；内部审计报告及其工作底稿；银行对账单、税务报告、个人所得税缴纳清单等。

银行方面：保险代理协议，各网点业务台账，保险代理内部管理制度，保险代理手续费台账，保险公司培训记录，保险单证领用清单，各网点的员工名单（姓名、身份证号码、保险代理资格证号码、联系电话），保险代理业务考核计划、政策及执行情况，涉及保险代理业务的财务资料等。

专栏 25：

中介业务现场检查调取资料标准

某保监局在 2011 年保险公司中介业务现场检查中，向检查对象明确调取资料的分类、内容、提供方式及时限，提高检查效率。

序号	资料名称	资料包含内容	提供方式	提供时限
1	2010 年稽核数据	稽核数据严格按照中国保监会稽核数据取数口径和标准提供，并应包含以下信息： (1) 承保数据信息：保险起期在 2010 年 1 月 1 日至 2010 年 12 月 31 日的所有承保业务数据；承保日期在 2010 年 1 月 1 日至 2010 年 12 月 31 日的所有承保业务数据。 (2) 批单信息：生效日期在 2010 年 1 月 1 日至 2010 年 12 月 31 日的批改数据；批改日期发生在 2010 年，生效日期在 2011 年 1 月 1 日至 2 月 28 日的批改数据。 (3) 理赔信息：立案日期在 2010 年 1 月 1 日至 2011 年 2 月 28 日的所有理赔案件数据。 (4) 人员信息：2010 年 1 月 1 日至 2010 年 12 月 31 日期间，公司所有在职人员信息（含离职人员）。人员包括：管理人员、业务人员、营销员。 (5) 合作的保险中介机构信息：2010 年 1 月 1 日至 2010 年 12 月 31 日期间，公司的所有合作过的保险专业中介机构、兼业代理机构信息（含 2010 年已解除合作协议的机构）。 (6) 财务数据信息：2010 年度全部财务数据。 (7) 单证信息：2010 年度总公司下发的以及省级分公司印制的保单、批单、保费发票（含领用、作废、核销）数据；如公司对投保单流水号进行管控，还须提供投保单信息。	电子档案（光盘）	2 月 25 日前

续表 1

序号	资料名称	资料包含内容	提供方式	提供时限
2	内控制度相关资料	(1) 总公司及省级分公司各类管理制度，需包含业务、财务、单证、人事、渠道等各环节管理制度。 (2) 2010 年度总公司针对业务、财务下发的费用政策、考核办法、核算办法，包括省级分公司根据总公司规定自行制定的费用政策、考核办法、核算办法、资金管理办法。 (3) 2010 年度公司业务会议纪要、记录，收发文登记情况，召开会议清单及会议名称。 (4) 其他相关制度，包括但不限于公司内审制度、责任追究处理制度、公司印章管理制度、单证管理办法。	纸质	3 月 1 日前
3	公司管理框架体系资料	(1) 公司内部组织体系、各部门职责、各分支机构情况、各分支机构负责人。 (2) 2010 年省级分公司以及各分支机构合作的保险专业中介机构、兼业代理机构名单（含 2010 年已解除合作协议的机构）、合作协议，合作起止日期、所有个人代理人委托协议。 (3) 2010 年以来，公司人员清单（含正式员工、营销员、离职人员、解除代理协议营销员）、入职离职时间、员工编码、资格证及展业证信息、所属部门。	纸质	3 月 1 日前

续表2

序号	资料名称	资料包含内容	提供方式	提供时限
4	信息化系统用户	（1）公司所有信息化系统清单。 （2）提供可以查询整个公司情况的业务、财务、单证、人员管理等信息化系统用户名和密码。 （3）进入公司OA办公系统信息查阅权限（最高权限）。	纸质	3月1日前
5	财务资料	（1）2010年12月份资产负债表、利润表、费用表，2010年1月至12月营业费用、手续费支出、应收保费、预付手续费、应付手续费、应付赔款等科目明细账。 （2）省级分公司及各分支机构所有银行账户明细（含收入户、费用户、支出户等），并明确每个账户用途及使用部门；2010年1月至12月，分公司各账户的银行对账单及余额调节表。 （3）2010年所有财务凭证。	纸质和电子档案	电子档案2月28日前，纸质3月1日前
6	业务资料	（1）2010年度省级分公司及各分支机构业务状况，包括：保费规模、中介业务规模、中介业务占比情况、中介各渠道情况（按照保险专业中介、车行类兼业代理、营销员、银邮类、其他类进行细分）。 （2）2010年机动车辆保险、意外健康保险、责任保险、保证保险业务情况以及上述险种对应的中介渠道情况。 （3）2010年所有承保、批改、理赔档案（备好待查即可）。		

续表3

序号	资料名称	资料包含内容	提供方式	提供时限
6	业务资料	（4）承保业务清单应包括以下要素：所属机构、险种代码、险种名称、保单号、投保人姓名、被保险人姓名、保费金额、保单生效日期、保单状态、业务人员代码、姓名、客户有效联系方式、手续费标准、手续费金额。 （5）批改业务清单应包括以下要素：所属机构、险种代码、险种名称、保单号、投保人、被保险人（姓名、年龄）、保费金额、保单生效日期、保单状态、批改日期、批改原因、批改支付方式。 （6）理赔清单应包含以下要素：所属机构、险种代码、险种名称、保单号、投保人、被保险人（姓名、年龄）、保费金额、保单生效日期、保单状态、出险日期、出险原因、结案日期、赔款金额、渠道代码、赔款支付方式。	纸质和电子档案	电子档案2月28日前，纸质3月1日前
7	其他资料	（1）远程出单系统以及POS机数量、设置地点、设置时间、使用单位、管理单位。 （2）内部审计工作报告及工作底稿。 （3）办公用品、电子耗材入库出库登记簿、固定资产管理卡片。	纸质	3月1日前

四、进场时应注意做好哪些事项

（一）组织好进场谈话

一般来说，进场谈话是现场检查第一个环节。会谈内容主要包括：介绍检查人员，向检查对象宣读现场检查通知书，告知检查的目的、范围、内容、方式、时间以及检查对象的权利和义务等，听取检查对象相关汇报，了解和质询相关情况，提出配合检查工作的相关要求等。会谈内容应当明确专人记录，并交检查对象相关负责人签字认可。充分利用现场谈话，注重进场事项有利于发现问题和线索，从而提高检查效率。

（二）多途径、多方式发布检查进场信息

在现场检查实践中，保监局因地、因时制宜地推行了一些有效的做法，借助现场检查相关信息披露，从而发现信息和线索。一是尝试实施现场检查公告制度。在检查对象职场内张贴检查公告，公示检查内容、相关线索举报电话以及廉政监督电话，进一步拓宽信息来源渠道，有效提高检查效率，增强现场检查的威慑力和影响力。二是可以根据中介业务“关联性”特点，通过“设立专线、奖励举报”等方式，强化对第三方关联单位以及保险中介机构、保险公司关键岗位离职人员的查访，提高查办实效。三是向检查对象通报关于保险公司中介业务监管有关情况，要求其积极配合检查工作。四是利用检查对象上级总公司、省级分公司来访之机，通报相关情况，提出明确要求，督促分支机构配合检查工作。

如某保监局在按照检查规程严格履行手续后，检查组长通报了保监局关于保险公司中介业务监管有关情况，要求检查对象高度重视、消除抵制情绪、积极配合检查工作。一是提供必要的工作条件。具体包括检查人员工作的场

所和用于谈话的场所、能登陆业务、财务系统的计算机等。二是提供检查所需的各项资料，不得无故拖延。与省级分公司协调，将由于集中管理而存放在省级分公司的业务财务资料全部取回。三是按照保险稽核系统数据格式的要求及时提供数据，按照检查表的时间和要求提供其他检查数据。

某保监局要求检查对象上下必须密切配合检查期间工作的开展，按要求提供资料或说明情况，把工作配合落实到行动上，落实到具体每个人。进场前下发关于要求提供有关材料的函，要求检查对象在进场会谈时务必将调阅资料全部准备到位，缩短资料调阅时间，提高检查效率。

某保监局检查人员在进场后马上进行三项工作：一是与检查对象主管中介业务的部门负责人、财务负责人、单证管理人员谈话，掌握承保、核保、理赔、批退和中介业务手续费结算的相关流程。二是立即要求检查对象将2010年财务数据刻录成光盘供检查人员使用。三是了解检查对象中介业务管理情况，要求检查对象提供中介业务管理制度、中介业务清单、涉及中介业务结算的银行账户信息及对账单、与之合作的保险中介机构名单、营销人员名单等资料。

某保监局进场时对检查对象提出五项要求。一是进场会谈时，检查对象相关部门负责人、相关总经理室成员必须参加，并如实进行情况汇报。二是必须指定一名工作联系人，该联系人须全程负责检查人员联系协调工作，并具备有效协调检查对象各部门、各分支机构的权限。三是必须提供一独立办公场所，并确保能容纳一定数量检查人员办公，并不受检查对象正常经营活动影响。四是必须提供检查对象通讯录（所有岗位人员，注明岗位），提供电话、打印机、复印机等必要的办公设备。五是检查过程涉及的相关部门岗位人员，若出现休假、出差等情况应提前跟检查人员请假。若必须在场配合检查，则由指定工作联系人协调。

（三）根据进场发现的不同情况，采取相应的检查方式

一是检查对象提供资料相对比较齐全、内容较为详细的，可以按照常规

的方式抽丝剥茧逐步推进检查。二是检查对象管理比较粗放，提供材料不齐全、内容记载不完整的，可以采用突击检查的方式，防止检查对象转移或销毁证据。三是检查对象违规线索比较清晰的，可以直接调取相关业务、财务资料，实施针对性现场检查。

五、如何通过分析管理制度以及划分职责功能发现问题和线索

随着保险公司中介业务检查逐步深入和加强，中介业务违法违规行为更加隐蔽，查处难度增大，这就要求检查人员不仅要熟悉中介业务的相关制度，同时还要对保险公司内部管控制度、业务管理制度、财务管理制度、人员职责管理权限等制度熟悉，知晓保险公司操作程序和流程。整体经营思路是保险公司业务经营的指导纲领，制度流程是保险公司业务开展的完整体系，对保险公司经营思路和全面制度流程的掌握能够促进检查工作事半功倍，可以从经营制度层面确定检查方向。

如某保监局检查人员在 2011 年检查过程中，审阅了检查对象业务发展、渠道拓展、业务品质管理、人员管理、财务制度、内部稽核等方面的管理制度、文件、工作函 200 余份，分析复核了检查对象全省 9 个中心支公司的年度财务报表以及各个渠道、各类人员业绩数据，查出检查对象《2010 年上半年机构财务检查》《2010 年 8 月 6 日财务会议纪要》《关于改进财务工作效率与质量沟通会议纪要》以及《特别激励费管理细则》等明确表明账外账设置和管理要求的文件，把准了违法违规问题的类型，找准了检查方向。

（一）分析保险公司日常办公管理制度

在正常情况下，保险公司大额办公用品及宣传费用、印刷费用等由办公室统一采购，事前询价制定预算，逐级上报审批，经总经理室同意后，由办

公室与销售商、制作商签订合同，并将式样保存，采购完成后，将产品入库登记，部门领用履行出库登记手续。通过此流程制度的分析，可以发现保险公司通过虚构经济事项套取业务及管理费用的线索。

（二）分析中介业务管理制度

保险公司一般会制定有关中介业务管理的相关制度，但是在制度执行上会出现很多漏洞。如分支机构缺乏对中介渠道业务的有效审核和管控，基层公司出单员根据业务员要求对渠道代码、业务来源、业务归属等识别中介业务的重要信息随意录入，出现大量直接业务虚挂中介渠道、营销员业务虚挂兼业代理渠道的现象。

（三）分析保险公司财务制度

对于大额支出，保险公司都有事前审批、事中审核、事后存档备案制度，通过对支出过程的审查可以发现资金去向和违法违规线索。如保险公司对分支机构的费用管控采取按比例考核的粗放管理模式，财务部门并不对业务部门提供的手续费、业务及管理费用结算单据作实质性审核，不对资金真实用途进行跟踪，出现大量为直接业务支付中介手续费、为保险中介机构人员报销费用等问题，导致分支机构大量虚列业务及管理费用套取资金。如可以通过研究保险公司制度体系与政策规定，在弄清费用预算、费用支付、财务结算等流程标准基础上，加强业务信息、系统保单信息与保单发票信息，财务信息与财务凭证原始票据之间的比对，查找保费支付与手续费支付真实信息，核查资金流向的合规性。

（四）分析保险公司不同部门、不同层级的职责权限

通过了解职责权限、审批程序的划分，可以了解不同部门审批权限，进一步加强对相关主管人员和直接责任人员的责任追究。

如某保监局发现检查对象依法合规经营意识不强，职能部门作用发挥不

够。检查对象内部稽核、审计部门工作流于形式，未能充分发挥监督审计职能，导致保险监管法律法规没有充分体现到经营管理中。检查对象省级分公司业务成本主要是手续费、经营管理费用和工资薪酬绩效，但由于工资薪酬绩效受人员编制和工资总额的限制，经营管理费用中的招待费、宣传费等开支大项有严格的税前扣除标准限制，在实际经营活动中会导致检查对象虚挂中介业务提取手续费，以增加税前列支的数额。实际上手续费已成为营业费用的一部分，变相成为检查对象开展违法违规活动的“资金池”。

（五）审核核心信息化管理系统是否存在漏洞

部分保险公司业务财务系统、收付费系统和跟单系统不能真正实现无缝对接，存在保险公司核心业务系统记录与实际不一致、保险公司核心业务系统与财务系统记录不一致、手续费结算系统所记载的保险中介机构与核心业务系统记载的保险中介机构不一致、纸质手续费结算单所记载的与手续费结算系统记录的保险中介机构不一致、手续费支付对象与手续费结算单记录的保险中介机构不一致的情况，容易滋生大量系统外支付手续费、虚假支付手续费等问题。

如某保监局查出检查对象利用技术手段隐藏手续费结算的真实情况。检查检查对象手续费结算系统对同一张保单手续费结算情况，发现其代理人名称栏在按保单号查询和按结算单号查询时显示为不同结果，分别是“直办业务手续费”和“××代理公司”，由此推断检查对象可能存在通过信息系统对虚挂中介业务进行系统性管理和采取了隐蔽措施。检查人员还进一步发现检查对象在后台系统地修改中介渠道信息，2010 年全年共有超过 2 000 次数据修改，其中部分涉及对渠道代码也即保险中介机构信息的批量修改，修改理由大部分为录入错误，由此也可以推断检查对象可能存在虚挂中介业务的操作。

（六）审核理赔管理制度是否存在漏洞

部分保险公司未严格执行理赔管理的相关规定，利用理赔管理上的漏洞，编造假赔案、故意制造保险事故或扩大保险损失骗取赔款。一是查阅保险公司快速理赔的相关条件及范围，判断速赔案件是否符合规定，速赔案件处理流程是否符合相关规定。二是审核是否超越权限擅自处理通融案件；是否捏造事故，制作假赔案；是否与投保人、或被保险人、或鉴定机构、或保险中介机构、或供应商、或修理商、或其他有关方恶意串通，伪造、变造证明材料，骗取保险金。三是审核未进行理赔授权、超权限赔案未进行报批、拆分赔案规避授权、不按照审批后赔款金额执行的情况。四是查阅保险公司是否存在在业务系统之外缮制赔款计算书对被保险人进行赔付的情况。五是审核是否存在赔案中虚列直接理赔费用的情况。

如某保监局根据信访举报查实，某检查对象客服部核赔员，从2007年12月至2008年10月近一年的时间内，采取谎称被保险车辆与第三者车辆发生碰撞事故，虚报案件；然后利用其在客服部核赔岗的便利条件，窃取他人工号和密码进入理赔系统，使用他人权限操作，编造虚假出险信息，虚构赔案资料等；填写假《领取赔款授权书》，伪造领款手续，制作假赔案13起，骗取保险理赔金21.48万元。假赔案暴露出检查对象在管控方面存在较大漏洞，尤其是密码管理存在严重问题。案件发生后，检查对象对理赔环节的制度设计进行了梳理，并修订了《计算机、数据及设备安全管理的规定》，对工号和密码设定进行了规范。一是规定密码长度不得少于8位，而且必须同时包含有数字、大小写字母。密码3次输入错误后账号自动锁定，需管理员解锁。二是设定系统密码使用时限为30天，员工应在期限内至少更换一次密码，否则将因密码过期而无法登陆。三是设定一个账号只能同时登录一次，不允许一个账号同时多次登录。

六、如何依法有效发挥突击检查的作用

根据《中国保监会现场检查工作规程》，现场检查“原则上应当提前3个

工作日向被检查单位发出现场检查通知书。事先通知可能影响现场检查工作的，可以不事先通知。决定不予事先通知或者变动现场检查通知书规定的日期的，应当由派出单位负责人批准。”因此，监管部门视情需要可以采用突击检查的方式开展现场检查。从实践来看，保险公司或保险中介机构如果存在违法违规经营行为，在检查过程中一般会想方设法隐瞒或掩盖事实，或者有组织、有计划地布置有关措施应对检查。突击检查能够在最大程度上防止检查对象转移或销毁证据，有助于检查顺利开展。从近年来保监局开展保险公司中介业务检查情况看，突击检查是一种较为有效的检查方式，对于检查“开好局”能起到重要作用。

突击检查是一项实践性较强的工作，应根据检查项目的要求、检查对象的具体情况、检查人力的配备等各方面因素，采取灵活的方式。突击检查的要点和关键在于：一是事前周密部署。突击检查时间较短、任务较重，必须进行周密的事前安排。不仅要明确每一名检查人员在突击检查过程中的角色及任务，而且要制订一些应急预案，如检查对象不配合或抗拒检查应如何应变等。二是程序合法。突击检查和常规检查一样，必须依法进行。如事前准备检查通知书，检查人员数量达到两名或以上且携带证件，在检查对象办公场所张贴检查公告等。如需封存有关物证，应事前准备好封条等。三是行动迅速。突击检查通常只有一天，且“成败”往往就在当天，果断、快速的行动能防止检查对象临时弄虚作假。四是分组行动。突击检查可考虑两人一组，每组分别控制业务、财务、单证等关键岗位并搜索重要资料，如搜索电脑文档、邮件、QQ 等聊天记录，保密柜及档案柜存放的纸质材料。五是有选择、有侧重。可选择对检查对象的部分业务量较大的基层网点实施突击搜查。对不同岗位和层级人员的突击检查要各有侧重。比如，对团队负责人重点查找手续费、费用和绩效发放标准等发放记录；对相关业务员重点收集业务台账及个人业务费用银行存折；对团队内勤重点查找有价单证使用情况；对财务会计等人员可对保险柜进行突击检查，对可疑存折、账册进行查看，对库存现金进行盘点，确认是否存在“小金库”和账外资金；对关键岗位人员可对其电脑、文件进行突击检查，查看可疑签报、文档和书面文件。突击检查中，发现检查对象存在故意藏匿和隐瞒有关材料的，应立即取证，作为突破有关人员心理防线的重要筹码。六是做好技术支持。对检查对象办公电脑等设备进行突击检查，要封存电脑及电子数据证据取证时，需要统计信息部门人员的支持，通过采取现场刻录光盘，文件资料解密、加锁、恢复删除数据等技术措施取证。总之，突击检查重在灵活运用。

如某保监局在2011年中介业务检查工作中，认真分析检查对象对保监局检查的可能应对措施和程度，判断检查对象防范检查的范围可能限于领导、财务、正式员工和内勤，而一线销售团队和业务人员处于管理的末端，效果递减，应对检查的能力有限，对保监局检查可能防备不多，甚至没有防备，于是决定采用突击检查方式。一部分检查人员留守在检查对象省级分公司所在地，另一部分检查人员突击检查检查对象某支公司。到支公司后，检查人员首先召集其领导班子和各部门负责人开会，宣读检查通知书，通报检查纪律，讲明检查人员对办公电脑、文件资料实地查看的权利，要求检查对象配合，消除检查对象和人员的抵触心理。然后，要求由检查对象与会人员带领检查人员一一实地查看各部门办公场所，每到一个部门留下2名检查人员，查看该部门的电脑和文件资料。最后，检查人员将查阅到的有价值的文件、资料交由检查对象签字盖章确认。检查的结果与事前判断基本一致。尽管检查对象要求支公司为应付保监局检查事先做了较为充分的准备，对领导班子、财务、办公室等重要岗位人员电脑、邮箱、文件资料等方面做了较为干净的处理。但是由于他们没有预计到保监局将其一线销售团队作为突击检查的重点，没有对一线销售团队的一手资料进行预处理，检查人员在这些销售团队办公室的电脑和桌面，以“手续费”“佣金”“贴费”“台账”等作为关键字对文件进行检索，调取即时通信工具的谈话记录、OA文件传输记录等，发现了“虚构人员信息必须完善”“超标手续费3%”“公关费用”“通讯录”等记录，在心理上对检查对象是一个非常大的打击。

某保监局在组织突击检查时，事先讨论敲定重点针对的对象及分工，明确突击重点并分工到人，将销售管理部、财务部的会计和出纳岗、业务团队的内勤岗作为突击的重点部门和岗位，主要搜寻工作优盘和OA邮件以及工作电脑中的Excel数据、公司例会记录、相关人员的工作日记等等。带好录音笔、相机和工作证、检查证等必须装备，突击检查检查对象及有关人员的电脑数据和文本资料，获取了有关会议纪要、来往邮件、个人笔记、内部通信工具的文件传输记录等300余份。公司一些违法违规做法会在各种文字记录的只字片言中显露端倪，为检查工作的深入提供了重要线索，检查人员抓紧时间分析有关材料，逐项翻阅，从定性向定量延展，对有关数据进行统计汇总，有效夯实检查取证工作。

延伸阅读11：

保险公司应对检查的布置措施

某保监局在检查中发现，随着中介业务检查力度不断加大，保险公司为了掩盖违法违规问题，逃避监管处罚，有意识地在公司内部布置检查应对措施，主要集中在财务费用等问题的问答口径上，给检查工作设置了不小的障碍，值得高度关注。发现的相关公司内部文件内容摘录如下：

1. 应对监管部门提问与回答（★紧急而又重点解决的问题）。

（1）你就任什么岗位？答：银保部内勤。

（2）你负责什么工作？答：单证的管理、人员的管理、后援服务等工作（财务费用不用主动回答，问什么就只回答什么就可以了，不要画蛇添足，一律不能说有报销费用出来给银行。更不能把所有有关财务的资料留在办公职场范围内，甚至连电脑里边的有关财务费用的报表和资料都必须清理）。

（3）平常你负责费用这一块的工作吗？答：只是去财务报一些日常开销的办公费用、差旅费、招待费等。

(4) 你们有没有小账？答：小账是什么啊？没有听过这个名词哦。

(5) 换句话说就是你们有没有给银行支付什么费用？答：哦，您说的是给银行的签约手续费吗？这个费用我们公司都是统一由分公司转账支付给分行的，我们只负责回收银行手续费发票给财务。

(6) 还有其他支付给银行的费用吗？答：没有啦。

注意事项：

• 见了面一定要先问好，给检查人员一个好印象，态度上要表现出极力配合，检查人员要提供的资料要尽快拿过去，但是拿过去之前必须要向领导及财务汇报，先检查提交的材料有无任何问题（情节严重者最好跟分公司报告，请示后再解释）。要保持良好的心态，不要太镇定，也不要过于慌张，就是一般的聊天。

• 不知道的千万不要瞎回答，觉得问的问题很为难的情况下，可以说“我刚来不久，好多事情也刚刚接手，还不太了解，记不太清楚了”，（前提是你的确是刚来不久）。若已经是来了一年以上的员工最好就讲“时间过太久了，记不太清楚了，好像吧”。这类的字眼可以讲，太肯定的就尽量少说，给的答案过于肯定，像“不知道”这类的话一听就是不配合工作的人。

2. 做好对产品说明会、培训会的检查准备（★紧急而又重点解决的问题）。

举办的任何产品说明会、训练营、培训会等，都必须有的附件是：签到表、会议流程（课程表）、会议通知、费用结算单、费用签报。

上述材料必须是进行包装过的，不能一五一十老实交代，必须要符合监管的要求，反映出来的必须让人相信办的这个产品说明会等活动都是真实发生的，要关注每一个细节。

(1) 参会人员必须通知到位。如果监管部门拿着通讯录一个个打电话问，务必跟团队沟通好，什么时间、什么地点大概开过什么会议。如果实在怕回答错误，就含糊地回答：今年开过好多会议，开过了就不记得了（或是回答时间太久记不太清楚了，好像有吧）。如果监管部门联系签到表中的人员，他回答从来没有参加过！那就惨了！

（2）会议的举办地点即开发票的地方是否一致，一定要和会议酒店或场地沟通到位。到时候若监管部门去调查，酒店说没有接待过我们单位，那也惨了！

（3）盘点一下全年下来包装的会议以及真实的会议都有哪些，时间、参会人员、地域等等逻辑上是否有冲突，资料是否都齐全，有无记录本登记在册？签到表的字迹是否都是不同的人签署的等等一系列的细节。

3. 做好发票应对工作（☆次重点解决的问题）。

关于报账的发票类型也要特别关注：有个别中心支公司存在大量的集中性地使用同一种票类，并且有的是大量的连号车票，如何解释？其他如大量的加油费、大量的会务费、大量的办公用品费、大量的餐费等等。

（1）连号的车票：包车的或是能解释得通的说法都可以。

（2）油费：就是自己的车或是借别人的车去走访网点，网点巡查，下乡督导等等。单张油费过大就可以说是包车去哪里，或司机是私人开的车没有专门的包车票就给的油费发票。

（3）办公用品类别多，就必须注意与办公需求相适合。如果量也很大的话，例如打印纸的量可以用几卡车拉来的话，就说平时没有很好地管控客户经理使用额度。

4. 做好手续费支出等工作（☆次重点解决的问题）。

要关注的是一般报账的报销人都有哪些，要和其面对面沟通，各项财务报账的口径、财务跟银保数据要一致，坚决不能有任何“春节维护费”“春节过节费”等字眼出现，一切跟银行、客户相关的费用字眼都一律不提。除了分公司转账的银行手续费是正常的以外，其他坚决不能提！（注：银保费用政策分为三大块：一是分公司签署协议，统一由分公司支付的协议手续费；二是机构制定的客户经理、营业部经理提奖政策，上报分公司签批同意后由机构执行；三是报销的费用在分公司给定的产品额度内据实报销。）

手续费发票的回收情况。现在财务要求，当月转账的发票必须在下个月转账之前收回，否则不予以转账，而且未收回发票每张50元扣款，请各机构内勤关注！手续费发票要统计出来有多少是没有收回来的，尽快通知银行开好，让渠道经理或是外勤去收回！尽快全部收回！

大额支出必须要用转账方式支付，要注意是否签署了合同。若没有使用转账支付，应研究如何做好解释工作，请与中支财务沟通探讨此问题。

5. 其他问题（△一般性问题，但也不能忽视）。

- 代理机构是否取得监管部门颁发的专业/兼业代理资格。
- 银保外勤及代理网点柜面人员是否取得“保险代理从业人员资格证书”，必须全员持证上岗，请尽快准备一份公司银保销售人员管理制度。
- 是否制定年度培训计划，对培训实施是否进行效果评估（关于新人班培训费用的事宜切记不要提起每人缴食宿费100元、200元的事情）。
- 业务数据是否与财务数据进行定期核对并保持一致。
- 投保单的填写及投保资料是否齐全，签章是否齐全，投保人、被保险人签名是否存在代签情况，是否存在销售误导的情况。
- 银保业务保全手续是否齐备，退保及保单贷款等业务支付是否符合规定。
- 有价单证管理是否符合有价单证管理办法，如是否建立领用回销登记簿，单证回销是否及时，对领用单证的外部机构交接手续是否齐全。
- 银保业务实物档案的交接是否及时、完整，手续是否齐全。

以上问题只是其中一部分，后续整理再进行添加，请尽快落实以上罗列的各项工作，确保检查工作顺利通过，不允许出现任何的纰漏！

七、如何发挥信息技术手段在现场检查中的作用

在现场检查中适时利用现代化信息技术，有助于扩大现场检查信息搜索的覆盖范围，提高现场检查工作效率，降低监管人力资源成本。这里所说的信息技术手段，既包括为达成某一目的而专门开发的各类专用软件系统，也包括经常使用的用于数据统计分析的一般性软件，也涵盖利用互联网的信息查询和查证等功能。

（一）用好用活保险稽核系统，充分发挥稽核数据的采集分析功能

保险公司直接业务虚挂中介渠道具有操作隐蔽、查证困难等特点，在现场检查过程中，通过保险稽核系统编写各类业务、财务数据检索条件，能够迅速查询结果。一是通过保险稽核系统按照业务归属和业务渠道把数据细分，为进一步确定检查对象提供有力线索。二是通过保险稽核系统可对检查对象提供的各项业务、财务数据进行验证，确保数据质量。三是利用保险稽核系统固化的稽核点可对大量数据进行分析，从中筛选可能存在问题的信息，再进行重点检查，确保检查工作有的放矢。四是通过保险稽核系统调取大额赔案，从中发现假赔案的问题线索，从而大大提高检查效率。

如某保监局利用保险稽核系统快速发现线索、准确圈定目标、有效缩小检查范围，取得了较好工作成效。一是通过保险稽核系统的自主查询功能，汇总各家保险中介机构与检查对象合作的业务数据，并将其与保险中介机构年末上报数据比对，重点关注存在数据差异的保险中介机构。二是以检查对象中标的招投标业务或电销业务作为突破口，通过保险稽核系统强大的查询功能，搜索业务记录，查找是否存在虚挂中介渠道的情况。三是利用保险稽核系统的汇总和筛选功能，对部分企业和车队投保人通过多家保险中介机构

投保的情况重点核查，进一步查证业务的真实性。

某保监局使用保险稽核系统筛选业务量较大的业务员销售代码及其所对应业务，根据检查对象月度薪酬发放表统计业务员领取情况，比对业务员业务规模和领取的绩效工资是否匹配，发现部分人员存在薪酬与业务不成正比的情况；同时，通过询问业务人员、比较财务凭证等方式，发现检查对象存在虚挂业务通过部分业务员套取资金的问题。

某保监局利用保险稽核系统，针对保单开具、手续费支付、营业费用列支等重点环节，对保单基本信息表、保费收付表、保险中介机构代码表、业务人员代码表等信息进行筛选、汇总和比对，初步确定入场后重点核实、检查的方向和内容。

专栏26：

利用保险稽核系统设计筛选程序，提高检查效率

查询模块名称1：业务员手续费降序查询

编写背景：在检查过程中业务量增加较快业务员比较值得关注。往往会有一些违规业务虚挂在某一业务员名下的情况，这会造成该业务员手续费出奇高，同时其所代理的保险业务合规性也值得关注。

编写原理：按销售人员代码分组，汇总手续费，结果按照降序排列。

源代码：SELECT [t_ policy] . c_ agent_ cde AS [销售人员代码], [salesman_ info] . agent_ name AS [销售人员姓名], [salesman_ info] . quano AS [保险代理从业资格证号], SUM ([t_ policy] . n_ cmm) AS [手续费合计] FROM [t_ policy] INNER JOIN [salesman_ info] ON [t_ policy] . c_ agent_ cde = [salesman_ info] . Agent_ no GROUP BY [t_ policy] . c_ agent_ cde, [salesman_ info] . agent_ name, [salesman_ info] . quano ORDER BY SUM ([t_ policy] . n_ cmm) DESC

查询模块名称2：短期批改业务查询

编写背景：保单批改操作虽然是正常业务，但是保险公司却能通过这样操作达到套取退保费或者减少保额的目的，严重损害保险消费者的利益。

编写原理：设定投保日期和批单录入系统日期之差小于30天，查询此类业务的明细。也可以再附加上“批改后保费合计人民币=0”则查询短期批退业务明细。

源代码：SELECT [t_ edrsmt] . c_ ply_ no AS [保单号], [t_ edrsmt] . c_ edr_ no AS [批单号], [t_ edrsmt] . c_ edr_ serial AS [批单流水号/印刷号], [t_ edrsmt] . c_ insrnc_ cde AS [险种代码], [t_ edrsmt] . c_ dpt_ cde AS [批单机构代码], [t_ edrsmt] . c_ app_ nme AS [投保人名称], [t_ edrsmt] . c_ app_ addr AS [投保人地址], [t_ edrsmt] . c_ app_ tel AS [投保人电话], [t_ edrsmt] . c_ insrnt_ nme AS [被保险人名称], [t_ edrsmt] . c_ cntct_ prsn_ nme AS [联系人], [t_ edrsmt] . c_ bnfc_ nme AS [受益人名称], [t_ edrsmt] . c_ bsns_ typ AS [业务来源], [t_ edrsmt] . c_ cmpny_ agt_ cde AS [中介机构代码], [t_ edrsmt] . c_ agent_ cde AS [销售人员代码], [t_ edrsmt] . t_ app_ tm AS [投保日期], [t_ edrsmt] . t_ insrnc_ bgn_ tm AS [批改后保险起期], [t_ edrsmt] . t_ insrnc_ end_ tm AS [批改后保险止期], [t_ edrsmt] . t_ edrsmt_ input_ tm AS [批单录入系统日期], [t_ edrsmt] . t_ sign_ tm AS [批单生效日期], [t_ edrsmt] . t_ edrsmt_ check_ tm AS [核批日期], [t_ edrsmt] . n_ amt_ var AS [保额变化], [t_ edrsmt] . n_ amt AS [批改后保险金额], [t_ edrsmt] . c_ prm_ cur AS [保费币种], [t_ edrsmt] . n_ prm_ var AS [主险保费变化], [t_ edrsmt] . n_ rdr_ prm_ var AS [附加险保费变化], [t_ edrsmt] . n_ prm_ var_ prm AS [合计保费变化], [t_ edrsmt] . n_ prm_ var_ prm_ cnvt AS

```
[合计保费变化折合人民币], [t_ edrsmt] . n_ sum_ prm AS [批改后保费合计], [t_ edrsmt] . n_ sum_ prm_ cnvt AS [批改后保费合计折合人民币], [t_ edrsmt] . n_ insrnc_ vlu AS [批改后保险价值], [t_ edrsmt] . n_ ratio AS [短期费率系数], [t_ edrsmt] . n_ cmm AS [手续费折合人民币], [t_ edrsmt]. n_ pay_ tms AS [缴费期数], [t_ edrsmt] . Edr_ type_ tbl AS [批单类型], [t_ edrsmt] . c_ edr_ text AS [批文], [t_ edrsmt]. c_ rinsrnc_ mrk AS [再保标志], [t_ edrsmt] . C_ facultative_ ym AS [临时分保日期], [t_ edrsmt] . N_ Share_ Keep AS [自留保额变化], [t_ edrsmt] . N_ Prm_ Keep AS [自留保费变化] FROM [t_ edrsmt] WHERE ( [t_ edrsmt] . c_ cmpny_ agt_ cde = 220021100004'OR [t_ edrsmt] . c_ cmpny_ agt_ cde = 220198000002') AND datediff (day, [t_ edrsmt] . t_ app_ tm, [t_ edrsmt] . t_ edrsmt_ check_ tm) <30
```

（二）通过 Access 数据库对手续费支付对象分类汇总，有效核查手续费问题

如某保监局在中介业务检查工作中，从检查对象业务及财务信息管理系统中下载相关数据，建立了 Access 数据库。将业务系统内各销售渠道台账数据及财务系统内手续费支付明细等数据加以综合查询。通过 Access 数据库对手续费支付对象分类汇总。经交叉比对，初步发现检查对象向专业代理机构支付的手续费中包含营销员和直接业务，向营销员支付的手续费中包含直接业务以及同一笔保单在不同渠道中重复提取手续费等重要线索，并以此查实了检查对象编造虚假中介业务、虚假列支中介业务费用、涉及手续费 126 万元的违法违规问题。

专栏27：

利用Access软件开展中介业务检查取得成效

某保监局在保险公司中介业务检查中充分运用信息化手段实现对违法违规支付手续费线索的排查，将缜密的检查思路通过Access的SQL语句查询功能进行计算和验证，节约了人力，提高了现场检查效率。

一、数据采集

根据中介业务检查方案确定的重点检查内容和检查对象业务、财务管理状况，检查人员首先采集中介各渠道业务台账和支付手续费财务凭证所附的业务清单数据（简称“财务清单”）。完成采集后，检查人员使用操作直观的桌面数据库Access作为工具，将数据导入Access数据库，检验数据的真实性、完整性。

二、操作步骤及语句

利用Access数据库的查询功能，以保单号码作为条件字段，对财务数据之间、业务数据之间以及财务数据和业务数据之间进行对比分析，发现了直接业务支付手续费、同一业务重复支付手续费等问题线索。

（一）直接业务支付手续费问题

将直接业务台账分别与支付专业代理公司手续费财务清单和支付营销员手续费财务清单进行比对。从6 162条数据中筛选出了214笔直接业务支付给专业代理公司和营销员手续费的财务清单。根据这一线索，可以认定检查对象利用中介渠道虚列业务及管理费用违规支付给业务员手续费。

1. **示例一：**支付给专业代理公司手续费的业务清单中包括直接业务台账中的业务。

查询语句：

SELECT * FROM 专业代理财务凭证附明细表

WHERE 保单号 in (select 保单 from 直接业务台账)

2. **示例二**：支付营销员手续费的业务清单中包括直接业务台账中的业务。

查询语句：

SELECT * FROM 个人代理财务凭证附明细表

WHERE 保单号 in (select 保单 from 直接业务台账)

（二）重复支付手续费问题

将支付专业代理手续费的业务清单与支付营销员手续费的业务清单进行对比。从5 960条数据中筛选出了60笔保单在上述两类业务清单中重复出现，共支付手续费152笔。根据这一线索，可以认定检查对象存在虚假列支手续费问题。

3. **示例三**：支付专业代理公司手续费的业务清单中包括支付给营销员手续费业务清单中的业务。

查询语句：

SELECT * FROM 专业代理财务凭证附明细表

WHERE 保单号 in (select 保单号 from 个人代理财务凭证附明细表)。

4. **示例四**：支付营销员手续费的业务清单中包括支付给专业代理公司手续费业务清单中的业务。

查询语句：

SELECT * FROM 个人代理财务凭证附明细表

WHERE 保单号 in (select 保单号 from 专业代理财务凭证附明细表)

三、经验体会

Access对数据库具有很强的兼容性，可以存储和同时使用多种计算机语言，进场后可以要求检查对象复制源数据库进行分析，数据来源的完整性和准确性有了保障。另外，检查人员的排查思路可以运用灵活多样的Access查询语句快速验证和计算，遇到违法违规线索可以对生成的查询结果进行存储和打印，深入核实。在保险公司中介业务现场检查中，丰富的信息化手段结合着“一原则、两分析、三比对、四核实”的检查方法对大量的业务和财务数据进行梳理，在发现违法违规问题的重要线索、确定检查的突破口等方面起了非常关键的作用。

（三）通过 Excel 创建检查数据汇总表格，运用数据透视功能，对数据进行整理分类，迅速发现违法违规线索，锁定违法违规业务

如某保监局进场前集思广益，讨论可能违法违规点的表现形式和特征，重点设定了数据的筛选条件和关键字段。进场后第一时间调取了检查对象的稽核数据，借助保险稽核系统的自主分析功能，设计相关的检查模式进行反复分析和筛选，生成提取出各种关联数据。同时利用 Excel 功能将稽核数据与检查对象提供的各种清单进行筛选或者对比。对于关系复杂的数据，运用 Access 编程进行处理。通过信息化技术工具运用，迅速发现、锁定违法违规线索，解决了面对异常庞大的业务财务数据、众多机构和人员，利用常规检查财务凭证、业务档案等方法很难在短时间内理清基本情况和违法违规线索的问题。检查人员在两个月内完成对检查对象 10 家地市分支机构的检查、12 家保险中介机构的延伸检查，极大地提高了检查效率。

某保监局检查人员创建检查数据汇总表格，充分运用 Excel 数据透视功能。汇总检查对象各销售渠道业务、财务数据，合并同类报表，创建检查对象业务、财务数据汇总表格。在此基础上，根据财务凭证号将多张表格进行匹配，形成初步加工的检查数据汇总表。之后利用 Excel 数据透视功能对汇总表加以透视分析，最终形成检查需要的数据表格。通过此项工作，初步发现了“验车人”字段的异常信息，并以此线索查实了检查对象虚增保险营销员 40 余人，涉及保费 256 万元。

某保监局依靠 Excel 的强大功能开展数据综合比对，常用的功能主要包括

数据刷选、数据透视表和相应函数。对数据进行比对和整理：一是核实系统支付的各险种手续费比例，计算公司的整体性费用水平，查看公司业务及管理费用二级科目如会议费、车船使用费（或燃油费）等重点科目的金额，根据检查对象保费规模及用车频率可以预判费用的真实性。二是寻找客户真实性信息。保单上客户的联系方式往往是业务员或是营销员的，根据唯一的保单号链接承保清单和理赔清单，报案电话一般能联系到车主或是其朋友、亲人。三是落实营销员及其他保险中介机构的保费规模、业务的明细，寻找可疑对象。一般而言，如果营销员的保费超过检查对象对其考核，则很可能是虚挂的。此外，根据经验及从各方面了解的情况，非车险业务的真实展业途径基本是通过业务员。四是核查批退和赔款的真实去向，从支出户的银行对账单中可以得知检查对象是否通过该账户将钱支付至指定户名的账户中。

（四）利用保险公司管理信息系统发现违法违规线索

保险公司管理信息系统是保险公司进行业务、财务管理和信息传递的主要手段。因系统信息全面真实，且各级分支机构无法删除或更改，所以能够为现场检查提供有效信息。特别是办公信息系统中的公文签报及公司员工的电子邮件对现场检查价值较大。

如某保监局检查人员利用信息技术手段，进入检查对象办公信息系统调取相关电子文档，通过重点筛查的方式查找违法违规问题线索。发现疑点后，根据关键信息，比对核实相应的业务档案和财务档案，从中寻找证据，并进行适当的外调和排查；掌握部分证据之后，利用检查工具，对相关人员进行重点问询谈话，对被谈话人施加压力，力争取得突破。

某保监局根据检查对象信息化管理程度高，内部业务、财务和日常办公对系统高度依赖的特点，重视利用业务系统和财务系统的特点，查找检查线索、锁定检查重点、提高检查效率。一是通过检查对象的公文处理系统查找其内部签报和用印申请公文，帮助检查人员快速锁定检查重点、梳理违法违规行为脉络，明确违法违规行为的操作方式和路径，落实违法违规问题责任。

二是利用综合管理平台的产险财务系统（EPCIS－FINANCE）。该系统支持通过保单号查询凭证号、批单号、手续费等，有的放矢直接找到会计凭证，大大提高了检查针对性、准确性，避免了盲目翻找海量凭证的不便。三是利用产险公共平台的手续费经纪费模块。该系统可以对保单的手续费支付进行干预，在设定手续费上限的前提下，可以通过该系统反复多次追加计提手续费。利用该系统可查验重点业务的手续费实际支付标准，与合作协议、内部签报等证据和线索信息进行比对和验证。四是利用财务总账系统（ORACLE）。掌握该系统中对于销售费用和保单获取成本的标记特点。检查对象对于变通的业务及管理费用或理赔费用通过相同的明细科目代码进行标记。根据这一特征锁定了检查重点，提高了贴费、虚列理赔费用等科目检查的效率。

某保监局依次选择检查对象业务、财务系统的一线操作人员、后台复核人员和部门负责人员，向其了解相关系统的操作界面含义、数据录入流程、信息查询方法和报表导出格式。向不同层级人员询问同一系统操作事项，从回答不一致的地方入手，找出系统中隐藏违法违规信息的具体环节。

（五）通过比对发票信息与保险中介机构记账信息、税务部门发票登记信息，发现阴阳发票线索

如某保监局通过税务局核查发票真伪。通过市地税局网站，核查保险中介发票真伪以及盖章单位与开票单位一致性；前往市地税局、国税局，核查部分公杂费、会议费、修理费发票的真伪。通过工商局核查企业信息，公司部分会议费、公杂费发票盖章单位信息，确认关联企业基本情况。

某保监局充分发挥地税发票管理系统、工商企业管理系统等外部监管措施在验证发票真伪和开具单位信息方面的积极作用。在检查虚开中介业务发票问题时，通过地税发票管理系统，发现检查对象某中心支公司在与有关专业代理机构业务合作过程中，存在发票盖章单位和开票单位“张冠李戴”的问题，为查实该问题提供了重要线索，为进一步到相关保险中介机构开展延伸检查指明了方向。

（六）防止保险公司篡改数据

目前绝大部分保险公司的数据管理采用了大集中的方式，后台数据提取权限上收于总公司，这在客观上对下级机构篡改数据造成一定困难。但也有部分公司数据库未实现大集中，这也为通过篡改数据规避检查提供了便利。因此，在检查过程中要注重数据分析。一是在进场前，要求检查对象提供所属分支机构的数据。如检查中心支公司可以要求其上级公司提供其全省分支机构数据，然后检查人员根据需要分类筛选。二是对检查对象提供数据进行整体分析，然后与纸质业务、财务档案资料比对，从而发现问题。三是在检查过程中对在检查对象业务、财务管理系统发现的异常问题及时进行证据固定，防止检查对象针对发现的问题篡改数据。四是对检查过程中发现的、涉及利用中介渠道从事违法违规行为的线索，延伸检查保险中介机构，印证发现的问题。

八、可遵循哪些步骤和技巧来核查保险公司中介业务真实性

按照保险公司中介业务操作流程和业务管理方式，正常的中介业务，出单点、出单工号、业务归属、投保人地址等信息与保险中介机构的相关信息是相匹配的。某保监局根据多年检查经验，总结形成了“九步骤”法，来验证相关匹配信息，从中查找可疑中介业务的线索，核实保险公司中介业务真实性。

（一）查地址是否一致

通过保险稽核系统以及保险公司业务核心系统，提取投保车辆牌照、投保人名称、身份证号、单证流水号等相关字段，与保险中介机构的名称和地

址匹配，并按照地域特征校验，核实被保险人的地址与保险中介机构的地址是否匹配，查找可疑中介业务的线索。如检查发现，某保险代理公司虚开发票，该代理公司注册地为甲地，无分支机构，但是被保险人地址遍布省内各市。检查发现，某保险代理公司倒卖发票，该代理公司注册地为乙地，无分支机构，但投保人、被保险人遍布全省各地。

（二）查保险中介机构是否从保险公司领取单证

将保险稽核系统基本信息数据与保险公司单证系统数据关联，整理单证领用单位和人员，从中发现部分保险中介机构没有领取过保单，但是承揽了大量分散型业务。如2010年发现某保险代理公司虚开发票，该公司领用单证295份，但业务清单显示签单数量1 051份。

（三）查出单点是否和开票单位一致

整理出单点、出单工号、POS机发放等信息，可以发现以下线索：有些出单点所属的保险中介机构名称与开具发票的保险中介机构名称不一致，有些保险中介机构同时为多家保险中介机构的出单点的业务开具发票，多家保险中介机构向同一个出单点的业务开具发票。

（四）查同一保险中介的业务是否归属不同的渠道经理

调查了解保险公司的内部制度发现，一个保险中介机构只配置一个渠道经理（维护人），向该渠道经理发放绩效工资，不允许其他渠道经理挖角。发现个别保险中介机构业务的绩效发放给了多个渠道经理，疑似虚假中介业务。

（五）查中介机构、营销员代码是否与代理协议相符

在系统导出保险中介机构、营销员代码对比中介机构、营销员档案，查看否存在虚假中介机构、营销员代码，是否存在未经审批在系统中擅自添加保险中介机构或营销员代码。如果存在，进行跟踪，确认是否存在虚假行为，

进而确认其具体名单以及所经办的业务情况。

（六）关注新车保险由代理公司承揽的情况

调取交强险经营数据，将车辆初次登记日期新、车牌号码空、厂牌型号固定、被保险人名称包含区域、身份证号前4位区域特征、保单流水号相连、出单点为汽车销售公司的业务确定为4S店的新车业务，核实这些业务的手续费支付情况。如检查发现，部分新车业务，4S店没有开具发票，开发票的是代理公司。

（七）关注业务量突然增加或突然消失的代理机构业务

代理机构的销售能力在各月相对比较平均，按照月份对不同代理机构的业务进行统计，可以发现个别代理机构在某个时间段代理业务量突然激增，或者突然消失，中介业务真实性存疑。

（八）关注中介代理机构的规模

保险中介机构总体偏小但业务量较大，与其业务收入、自身实力和经验规模不相适应，其业务疑似虚假中介业务。如检查发现，某兼业代理机构注册资本金100万元左右，注册地在一个县城，但是与地市级中心支公司所属的多家分支机构和部门合作，同时该兼业代理机构的业务达5 000多万元，占该中心支公司业务的60%。此类兼业代理机构业务规模与自身经营能力不相匹配，存在虚假嫌疑。

（九）关注车商或运输企业等兼业代理机构的非车险业务

车商或者运输企业等兼业代理机构，一般只代理与自身业务相关的车险或货物运输保险等，代理的企业财产保险、人身意外伤害保险和健康保险等则真实性存疑，需加关注。检查中发现，某兼业代理机构在代理车险业务的同时，也大量代理了企业财产保险、人身意外伤害保险和健康保险等与自身主业严重不符的业务，最终检查认定为虚挂中介业务。

九、查实保险公司套取资金流向可采取哪些方法

目前保险公司违法违规套取资金主要方式为：一是虚挂中介业务套取资金；二是虚增营销员或虚增绩效套取工资和绩效费用；三是通过报销没有真实经济事项的票据套取资金；四是通过虚挂应收保费套取资金；五是开具阴阳发票截留保费；六是虚假批退、虚假理赔套取资金。针对上述套取资金，必须开展资金去向检查，以进一步落实有关机构和个人的责任，严肃依法处理，以达到惩罚、震慑违法违规真正得利者的目的，提高中介业务检查的效果。

（一）从保险公司资金流向检查套取资金

根据保险公司支票存根记录的收款人、支票开出时间、开户行等信息，通过到保险公司所在地开户行检查付款支票进账单位的收款人、账号等是否与支票存根一致，是否存在假支票存根、改变收款单位名称和账号等情况；或延伸检查收款单位、代理点核实资金去向，核实保险公司是否通过假批退、假代理、假发票、假赔款等不规范手段，套取资金。

如某保监局针对中介业务点多、面广、线长的特点，要求检查人员全面了解和熟悉中介业务操作程序和结算流程，认真总结中介业务的违法违规类型、表现形式及成因。在实施现场检查过程中，检查人员总结形成了围绕“一条主线”，重点关注“两类科目”，突出把握“五个关键环节”的检查思路和方法，有效提高现场检查工作效率。一是坚持围绕“一条主线”。以保险公司的资金流向为主线，根据资金流的来龙去脉，核实中介业务的具体开展情况，揭露虚挂中介业务的违法违规行为。二是重点关注“两类科目”。重点关注营业费用科目和中介手续费科目，查找和分析科目列支存在的疑点，以

点带面、追本溯源，查实公司虚增成本、虚列业务及管理费用，业务和财务数据不真实的违法违规行为。三是突出把握“五个关键环节”。从中介费用支付、营业费用支付、业务承保、理赔支付、资金流向五个环节核查业务真实性和合法性。重点检查中介业务支出科目，以资金流向为主线，逐笔核查手续费或佣金支付最终对象是否真实；重点关注以票据报销方式支付的费用真实性；重点关注集团客户大额现金支付保费的业务和一张支票支付多个投保人保费的业务，检查是否存在挪用、截留和侵占保费用于支付中介费用的问题。重点关注通过保险中介机构向投保人、被保险人支付不当利益，确认中介业务理赔案件真实性。重点关注账户使用情况，核查支票存根记载事项是否真实，核查资金去向和用途真实性。

某保监局针对将套取资金建立小金库、私分、贪污、职务侵占等问题，重点分析手续费及佣金支出和业务及管理费用报表，获取或编制业务及管理费用明细表，并从省级分公司财务部门获取中心支公司每笔费用的资金流向，追查每笔费用是否真实发生，发票等原始资料是否真实，资金是否流向开展业务的真实单位和账户，手续费及佣金支出计算是否符合有关协议等。

（二）从保险中介机构资金流向检查保险公司套取资金

保险公司套取资金往往通过虚挂中介业务或虚增营销员的方式将资金划转保险中介机构和营销员账户；保险中介机构和营销员收到资金后，通常将款项再划转保险公司的内勤、银保专管员、经办人的个人账户。因此，在检查过程中，一方面，要求保险中介机构或营销员到银行打印其账户明细清单，从中发现资金的去向及保险公司涉及人员的基本信息；另一方面，要求保险公司的内勤、银保专管员、经办人到银行打印其账户明细。将二者的账户明细清单比对，查找资金的来龙去脉，验证保险公司利用中介业务套取资金的违法违规事实。通过资金流向检查可以快速发现资金的来源和流向，从而大大提高检查的效率。

如某保监局对非法套取资金的使用去向坚持严厉查处原则，通过内审外调的工作方法，确保证据链的完整和缜密。一是双向对查中介机构。在认真清点保险公司有关业务凭证、银行对账单等资料的同时，检查人员对虚开手续费发票的全部4家保险专业代理机构和8家兼业代理机构进行了延伸检查，核实虚假手续费资金流转双方的银行账号，按月份核对收取的手续费“过单”资金和转回的资金，按人头核对向业务人员返回的资金总额。二是逐一清查有关业务人员。检查人员与以个人银行账户收取转回虚假手续费资金的39名业务人员分别进行了谈话或问卷调查，核实了每一笔转回的手续费资金，要求所有相关业务人员到银行打印有关账户的资金流水明细，并对同期发生的多笔相同金额或大数额转出的资金去向进行解释。排查过单资金私设小金库、个人或小集体私分、商业贿赂、给予投保人合同以外其他利益等违法违规行为。

十、如何把握和运用谈话技巧，提高检查谈话效果

询问当事人及与被调查事件有关的单位和个人，是《保险法》赋予保险监管人员的一个重要调查手段。在中介业务检查中，谈话取证是查实中介业务违法违规行为特别是账外暗中支付手续费等重点、难点问题的有效方式。但是，询问谈话是一个讲政策、斗智斗勇的攻心过程，特别要注意谈话的场合、方式、方法和细节技巧，才能达到预期的效果。

（一）谈话前要做充分准备

谈话取证手段多在查阅业务、财务、内控材料发现线索后采用。一旦确定对相关人员采取询问取证方式后，要从两个方面做好准备工作：一方面，针对线索结合有关法律法规，找出违法违规事实的构成要件，确认线索的有效性和深入调查的可行性；另一方面，围绕线索，查阅保险公司业务档案、财务凭证、业务单证、内控制度、会议记录，丰富、夯实线索内容，为谈话突破找到关键性证据。

如某保监局检查人员设计谈话提纲，选取谈话对象，明确谈话目的。检查谈话重点围绕以下内容开展：一是开展虚列工资检查谈话。根据不同谈话对象设计相应的谈话提纲：办公室人员谈话询问业务员合同签订情况、工资如何分到多名人员银行卡内以及如何确定发放金额；业管人员谈话询问业务员费用表生成流程；业务员谈话询问与虚增人员的真实关系；虚增人员谈话询问所做业务情况，结算费用比例。选取一名业务员进行检查谈话，该业务员将费用分到自己、女儿和丈夫的银行卡内，在检查人员出示其与虚增人员具有亲属关系并且其女儿的身份证号码显示年龄为 15 岁事实后，该业务员最终承认了为了避税而虚增人员的问题。选取一名内勤人员进行检查谈话，检查对象仅要求内勤人员每月做一笔业务，该内勤人员其他月份业务费用较少，而 11 月费用达到 32 662 元。经查询业务系统显示该笔费用为一笔企财险业务提取的费用，其将费用分到下面 16 名人员银行卡内与实际业务情况不符。谈话时询问内勤人员是否为团队经理，以及下面虚增人员是否为其业务人员。该内勤人员承认了向 3 名业务员借用 16 张银行卡的问题。选取两名虚增人员进行检查谈话，虚增人员均无法准确回答具体的费用比例和实际业务开展情况，仅能提供一笔业务情况，与实际发放工资金额对应的保费规模不符。二是开展虚列业务及管理费用检查谈话。检查人员与业务员、业管人员、财务人员、部门审批人、公司负责人进行检查谈话，询问费用报销流程和真实性。检查人员在谈话时出示相关证据，如转账支票资金转到汽修厂及运输公司及业务员等账户内、检查对象三辆查勘车加油费均已通过赔款支出科目列支、调取业务系统发现在业务员出差期间仍在开展业务、发票领用单位与开具单位不符、发票信息不存在、发票开具单位已经注销、财务部门提供业务员报销新车业务费用的凭证和金额明细表等，公司负责人、部门审批人承认对业务员提供的费用是否真实发生并不进行实质审核，存在虚列业务及管理费用问题。

（二）谈话要明确目的和方向，不同目的采取不同的谈话方式

调查谈话的目的包括掌握情况、确认事实、了解线索等。不同的谈话

目的，采取不同的谈话策略，谈话的方式、地点、切入点和人员的选择都是不同的。如果调查谈话是为了了解线索，检查人员对谈话的方向和可能结果事先应当有所预见，谈话的过程应当相对轻松，既要循循善诱，也要在关键时刻、关键环节，迅速抓住谈话的方向，达成谈话预期的结果。如果调查谈话是为了确认事实，谈话前应当做好相关证据准备工作，证据必须与被谈话人直接相关，例如有其签字、盖章、授权或者参会记录等。谈话的氛围应当是紧张严肃的，谈话的语气是不容置疑的，这样才能在调查谈话中形成主动的局面，顺利达到确认事实的目的。因此，开始谈话前，检查人员对谈话内容要有初步打算，做到心中有数；对涉嫌重大违法违规问题的关键人员谈话前要列出谈话提纲。要把具有可信性、可查性的线索作为谈话取证的基本方向，把涉嫌违法违规问题中的关键环节作为谈话突破的主要方向，避免谈话时眉毛胡子一把抓。要挑出一些比较确凿的关键证据和重要事实用以在谈话时作为打掉谈话对象侥幸心理的“炮弹”和“王牌”。

如某保监局以模拟谈话现场进行实战演练，实行内部小组正反辩论。现场检查面临形形色色的检查对象，涉及大量的访谈笔录，检查形势复杂多变。最好在询问初期就能切入主题、发现破绽、打垮心理防线，或者利用已掌握线索通过循循善诱而获得满意的谈话效果，提高谈话效率。检查人员独辟蹊径，分成正反两组，模拟谈话现场进行沙盘推演，从各自代表立场出发，尽可能多地设计问题，模拟答辩，从中发现漏洞并想法设法予以突破，保证所有问话能够层层递进，环环相扣，前后呼应，达到让对方无可辩驳的程度，做成铁证。检查人员共针对不同检查对象设计出谈话笔录提纲8类，检查人员通过精心设计的谈话提纲，发现漏洞进而攻破有关人员的心理防线，查实检查对象虚增理赔中心人员套取资金违法违规事实。一是设计调查问卷。由于被调查人员较多，为防止被调查人员相互串供，检查人员首先设计调查问卷，在谈话前先收集被调查人员的基本信息，包括资格证号、工作经历和保险营销从业经历，用以核对被调查人领取手续费的时间段与其营销工作经历是否一致，同时获取被调查人“情况属实”的书面承诺及亲笔签名，用以核对手续费签领单上的签名是否一致。通过第一步调查问卷，发现部分人员从事营销的工作单位与检查对象没有关联，或工作时间段与领取手续费的时间段相差过大，或本人签名笔迹与手续费签领单上的签名笔迹完全不同，为下一步谈话埋下伏笔。二是开展询问调查。询问笔录的设计依旧从被调查人员基本情况入手，再次确认其工作经历与营销经历。进而调查其与检查对象的用工性质、协议签订、收入情况、绩效考核、团队归属和参加晨会情况，实际上是侧面了解被调查人对检查对象的熟悉程度，虚增人员对具体细节根本无法回答，或胡编乱造与事实完全不符，前后矛盾。再询问其代理业务的客户名称和保费金额、手续费签领形式、具体流程和领取对象，虚增人员往往含糊其辞，或以“记不清”等理由搪塞，无法正面回答问题，心理防线已出现松动。三是出示实物证据。检查人员将事先准备好的手续费领取财务凭证复印件让其辨认，再次阐明做虚假陈述的法律责任，彻底攻破其心理防线，迫使其承认违法违规事实。

专栏28：

对营销员（业务员）的谈话笔录提纲

问：你何时考取保险代理从业人员资格证书？资格证书目前在你手上吗？（还是由公司保管，如由公司保管，是哪家公司？）

答：

问：你与××保险公司是什么劳动关系，是从什么时间开始的？（①岗位职责，具体从事什么工作，是正式工、临时工还是劳务派遣？有无签订劳动合同？②是否签订保险代理合同，什么时间？）

答：

问：你在哪个团队，团队长是谁？团队内你还认识谁？

答：

问：你每个月工资或手续费收入多少？有没有绩效奖金？如何考核？还有没有其他的收入来源？

答：

问：你有参加公司组织的营销员晨会吗？晨会的内容一般有什么？是谁组织或主持的？

答：

问：你有参加过公司组织的继续教育培训吗？具体有哪些内容？是谁组织或主持的？

答：

问：××年你做过多少保险代理业务？是否与哪个车行有固定的合作关系？是怎么合作的？你代理保险业务的具体流程？

答：

问：做营销员期间你代理过哪些业务？险种？客户名称？（核对手续费领取表上的业务记录）

答：

问：你领取手续费的具体流程？××××年收到的手续费金额大概有多少？一般手续费提取的比例是多少？

答：

问：这是保监局在××公司调取的手续费财务凭证，请问这些业务是否是你本人直接做的业务？（若回答不是，问是否领取相关手续费以及转账的银行卡是否自身保管？若是，请提供银行转账对账单）

答：

问：你领取这些手续费是通过现金还是转账领取？（如果是现金，是从谁那边领取的？如是转账，银行卡是哪家银行的?）

答：

问：转账的银行卡（报卡号）是不是由你自己保管？钱进入你卡上你是怎么取出使用的？

答：

问：领取了这些手续费之后，如何支配？做什么用途？（是否返佣）

答：

问：返还给客户是通过什么形式？现金还是转账？（询问几个被保险人为单位的业务，返还手续费是如何操作的，并强调保监局将后续跟踪核实。）

答：

问：返还给客户的手续费比例一般是多少？你自己有没有留一部分手续费？是否存在客户直接从保费中扣除手续费再交款的情况？

答：

（三）谈话时要循序渐进

谈话时机的选择和节奏的把握对于谈话的效果有着重要影响。一般而言，在掌握了初步证据后，可以着手准备调查谈话，这些初步证据尽量是客观的第三方证据，例如银行对账单、对方单位的收据、保单、批单等。如果仅仅是检查对象的内部文件是仍不够的，谈话对象对于这样的证据文件解释是很多的。在谈话过程中，对于确认事实的，应清楚、明晰地摆出情况，迅速取得结果；对于寻求解释的，要准备好可能的回答，以及不同回答可能导致的结果，一旦谈话中出现关键环节和字眼要迅速确认；对于了解情况的，要找准关键线索，例如“资金、单证、授权”等，把握谈话的主动和局面，不要让谈话不了了之。因此，安排谈话内容要循序渐进，掌握好谈话的切入点，在没有掌握确凿证据的情况下不宜直接切入主题。谈话可从谈话对象的工作经历、岗位职责、日常工作谈起，由浅入深，在沟通顺畅、气氛融洽、谈话对象情绪平和后再抛出关键问题。同时选择谈话对象时要循序渐进。在安排谈话对象顺序时，最好先谈职级较低、资历较浅的人员，后谈职级较高、涉及问题较深的人员。这样做一方面因为工作阅历浅的员工，社会经验较少，对抗谈话的技巧较少；另一方面因为层级较低的人涉及问题较少，抵触情绪和警惕性较少，从他们口中容易收集到有用信息。

（四）注重创造恰当的谈话气氛

一是谈话地点的选择。检查人员是选择谈话对象的办公室、会议室、还是到监管部门的会议室，不同地点谈话的效果是不同的。一般而言在谈话对象的工作区域进行谈话，谈话对象的心理是最放松的，对被检查内容最有把握，难以突破；如果在监管部门的会议室，谈话对象相对紧张，监管威慑效果强，这个时候谈话容易突破。二是谈话人员的选择。检查人员要根据谈话对象的性别、职务、年龄等特点，确定合适的谈话人。例如，如果谈话对象是财务人员，那么谈话人最好选择懂财务的，否则一旦陷入专业术语的纠缠，就很难达到谈话的目的了。三是谈话的形式。越是重要关键的谈话，越要选择正式的时间、正式的着装、正式的程序。虽然形式是外在的，但是对于形成心理暗示、树立监管权威是十分重要和必要的。四是必要的时候可以反复谈，多次谈。谈话是一个博弈的过程，有时候，谈话对象存在侥幸心理，不愿意合作，第一次谈话可能完全达不到目的，这个时候检查人员就要先放一放，可以先讲明政策法规，形成监管威慑，然后随着检查的深入和其他人谈话的情况，找准时机反复谈，多次谈。

如某保监局根据已掌握的检查对象涉嫌违法违规的情况及外调获取的证据及证人证言，选择从实施违法违规行为的最基层人员开始谈话，并逐步提升谈话对象层级。谈话前制定谈话提纲，从基础性问题入手，降低谈话对象的警惕性，随后“轻描淡写”地提出核心问题，并适时拿出部分已掌握的证据反驳谈话对象的辩解，让谈话对象始终无法推断检查人员到底掌握了多少违法违规情况，陷入“自相矛盾”的困境，最后不得不交待相关违法违规问题。

（五）要正确认识谈话对象

检查人员和谈话对象之间不是简单的对立关系，在没有明确事实指向之前，尽量不要把谈话对象设定为违法违规、作奸犯科之徒。平等客观和谐的交流会大大提高谈话的效率，大多数情况下，谈话对象往往会帮助检查人员理清思路，导向问题的根源。

（六）谈话中要讲清政策

实际谈话中，重点给谈话对象讲清政策，告知不如实提供情况应当承担的法律责任，不给当事人留下幻想和抵赖的空间。讲清问题的性质和违反的法律法规，划清违法与违规的界限，不给谈话对象造成太大心理压力。讲清谈话对象在违法违规问题中发挥的作用，划清个人行为与企业行为的界限，消除谈话对象的抵触心理，减轻谈话对象的紧张情绪。

（七）视情要乘胜追击

询问过程中，要注意观察谈话对象神情变化和情绪起伏，要科学合理运用前期调查掌握的基本事实和关键证据，适时打击谈话对象回避、隐瞒甚至歪曲违法违规事实的企图。在谈话实现有效突破后，切忌就事论事、浅尝辄止，要乘胜追击、步步紧逼，彻底瓦解其侥幸心理，促使其交代全部违法违规问题的真实情况，进而突破尚未掌握的问题，扩大战果。

如某保监局在检查虚挂代理业务时，检查对象省级分公司相关人员对检查较为抵触，以“不清楚”“不知道”来搪塞，检查遇到了“瓶颈”。检查人员决定从兼业代理机构的相关人员处取得突破，多次约谈兼业代理机构的负责人，在对方一直回避问题的情况下，利用已查明的事实和部分证据，攻破其心理防线，打开问题缺口，形成笔录证据，最后迫使其将手中和保险公司结算的书面证据交给检查人员，圆满完成取证工作，为查实违法违规问题打下基础。

（八）谈话要做好笔录

根据《中国保监会现场检查工作规程》，一要专人询问、专人记录，询问结束，询问人、记录人都应在询问记录上签字；二要将询问记录交被询问人核对，并由其逐页签字，对异议部分应当注明。此外，要检查记录内容是否完整，条理是否清楚，有无错别字，特别对违法违规事实的构成要件和重要情节，要原原本本进行记录。

十一、如何对银行账户进行调查取证

从目前中介业务检查情况来看，保险公司主要通过虚挂中介业务等违法违规手段套取资金。对大量套取资金往来的证实，需要调取银行账户进行核查和确认。因此，对银行账户的调查取证尤为关键，有利于查实违法违规资金的真实去向。《保险法》赋予了保险监督管理机构依法履行职责的权力。经国务院保险监督管理机构负责人批准，有权查询涉嫌违法经营的保险公司、保险代理人、保险经纪人、保险资产管理公司、外国保险机构的代表机构以及与涉嫌违法事项有关的单位和个人的银行账户。依据中国保监会相关通知规定（《中国保险监督管理委员会、中国银行业监督管理委员会关于保险监督管理机构查询保险机构及相关单位和个人在金融机构账户有关问题的通知》保监发［2011］21号），查询保险机构及相关单位和个人在金融机构的账户时，应由两名以上（含两名）工作人员现场亲自办理，并出示保险监管人员的工作证或行政执法检查证以及查询账户通知书。查询保险机构和相关单位在金融机构的账户，应当向有关金融机构提供保险机构或者相关单位的名称、账户名称及账号。查询相关个人在金融机构的账户应当向有关金融机构提供开户个人的姓名、账号。对因群众举报等原因，保险监督管理机构无法提供账号的，应提供准确的账户名称或居民身份证号或其他足以确定存款账户的情况，由金融机构协助查询。查询保险机构及相关单位和个人在金融机构的账户时，可以对相关资料进行抄录、复印、照相，但不得带走原件。取得有关证明材料后，应当注明来源，并由提供证明材料的金融机构盖章。保监局需要到异地查询本辖区保险机构在辖区外开立账户的，可持相关手续直接到相关开户金融机构查询；需要查询本辖区外保险机构在异地开立账户的，可以委托当地保监局查询。保监局需要查询保险业以外的相关单位和个人在异地金融机构账户的，经中国保监会负责人批准后，可以直接到异地金融机构查询。虽然保险监管部门具有查询有关机构或个人的银行账户权利，但在实际操作过程中，查询权限审批级别太高，限制了对银行账户信息的查询。

在检查过程中，具体个案的检查具有时效性和紧迫性，同时有些个案的查询仅仅是线索。因此，除了按照有关流程查询银行账户之外，检查人员还可以探索要求检查对象以自己的名义调取查询相关信息。如要求检查对象内勤人员、经办人员、营销员等本人到银行打印账户资金明细，必要时检查人员可与检查对象人员一同前往。这不失为一个便捷有效的工作方法，能够直接查清实际资金往来记录。

如某保监局在开展中介业务检查时，为了查实保险代理手续费的资金去向，在直接到检查对象开户银行查询相关资金往来存在障碍的情况下，要求检查对象向银行调取部分用于支付手续费的支票正反面复印件。通过所调取的支票复印件记载的内容，证明了支票都被直接背书给了检查对象员工，从而查实了检查对象虚挂中介业务、利用中介渠道虚开中介服务发票套取资金的违法违规问题。

某保监局通过比对内外数据创新取证通道。根据以往现场检查的实践经验，可从检查对象基本户的开户行调取所有其名下的开户资料。检查人员积极联系银行等外部渠道，调取了检查对象名下全部 4 个账户的银行对账单，包括基本存款户、保费收入户、手续费专用户、业务支出账户明细，以及部分业务员个人银行账户流水账单等，获取有关账单明细近 7 000 条，其中详细列明了检查对象 2010 年每笔收支的金额、内容摘要和交易对手账户，有利于剖析检查对象资金运作的来龙去脉，了解资金来源和流向。同时，将外部取证的数据与检查对象内部系统获取的数据逐笔比对分析，发现嫌疑事项则按线索进一步调取有关的原始卷宗和财务凭证，顺藤摸瓜，核查承保、理赔、批退等有关情况，大大提高了检查效率。

十二、如何做好外围调查取证

中介业务检查的难点在于查实资金去向，资金去向的难点在于取证难，取证的难点在于非法利益输送对象和检查对象之间的利益交织，要想查实资金去向就必须研究其中的利益关系，充分利用有关各方的信息不对称，选准切入点，有针对性地选择重点业务和重点单位进行外调。

如对直接业务外调投保人或招标单位，重点了解承保方式。对于采用招标、议标方式以及部分机关单位的业务，外调重点在于招投标方式、合作方式等情况调查，并获取中标通知书和相关书面证据。对于个人业务，通过电话联系投保人，了解其是否上门投保并进行详细的通话记录，先坐实虚挂中介业务，然后再追查资金去向，同时对个人业务调查取证时，尽可能进行电话录音，防止个人在保险公司的教唆下事后翻供。又如对虚挂营销员的业务，重点了解合作协议的执行情况。对于虚挂营销员套取资金、支付不具备代理资格的商业车队等单位或经办人员的问题，重点外调协议约定手续费的收取方式和金额。对运输车队、银行等单位，由于其是虚列手续费的利益相关方，因此外调难度大，但这些单位并不了解保险公司的资金来源或不了解收取资金的违法违规性质。因此，可以利用这种信息不对称，以保险公司和这些单位签订协议的履约情况为题了解其和保险公司的资金结算方式及金额，采集入账凭证、业务台账等书面材料，通过比对发现差异后，再进一步追查资金去向。可视检查需要，积极主动走访工商、税务部门等其他行政职能部门和交通、计生、安全、铁路等主管部门或行业协会。了解投保人、兼业代理机构等相关机构和人员投保情况、工商登记情况、纳税情况，有助查清中介业务的来源和去向。

如某保监局在检查某产险中心支公司承保城区出租车业务时发现，虽然该业务是招标业务，但检查对象一直未获取该业务的采购合同，没有书面证据证明检查对象独家中标。检查人员通过外调当地出租车管理处了解到，虽然没有签订采购合同但中标的结果经公证处公证，并发出了中标通知书。保监局以履约和理赔服务调查为题和管理处相关负责同志进行了座谈，取得了对方的支持和配合并及时采集了重要证据，证实了该业务渠道是直接业务。同时，也对出租车管理处反映的检查对象在履约和服务方面的问题积极向检查对象反映，督促其提高服务水平，取得了较好的效果。

某保监局延伸检查涉嫌协助检查对象虚挂中介业务的非银行邮政类兼业代理机构。首先向兼业代理机构的负责人了解情况，发现兼业代理机构反映的代理保费金额与从检查对象核实的金额出入较大，随后向兼业代理机构出具从检查对象获取的有关证据。面对事实，兼业代理机构最终承认协助检查对象虚挂中介业务。具体操作流程为：先由检查对象向其转账支付手续费，再由检查对象财务人员到该兼业代理机构领回现金。延伸检查与检查对象有业务往来的银行邮政类兼业代理机构。通过调阅银行留存的代理保险业务佣金结算表和保险中介发票，进一步核实了检查对象通过变造房贷险驾驽保单、虚假批退保费等形式套取资金，并将其中一部分作为代理保险佣金支付给银行。为掩盖违法违规事实，检查对象未将银行开具的保险中介发票作为会计原始凭证。

某保监局通过外围检查银行等兼业代理机构反证检查对象违法违规。检查人员根据在检查对象掌握的情况，分银行编制代理网点清单（具体包含网点名称、代理保费收入、手续费金额、双方开户行、双方账号等）、培训情况表（包括培训时间、参训人数、培训地点、培训内容、参训人员等）、业务招待费用情况表（包括具体地点、招待时间、费用金额、人员名称、所在机构等）、旅游情况表（包括旅游地点、旅游时间、旅游人员等）。进入银行后，检查人员认真调阅银行保险代理协议、业务台账、保险代理内部管理制度、手续费台账、检查对象开展的培训记录、保险单证领用清单、网点员工名单、保险代理业务考核计划、保险代理财务资料，暗访多个网点，进行多次询问、谈话和调查，从银行方面发现银行人员并未参加检查对象的培训，从而证实了检查对象存在虚列培训费用的现象。同时，也查明检查对象委托无资格银行机构代理保险业务以及部分银行无资格网点和人员销售保险产品等问题。

十三、如何通过检查保险中介机构发现保险公司违法违规线索

中介业务检查一般需要延伸至保险中介机构，这是常规的思路及做法。同时，也可以逆向思维，即在保险公司现场检查无法取得突破情况下，从保

险中介机构入手，通过分析保险中介机构的业务去向、资金来源及流向等、查找保险公司违法违规问题的线索。

对保险中介机构进行分析或启动检查，通常可以重点关注以下几个方面：一是中介资格的合法性；二是保险单证领取和使用记录；三是业务来源及与各家保险公司的合作情况；四是中介服务发票的使用管理；五是中介服务收入的来龙去脉，保险中介机构各项成本费用的列支；六是保险中介机构的内控管理、从业人员队伍状况等；七是其他可能存在的风险及问题，如是否涉及非法传销等。通过以上七个方面的核实，主要检查保险中介机构是否存在虚挂中介业务的嫌疑，但最终资金的真实去向还需要进一步核实。

保险中介机构返还资金，主要表现方式为：一是保险中介机构将保险公司划转的资金扣除一定比例的费用后，直接将剩余资金划转保险公司业务人员个人账户。二是保险中介机构通过虚增营销员套取资金，然后划转保险公司业务人员个人账户。三是保险中介机构通过虚增经营费用套取资金，然后划转保险公司业务人员个人账户。四是保险中介机构通过开具阴阳发票的方式套取资金，然后划转保险公司业务人员个人账户。在检查过程中要重点关注保险中介机构套取资金的去向，通过查询保险中介机构银行对账单，查找资金流向，或通过查询保险中介机构财务人员或负责人的个人账户查找资金的流向。在明确资金流向以后，了解资金流向人员的基本情况以及保险公司之间的关系；在人员关系确定以后，重点查询资金流向人员的个人账户，查询资金的真实去向，从而查实保险公司套取资金的完整链条。

如某保监局将核实中介业务是否真实、是否存在虚开发票、保险中介机构手续费是否如实入账、是否协助保险公司套取资金作为检查保险中介机构的要点。检查程序上，一是制作延伸检查保险中介机构核实清单；二是调阅保险中介机构代理保险公司的业务台账、档案，查看是否记录相关业务；三是调阅保险中介机构部分财务凭证，核实保险中介机构手续费入账凭证，对比审核中介发票，查看资金流入方式（现金、转账、坐扣），是否全额入账；四是核对保险中介机构对账单、账户信息，查看保险中介机构大额资金流出情况，转账支票收款单位是否为个人、无业务往来的机构等，查清资金流向。

某保监局对保险公司与保险中介机构资金往来，一定要核对双方的业务台账或承保清单，核对双方的银行存款日记账，确认保险公司支付资金往来的名目，要求提供相关证据，并与保险公司和保险中介机构报送的非现场监管数据相比对，确认违法违规行为。

某保监局对保险中介机构的延伸调查重点在于核实其业务来源情况。对于真实业务，保险中介机构多能详细描述保单内容与投保客户的基本情况，甚至能出具客户的委托函或相关证明；反之，对于语焉不详的中介业务，则可能为无代理资格、协议是个人介绍来的业务，其中可能包括保险公司或其业务人员虚挂的业务。

某保监局到保险中介机构逐笔核实虚挂保险代理业务数据，询问业务经办人员，核实套取资金的金额及去向，并做好询问笔录。复制保险专业中介机构台账、手续费收入凭证、保险中介服务统一发票、银行进账单等，并与保险公司数据核对。

十四、如何做好各类证据的采集整理工作

证据收集是指监管部门及其检查人员为查明案件真实情况而运用法律许可的方法和手段，按照一定的程序，发现、采集、提取证据的活动。证据收集工作完成情况，直接关系到案件事实是否查清，能否正确定性以及实施行政处罚。

从目前现场检查取证来看，证据的收集途径有限，所取的证据证明力不强，言词证据多，实物证据少；间接证据多，直接证据少；传来证据多，原始证据少。除了《现场检查笔录》和《现场调查笔录》这两种证据外，其他类型的证据都很少被运用。当遇到当事人否认违法违规事实，又没有其他的证据予以辅证时，就极易形成没有证据证明违法违规事实的情况，无法给案

件定性，很容易给工作带来被动。因此，如何更加完善地收集证据、进一步增强证据的有效性和准确性尤为重要。

（一）关于《现场调查笔录》制作

《现场调查笔录》是否具有证据效力，关键要视制作的笔录是否合法。其合法性主要体现在三个方面：一是内容的合法性。调查案件当事人必须按法律规定进行，充分保证被调查人的合法权利，否则所制作的笔录内容无效。二是制作主体的法定性。笔录制作主体只能由案件承办人员制作。三是手续的合法性。笔录应当交被调查人核对，如有遗漏或者差错，可以补充或改正，在被调查人确认笔录没有错误后，应当签名或盖章。《现场调查笔录》一律当场记录有效，不得事后追记或补缺。调查笔录履行手续合法，才具有法律效力。如果未履行某种法定手续，比如被调查人未在笔录上签名或盖章，或者未写明对笔录的意见，或者是在修改处、补充处未签名盖章，都会直接影响笔录的证据效力。

如某保监局检查人员指定专人汇总检查证据材料，编制调查取证材料清单，核对证据是否与违法违规事实数据一致，证据是否加盖印章并由相关人员签字确认，询问笔录是否有询问人、被询问人、记录人的签字或押印等，确保证据的完整、有效。

（二）收集证据要及时、主动

一方面，随着时间的推移，某些证据会发生变化甚至消失；另一方面，当事人出于利害关系的考虑会尽可能掩盖事实真相，包括隐匿、损毁、消灭和伪造证据。这些情况客观上都会增加检查人员查清案件事实的难度。因此，检查人员在得知案件线索后，可以对现场实施突击检查，如封存可能保存证据的电脑、保险柜等，或对关键岗位人员的电脑、文件柜等突击检查，及时收集与违法违规行为有关的证据。

如某保监局2010年对检查对象省级分公司业务管理部的电脑进行检查

时，发现该电脑中一名为“业务汇总”的文件夹下储存大量业务方面的电子资料，可能存在中介业务违法违规行为的直接证据。检查人员通过以下措施强化了电子证据的固化和认定：一是确认电子证据的真实性。检查人员立即用优盘复制了这个名为“业务汇总”的文件夹，并对该电脑使用人员进行了询问，确认该文件夹下的业务资料是真实发生的。二是以加密手段固化电子证据。检查人员对该文件夹进行了加密设定，除检查人员外其他人员不能再打开该文件夹，避免了电子证据被修改。三是书面要求不得删除电子证据。检查人员要求检查对象出具保证书，保证现场检查期间不得通过任何手段删除该文件夹。固化电子证据后，检查人员以此为线索，对检查对象财务报表、账册、凭证进行核查和比对，迅速查明检查对象存在直接业务虚挂兼业代理业务、直接业务虚挂营销员业务等问题，从而实现了证据链的完整性和真实性，确保了现场检查取得实效。

（三）收集证据要客观、全面

全面是对证据收集的内容和范围的要求。客观包括两个方面：一是收集的证据应具有客观性；二是办案人员在收集证据时要持客观态度，特别是在各种各样证据材料并存的情况下，如证明某种事实存在的证据和证明该事实不存在的证据并存，对当事人不利的证据和对当事人有利的证据并存，直接证明某种事实的证据和间接证明某种事实的证据并存，证明案件主要事实的证据和证明案件次要事实的证据并存。检查人员应全面、客观地加以收集，保证定性处罚的准确性。

如某保监局完善所查实违法违规问题的证据链，确定违法违规行为的经办人、批准人或授意人，并制作取证记录。取证记录的用词力图客观、准确，避免带有感情色彩或定性类的词语，分批次要求检查对象盖章签字确认，降低检查对象的警惕性。

某保监局采取先清查电子资料后再查看纸质档案。对于当场取得的电子数据，立即打印并进行取证处理；对数据量较大、需进一步核查的电脑主机，依照规定实施封存处理。对存放在抽屉或柜子中的资料，请检查对象的工作人员配合打开，并在其见证下清点。对证据效力严格要求。检查人员对每一项违法违规行为进行反复论证，要求做到证据链完整、违法违规事实清楚、责任人明确。对相关责任人认定的问题，检查人员必须与每一名当事人当面或书面核实，不能简单以他人指证为认定依据。

（四）收集证据要深入、细致

深入、细致收集证据的要求包括：一是认真检查与案情有关的环节，注重分析涉案有关的人员，认真询问、调查与案情有关的单位和个人。二是紧紧围绕案情发现和收集证据，把握好证据与案件事实的关联性，做到既不遗漏，又不盲目收集。

如某保监局对于检查发现的每一个问题都至少要从三方面取证：一是从系统提取的记录；二是纸质凭证复印件；三是问询调查笔录。力争使这三方面证据互相印证，形成完整的证据链，确保查实查透、不留疑点。

某保监局进场后及时控制检查对象内部OA通讯记录，从中筛选违法违规线索，入场后迅速调取了检查对象2010年度全部“QQ通信记录”。通过查阅该记录，发现检查对象存在业务员借用虚增人员银行卡分摊费用的信息。在查阅检查对象业务管理负责人与办公室人员内部“QQ通信记录”时发现，多次提及关于将业务员费用分摊到多名人员银行卡的内容，例如“业务员李某费用金额12 148.28元，看看需要办几张卡，我告诉他”，“业务员赫某的费用这么多，卡不够用啊；要是我和我妈的卡不借给赫某，那够吗”等等，为检查打开了突破口。

某保监局登陆检查对象内部网站查看有关信息，从关键岗位人员的电脑上搜索信息。调阅了检查对象各项发文，从预算指标、竞赛方案、手续费政策、单证清理等文件中查找线索。根据前期掌握的人员分工情况，对重点岗位人员的计算机进行检查，主要搜索激励方案、物品奖励、费用报销等内容。

（五）要充分运用现代科学技术手段收集证据和保全证据

违法违规行为的表现形式复杂多样，违法违规手段也不断翻新。因此，在证据收集过程中，要注意及时将科学技术的新成果运用到证据的收集中去。如在检查中发现关键人员的电脑中存储大量业务电子资料，其中可能存在违法违规行为的证据线索，可以通过保存电子化证据进行固化，要求检查对象不得删除电子化数据。

如某保监局针对检查对象提供的纸质证据材料种类多、数量大以及数据冗繁的问题，给审核、复核证据材料充分性和完整性以及分析统计数据带来不便的情况，对相关纸质材料进行拍照，并将电子图片刻录进光盘进行保存。光盘刻录完成后，检查人员封入信封并交由检查对象加盖封口印章，与检查对象经办人员对光盘刻录内容进行确认。这种方式减轻了传统证据材料复印、整理和保管工作量。同时，使用 Easy Recovery 等软件对已被检查对象删除的文件进行恢复，发现了大量违法违规证据。

某保监局通过三种方式采集电子数据，确保程序合法、内容有效：一是在进场当天及时锁定业务财务数据，刻录光盘一式三份，分别盖章封存在检查对象和检查人员手里，以备日后存有异议时相互验证。二是对检查对象随时提供的电子数据及时固化，并要求检查对象签字认定，防止数据被更改。三是要求检查对象对关键岗位人员电脑中恢复后的数据再次确认，保证内容合法、有效。

（六）调取有关资料要进行复印、摘抄

不论是原件还是复印件，如果作为证据使用的话，应当由提供人在原件或复印件上签字或盖章，如为复印件还应标明“经核对与原件无误”字样，以证明该证据来源或进行确认。

如某保监局为防止检查对象私自对检查材料进行篡改，严格手续，保证证据材料证明效力，在两名检查人员现场监督的情况下，要求检查对象

对现场检查材料由主管人员签字及加盖公章予以确认。

（七）要充分借助外调证据进行佐证

外调的证据由于受到保险公司影响和制约的因素相对较小，其证明力相对较强。在检查过程，有条件的可以对投保人、被保险人、合作的保险中介机构、招标单位以及工商、税务等职能部门了解情况调查取证，从而佐证保险公司的违规违法行为。

总之，不管检查人员在收集证据的过程中采用上述哪种方法，最终目的是要综合发挥各种合法有效证据的证明力，形成完整严密的证据链条，尽可能详尽而完整地反映检查对象整个违法违规的过程，保证案件查处质量。

十五、如何发挥监管合力增强检查成效

发挥监管合力的必要性：一是保险公司中介业务检查涉及点多面广、外部性强，有些涉案机构及人员不属于保险监管范畴，必须借助其他部门的力量共同参与查处工作，充分发挥各部门的专业监管优势，如税务部门对发票的监管、审计部门对费用合理性的监管、司法部门对商业贿赂等的监管等。二是保险公司中介业务违法违规问题多，不少行为涉嫌违反保险法以外的其他法律法规（如税务、工商等法律法规），需依法移送并将查处工作推向纵深，这也是发挥监管合力的体现。

发挥监管合力的意义和作用在于提高查处工作成效：一方面，借助其他行政执法资源，可以共同实施现场检查，弥补行政执法手段的不足，有利于顺利取证，为处罚打下坚实基础；另一方面，通过其他执法部门对违法违规机构及责任人员依法实施处罚，可有效加大处罚力度，增强警示、惩戒作用。从实践看，在中介业务查处工作中，工商、公安（刑侦及经

侦)、税务等部门是合作的主要部门，人民银行或银监局、交管部门也是常见的合作机关。

如某保监局加强与公安、检察机关的沟通，与纪检监察、公安、检察机关和银监局联合共同打击银保业务领域违反廉政规定和违法犯罪的行为，认真落实中纪委转发的中国保监会《关于严厉打击利用保险业务从事商业贿赂行为的通知》，对违规支付手续费等涉嫌商业贿赂和违反廉政规定的行为，加大整治力度。对于涉嫌犯罪的，坚决移送司法机关。

监管合力的形成及其作用的有效发挥，除了加强案件合作外，更重要的是形成长效机制，从制度层面构建合作体系。无案时共同关注市场、防微杜渐；查案时紧密配合、互相支持；破案后及时处理、通报结果。

如某保监局2010年在对某产险省级分公司中介业务检查过程中发现，该检查对象业务档案中存在车船税完税凭证被重复复制、反复使用现象。检查人员通过对完税凭证复印件中完税凭证号码登记、分类、整理，发现检查对象涉嫌默许部分保险中介机构伪造车船税完税凭证，少收或不收机动车辆使用税。检查人员通过保险稽核系统，锁定目标，对重复使用2次（包含2次）以上的完税发票号码进行了初步统计，发现有12 004份保单存在问题，其中重复最多的一个号码被使用了396次。经测算，2009年检查对象涉嫌少收或不收车船税400余万元。针对以上事实和证据，检查人员认为检查对象作为机动车车船税的扣缴义务人，在委托保险中介机构代理业务过程中未履行代扣代缴人义务，造成国家税款大量流失，数额巨大，其行为已涉嫌违反《中华人民共和国车船税暂行条例》和《中华人民共和国税收征收管理法》规定。根据《处罚办法》第二十三条规定，保监局将该案移送了当地税务机关。省地方税务局对检查对象违法行为进行了查处，责令检查对象补缴应收未收车船税167.2万元，并处以罚款83.6万元，从重打击了保险公司通过车船税进行恶性竞争行为，维护了保险市场的经营秩序。

监管合力的形成，除了借助其他行政职能部门联合执法外，还可以借助信访举报、社会监督的方式，强化监管措施，达到警示和震慑市场违法违规行为的目的。近年来，监管部门通过信访举报线索依法严肃查处了多起违法违规行为。

如某保监局通过信访举报线索，查实了检查对象某中心支公司2008年12月擅自印制公路旅客人身意外伤害保险单证共计5 000本、50万份，印刷流水号为090000001至090500000。每份保单保费1元，保险责任为意外伤害2万元、意外伤害医疗2万元。该检查对象按照50%的比例实收保费10.59万元，其余50%以净保费结算的方式支付手续费。其中，用于冲减车险应收保费的资金9.78万元，仍以未达账项挂账的资金8 001.56元，尚未进行会计核算。2008年4～11月，该检查对象为解决费用紧张的问题，擅自采用重开赔案的方式，先由理赔人员选择2007年已经结案的商业车险案件，在没有被保险人申请和实际对应关系的前提下，把与案件无关的费用直接列入赔款支出，然后由财务人员采用复印原有案件身份证、领取赔款委托书的方式，以被保险人的名义领出赔款。通过上述方式共制作虚假赔案56件，形成账外资金12.36万元。

十六、认定拒绝或者妨碍依法监督检查应该把握哪些原则

拒绝或者妨碍依法监督检查，是指检查对象以及与被检查相关事项有关的其他单位和个人，不履行法定义务，采取各种方式拒绝或者妨碍监管部门依法对其进行监督检查的行为。常见的表现形式有以下几种：一是阻止监管部门检查人员进入办公场所或者营业场所进行检查或调取证据。二是拒绝回答检查人员的询问，隐瞒与检查内容有关的事实，致使监督检查无法进行。三是拒绝提供或者拒绝监管部门复制、提取与检查内容有关的数据、文件和资料。四是提供虚假证据或文件资料，干扰依法监督检查。五是转移、隐匿、

销毁证据。六是拒不执行监管部门依法采取的非处罚监管措施。七是其他拒绝、妨碍依法监督检查的情形。

在认定检查对象拒绝或者妨碍依法监督检查上，要有充分的证据，并且要同时满足下列三个条件：一是证明监管部门提出了明确的监督检查要求，如监管部门的资料调阅清单、监管函等。二是能够证明检查对象未按照监管部门要求配合监督检查工作。为稳妥起见，最好掌握有关检查对象多次拒绝或妨碍监管部门检查的证据，如监管部门两次或两次以上下发现场检查通知书，检查对象均未在规定时间接受检查。三是检查对象无正当理由。同时，若检查对象拒绝或妨碍检查并存在违反治安管理行为的，监管部门可以向公安部门移送。《关于加强协作配合共同打击保险领域违法犯罪行为的通知》（保监发［2009］87号）明确："保险监管机构在查处本行业内的违法违规案件时，遇到阻碍行政执法行为、违反治安管理规定的，应向公安机关移送，公安机关应当及时依法查处。"

如某保监局坚持检查过程"书面化"制度。向检查对象调取相关资料、约谈相关人员、获取相关权限时，以书面形式提出要求，并规定时限。一旦检查对象未按要求完成有关事项，即可制作不配合检查的取证记录，从而降低检查对象拖延检查进程、制定应对措施的可能性。同时，检查人员可以对检查对象拒绝或者妨碍监督检查的过程进行录音取证，进一步证实违法违规事实。

十七、如何落实责任追究

（一）关于责任追究界定和认定

《保险法》明确规定，保险公司、保险资产管理公司、保险专业代理机构、保险经纪人违反《保险法》规定的，保险监督管理机构除依法对该单位给予处罚外，还要对直接负责的主管人员和其他直接责任人员给予处罚（《保险法》第一百七十二条、第一百七十三条)。行政处罚“双罚制”的实行，对有效打击业内违法违规行为、维护保险市场秩序具有重要意义。

那么，如何准确理解“直接负责的主管人员和其他直接责任人员”、如何收集证据准确认定责任人，是检查过程中落实责任的关键环节。中国保监会对负有直接责任的主管人员和其他直接责任人员的相关解释，首次体现于《保险机构案件责任追究指导意见》第四条：“直接责任人，指对保险案件负有直接责任的主管人员和其他直接责任人员，即决策、组织、策划、实施或参与实施违法犯罪行为，或部署、授意、默许、胁迫、协助他人实施违法犯罪行为的保险机构从业人员，以及其他不履行或不正确履行职责，对形成案件风险、引发不良后果起直接作用的违法违规人员。”这一规定较为抽象、原则，且没有对负有直接责任的主管人员和其他直接责任人员予以区分，操作性不够。为进一步落实责任追究，中国保监会在《关于依法严肃处理保险公司中介业务违法违规机构和责任人员有关问题的通知》中规定：“保险公司中介业务违法违规，本级或者上级机构的部门负责人、分管领导、主要负责人等有下列情形之一的，视为‘直接负责的主管人员’，应依法给予行政处罚：(一) 决策、指挥、组织、参与本级或者下级机构中介业务违法违规活动的；(二) 指使、教唆、直接或者间接授意本级或者下级机构利用中介业务从事违法违规活动的；(三) 有直接管理职责，发现本级或者下级机构有中介业务违法违规行为未及时制止的。”该规定一定程度上增强了认定的可操作性。

1. 关于相关责任人的界定。

结合保险行业特点和行政处罚的实践经验，保险行政处罚案件通常责任人包括直接负责的主管人员和其他直接责任人员。

直接责任人是指对保险案件负有直接责任的主管人员和其他直接责任人员，即决策、组织、策划、实施或参与实施违法犯罪行为，或部署、授意、默许、胁迫、协助他人实施违法犯罪行为的保险机构从业人员，以及其他不履行或不正确履行职责，对形成案件风险、引发不良后果起直接作用的违法违规人员。

间接责任人，指在职责范围内，不履行或不正确履行职责，未能有效制约或防范案件的发生，对案件造成的风险或者不良后果起间接作用的保险机构从业人员，包括经营管理责任人和其他间接责任人。

经营管理责任人是指对发案机构具有经营管理责任的保险机构高级管理人员和部门负责人。其他间接责任人是指在其职责范围内，因故意、过失或不尽职尽责，对应制约、管理或监督的工作不履行或不正确履行职责，对造成案件风险或者不良后果负间接责任的董事、监事，以及合规负责人等其他高级管理人员和部门负责人。

如某保监局通过检查省级分公司内控情况，掌握检查对象组织架构、业务财务流程，确定各部门负责人员。发现检查对象实行事业部制管理模式，分为个险、团险和银保三大部门。中心支公司实行“1+3”负责制，即主要责任人有总经理、三个分管副总经理；省级分公司对中心支公司总经理的考核内容主要是个险保费收入、个险的收展队伍管理、银保期交保费收入等；省级分公司个险、团险、银保副总经理分别负责中心支公司各线的总体费用额度，中心支公司个险、团险、银保部门的费用指标、考核标准和费用具体使用分别由三个副总经理负责。

2. 保险行政处罚个人责任认定中存在的问题。

目前，保险行政处罚个人责任认定过程中存在以下问题。一是在处罚决定中不区分直接负责的主管人员和其他直接责任人员，部分案件对其他直接责任人员的处罚重于直接负责的主管人员，处罚轻重不匹配，难以达到惩戒效果。二是部分案件缺乏认定责任人的直接证据，仅依据保险公司任命文件和班子成员分工，直接确定拟处罚对象。如果不核查违法违规业务的审批流程，查实签字人、批准人、决策人，仅依据分工难免造成偏差。三是各保险公司内部管控制度不同、决策方式不同，行政处罚个人责任认定的方法针对性不足。四是部分行政处罚案件由于多种原因没有追究个人责任。

3. 行政处罚个人责任认定陈述申辩理由。

近年来，行政处罚个人责任陈述申辩理由主要有以下几种情形：一是对违法违规行为不知情，无违法违规的主观意图。二是本人非违法违规行为决策人员，仅是执行层面部门负责人。三是违法违规行为系具体工作人员的失误，本人对违法违规行为不知情。四是没有专门或直接分管该项业务。五是对违法违规行为理解上有偏差，被指出后已采取措施纠正。六是本人为挂名负责人，公司实际被别人控制，否认参与违法违规行为，对签字盖章均不知情。七是处罚已过行政追溯时效。八是批准实施违法违规行为是为了解决以往历史遗留的违法违规问题。九是与其他直接责任人相比，处罚过重或显失公正，应当负责的人未被处罚，因此也不应处罚本人。

4. 证据取证角度、证据形式和具体检查方法。

首先，要通过核查违法违规业务的流转签批过程，取得决策、批准、组织、指挥、授意的直接证据，这是最重要的。其次，核实是否负有直接管理责任也非常重要。有直接管理职责发现违法违规行为而未采取必要措施制止或纠正，甚至纵容、默许其实施的，是“直接负责的主管人员”的另一种形式。

检查人员可以结合案件的具体情况，从下列资料中查找证据：一是通过调阅保险公司管理制度，查阅公司内部 OA 文件、公司办公系统中的审批记录，确定业务管理流程、岗位设置和人员分工，确定每一项违法违规行为的授权人、实施人等。二是通过查阅会议纪要、管理人员任命文件、部门职责规定，确定班子成员及具体岗位人员职责调整情况。三是通过调阅业务财务原始凭证、财务凭证中的审批单，确定具体签字经手人和审核人；确认保险公司不同岗位对违法违规业务是否按照内控制度要求履行了审核手续和相关程序；通过调阅公司 IT 系统用户权限设置，确定违法违规业务在公司 IT 系统中流转签批路径。四是通过调查谈话了解公司人员岗位分工和具体职责，要求公司提供一份覆盖检查期间的职责分工说明，注明所任职务、分管工作范围。五是通过公司出具相关说明，并签字确认，确定相关责任人员。需要注意的是，为了防止违法违规机构和责任人员提出申辩、复议或故意推诿抵赖，除了取得相关证据以外，建议在检查期间与各级责任人进行谈话笔录以进一步确认责任归属。

如某保监局在现场检查进场前，要求检查对象省级分公司上报部门及员工分工情况及相关责任人，对照违法违规业务性质，找出其分管责任人、部门负责人、经办人等。在现场检查证据核实阶段，派专人到检查对象省级分公司进行内控检查，并对照相关中介管理制度，查找内部制度存在的漏洞以及与监管规定不符的内容，为行政处罚及责任追究寻找制度依据。

某保监局按照四个条件确定违法违规责任人员。一是部门负责人、分管领导、主要负责人。二是直间或间接参与违法违规行为。三是按照规章制度应承担的责任。四是按照业务财务流程应承担相应的岗位职责。参照上述四个条件，检查人员针对每一案件进行了责任追究和认定。在虚列业务及管理费用方面，根据检查对象的财务制度规定，由检查对象财务负责人和主要责任人签字报销，检查人员根据检查对象各项费用报销单上的签字，对于财务负责人和主要责任人进行责任追究。在截留保费方面，根据检查对象业务承保流程和核保流程，按照业务员、出单员、初级核保、业管部门、财务部门、分管领导、主要负责人、上级机构业务部门和核保人完整的业务财务流程，逐级确定责任人。

某保监局责任认定的依据是检查对象关于相关人员的工作职责描述、任职的起止时间证明文件、相关会议记录中的发言记录、相关会计凭证上的审批签名等，认定相关直接责任人和主管人员是应当承担责任的主要人员。

某保监局通过四种途径查找责任人员违法违规证据。一是通过翻阅会计原始凭证确定责任人。对于虚列业务及管理费用行为，通过翻阅会计凭证中的费用报销单据，确定报销人、审核人等重要信息。二是通过调阅 OA 系统文件确定责任人。通过调阅省级分公司和中心支公司的任命书、责任分工文件、会议记录等资料，以书证的形式证实有关责任人的具体责任。对于业务、财务审核流程，通过调阅检查对象 OA 系统中的文件，确定检查对象上级机构应承担的责任。三是通过翻阅业务档案确定责任人。通过复核有关财务资料、业务档案，穿行测试财务系统、业务系统，查看有关责任人员签字和权限，确定责任人的授权轨迹和接受任务指令，从交易轨迹确认责任人。对于虚假批退保费、编造鸳鸯保单等行为，通过翻阅相关险种的业务档案，确定保单核保、录入、批改等重要环节的具体操作人员和审核人员。四是通过谈话询问确定责任人。安排业务流程和财务流程节点上的责任人逐一谈话，做到上下级、平行层级、业务人员和财务人员、中心支公司与省级分公司相互印证责任关系，以口头证据和书面证据相结合的方式，确定有关责任人的责任行为。对于已查实的违法违规行为，通过约谈检查对象相关工作人员，掌握检查对象在实施违法违规行为前是否征求上级机构意见、上级机构是否同意或未表示反对等有助于判断责任归属的情况。

某保监局查实检查对象中心支公司以内部发文形式允许将部分直接业务转挂营销渠道，并按相应计算方法为保险营销员贴补手续费。检查人员突击搜查发现通知电子文档，同时在工作电脑中恢复了部分删除文件，从中发现了具体人员转挂业务的电子表格。中心支公司总经理在证据面前认可了相关事实，并在谈话记录上签字。按照检查对象发文签批权限，检查人员认定中心支公司总经理应对此文的发布实施承担领导责任。检查对象省级分公司对此问题负有管理责任，主要体现在保险营销员管理系统滞后、对下属机构管控不力、内审部门监督制约作用发挥不力，但并未存在故意纵容或袒护情节，遂认定其承担部分责任。

5. 证据认定中应注意的问题。

一是当检查对象最直接负责的主管人员为多名的，责任非常分散，需要采取审慎的态度，避免出现承担责任上的团体主义，过分扩大行政责任的范围。例如，集体研究决定的违法违规行为，一般应由主要领导承担责任；对于仅仅参与决策会议，并非提起者或实际决策者的单位领导成员，则因其作用相对较小，原则上可以考虑不作为直接负责的主管人员追责。二是对单位违法违规问题曾提出过反对意见，没有被采纳，在形成违法违规事实后又向党纪、政纪部门检举、揭发的人，不宜被认定为其他直接责任人员。因其主观上不具有违法违规故意。三是对单位违法违规事项不知情，只是在单位违法违规过程中法定的范围内正常从事本职工作，或者知情但作用较小的人员，如一般干部、财会人员、科技人员和普通工人等，不宜被认定为其他直接责任人员。四是负有直接责任的主管人员，如曾向上级提出过相应建议的，有减轻情节的，量罚时可酌情考虑。五是如果负有法律行政法规规章规定的职责，而实际工作中未尽职尽责，对形成案件风险、引发不良后果起直接作用的违法违规人员也应当承担相应责任。例如检查对象的董事、监事或高级管理人员。六是行政处罚的相对人，在时间上的判断标准是单位违法违规行为发生时，而不是检查时。例如在检查对象连续违法违规过程中，检查对象的主管人员可能由于被免职、辞职、调动、退休等原因在被检查前离开，但只要实施违法违规行为时是检查对象的组成人员，就具备了基础性条件。

（二）关于责任追究行政处罚裁量适用规则

根据《中国保监会行政处罚裁量适用规则（试用）》，在处罚时要注意以下几点：

1. 关于对责任人员处罚问题。

依据《保险法》对单位给予行政处罚的同时，应当对其直接负责的主管人员和其他直接责任人员给予行政处罚，但依法不予处罚的除外。对直接负责的主管人员和其他直接责任人员给予行政处罚的，应当认定和区分其对违法行为承担的责任，根据具体情形决定行政处罚种类和幅度。

有关责任人员违反法律、行政法规规定，情节严重的，可以对其给予3～5年禁止进入保险业的处罚；行为恶劣、严重扰乱保险市场秩序或者在重大违法活动中起主要作用的，可以对其给予5～10年禁止进入保险业的处罚；有下列情形之一的，可以对其给予终身禁止进入保险业的处罚：

（1）因贪污、贿赂、侵占财产、挪用财产或者破坏社会主义市场经济秩序，被判处5年以上刑罚的；

（2）行为特别恶劣，严重扰乱保险市场秩序并造成恶劣社会影响的；

（3）行为特别恶劣，致使投保人、被保险人和受益人合法权益遭受特别严重损害的；

（4）行为特别恶劣，严重干扰、对抗保险监管检查并造成恶劣影响的；

（5）其他违反法律、行政法规的规定，情节特别严重的。

2. 关于单处和并处、想象竞合、牵连关系、连续行为的处罚裁量问题。

法律、行政法规和规章规定应当并处的行政处罚种类，应当并处，不得选择适用；规定可以并处的行政处罚种类，应当根据案件的具体情况确定单处或者并处。

当事人实施同一个违法行为，违反数个法条规定的，应当适用行政处罚种类和幅度较重的规定予以处罚。

当事人的不同违法行为之间存在手段与目的或者原因与结果关系的，原则上应当适用行政处罚种类和幅度较重的规定予以处罚。

在同一案件中，当事人出于同一个违法目的、连续实施多个性质相同违法行为的，应当视为一个违法行为。

两个以上当事人共同实施违法行为的，应区分其在共同违法行为中所起的主次作用，分别实施相应的行政处罚。

3. 关于法律法规溯及力问题。

现行法律、行政法规和规章施行以前发生的违法行为，除另有规定外，适用当时的规定；现行法律、行政法规和规章施行以后发生的违法行为，适用现行的规定。

现行法律、行政法规和规章施行以前发生的违法行为，依照当时的规定应当予以行政处罚；依照现行规定不予行政处罚的，适用现行规定。

现行法律、行政法规和规章施行以前发生的违法行为，依照当时规定和现行规定都应当予以行政处罚、但现行规定处罚较轻的，适用现行规定。

违法行为跨越现行法律、行政法规和规章施行日期的，适用现行法律、行政法规和规章的规定。

4. 关于减轻、从轻处罚的使用问题。

依法减轻处罚，是指在法律、行政法规和规章规定的处罚种类及其幅度以下进行处罚，但适用警告和没收违法所得的除外。法律、行政法规和规章规定应当并处两种以上处罚的，依法减轻处罚时，不得实施单处。

依法从轻处罚，是指在法律、行政法规和规章规定的处罚种类及其幅度内，适用较轻的处罚，但适用警告和没收违法所得的除外。

法律、行政法规和规章规定可以并处两种以上处罚的，依法从轻处罚时，应当适用较轻的处罚种类。

依法从轻处罚适用罚款的，处以较小数额的罚款。同时具有两个或者两个以上从轻处罚情形，且不具有从重处罚情形的，应按最轻处罚种类、最低处罚幅度予以处罚，依法可以并处的，应当单处。

依法从重处罚，是指在法律、行政法规和规章规定的处罚种类及其幅度内，适用较重的处罚，但适用警告和没收违法所得的除外。

法律、行政法规和规章规定可以并处两种以上处罚的，依法从重处罚时，应当实施并处。

依法从重处罚适用罚款的，处以较大数额的罚款。

5. 关于没收违法所得和责令停止接受新业务的处罚使用问题。

没收违法所得并处罚款的，不得以没收违法所得代替罚款。

责令停止接受新业务的，应当明确被处罚机构停止接受新业务的具体险种、期限和地域范围。

责令停止接受新业务的，应当根据违法行为情节的严重程度，责令被处罚机构停止接受3个月以上的新业务，但最长不得超过3年。

十八、怎样在检查中贯彻同查同处的原则

“同查同处”即保险公司和保险中介共同实施违法违规行为的，监管部门应依据同一事实对不同行为人实施相应的处罚。自2008年以来，中国保监会基于解决保险中介市场问题必须抓住保险公司中介业务这一主要矛盾

的基本判断，开始在查处工作中落实“同查同处”机制。2009年，中国保监会出台《处罚办法》，在制度上进一步明确了“同查同处”原则。

（一）“同查同处”机制在具体执行过程中存在的问题

总的来看，“同查同处”机制在保险公司中介业务检查中，基本能够得到贯彻执行。但是在“同查同处”机制的具体执行过程中，也逐步暴露出一些问题。主要表现在：一是对涉嫌同一违法案件的保险公司和保险中介机构，不能严格做到一并检查和处理。如有的保监局在检查中认定了保险中介机构为某保险公司虚开发票，金额巨大，据此吊销了该保险中介机构的业务许可证，但对该保险公司没有实施任何处罚。二是在确认违法事实时采用的证据不同，用于处罚保险中介机构协助保险公司违法违规行为的证据，却不能同时用于处罚保险公司。如有的保监局认定一家保险中介机构协助数家保险公司套取资金，确认了其为各保险公司套取资金的具体金额并据此处罚该保险中介机构，但在处理相关的保险公司时，又再次专门组织对保险公司的检查，最终认定的套取资金的金额与之前认定保险中介机构协助套取资金的金额不一致。三是在具体处罚上，存在重罚保险中介机构，轻罚甚至不罚保险公司的倾向。例如，2008年度的保险中介市场现场检查中，保监局吊销了12家保险中介机构的业务许可证，对93家保险中介机构罚款287.9万元，没收违法所得11.06万元；与之对应的是，仅对28家相关保险公司的分支机构进行了处罚，共计罚款185万元，其中对7家机构只给予警告。2009年度保监局共对协助保险公司虚挂中介业务的91家保险中介机构予以处罚，其中吊销了16家保险中介机构的业务许可证，罚款399.70万元；同时发现仅26家次保险公司分支机构涉及通过保险中介机构虚开发票套取资金，其中受处罚的保险公司分支机构仅有6家次，且大多处以罚款、警告等轻微处罚。

（二）贯彻落实“同查同处”机制要把握的主要原则

一是应依据同一证据、事实予以处罚。对于保险公司和保险中介机构共同实施的同一违法违规行为，监管部门只能依据同一证据、事实，对两者实施处罚，而不能有双重认定标准。如果通过现场检查发现保险中介机构实施了违法违规行为，就应立即对与之合作的保险公司开展延伸检查，反之也应如此。只有延伸检查能够查实、确认保险公司、保险中介机构共同违法违规的全部事实，才能在此基础上同时作出处罚。如果因调查取证难度较大等客观原因，在某一方面检查所查出的事实不能在另一方面检查中得到确认，就不宜作为最终处理的依据。

二是对不同主体的处罚应与其行为的社会危害程度相当。过罚相当原则是实施行政处罚时应当遵循的原则，即行政机关在适用法律对特定对象进行处罚时，应当根据违法违规行为的危害程度，选择相应的或相当的处罚措施。在依法处罚实施同一违法违规行为的保险公司、保险中介机构时，监管部门也应当严格遵循过罚相当原则。保险公司作为主动方和主要受益方，违法违规行为的严重程度明显大于保险中介机构，其所受处罚也应更严厉。尤其是当前保险公司中介业务违法违规行为屡禁不绝，必须从保险公司这一源头出重拳治理，处罚保险公司的力度可适度加大。

根据《保险法》第一百六十二条的规定，监管部门可以对“利用保险代理人、保险经纪人或者保险评估机构，从事以虚构保险中介业务或者编造退保等方式套取资金等违法活动”的保险公司责令改正，处5万元以上30万元以下的罚款，情节严重的，限制其业务范围、责令停止接受新业务或者吊销业务许可证。因此，监管部门在此幅度内，可对少数违法违规行为普遍且严重、经营管理较差的保险公司分支机构实施吊销许可证等处罚。

三是应通过没收违法所得充分发挥处罚的惩戒和预防作用。没收违法所得是财产罚的一种，是《中华人民共和国行政处罚法》的内在要求。保险公司为了达到不正当竞争、行贿、侵占、贪污、私分等目的，弄虚作假、利用中介业务和中介渠道非法套取资金，这些资金是保险公司实施违法活动所获得的利益，属于违法所得。若不没收保险公司的违法所得，不仅有悖法律的精神，而且无法对从中获取高额非法收益的违法者实施应有的惩戒，无法真正起到预防违法行为的效果。《中华人民共和国刑法》第六十四条："犯罪分子违法所得的一切财物，应当予以追缴或者责令退赔。"《中华人民共和国税收征管法》第六十三条："……对纳税人偷税的，由税务机关追缴其不缴或者少缴的税款、滞纳金，并处不缴或者少缴的税款百分之五十以上五倍以下的罚款；构成犯罪的，依法追究刑事责任。"《关于禁止商业贿赂行为的暂行规定》第九条："经营者违反本规定以行贿手段销售或者购买商品的，由工商行政管理机关依照《反不正当竞争法》第二十二条的规定，根据情节处以一万元以上二十万元以下的罚款，有违法所得的，应当予以没收；构成犯罪的，移交司法机关依法追究刑事责任。"因此，保险监管部门依法查处保险公司中介业务违法违规行为，首先考虑的应当是没收其违法所得，然后再辅以其他处罚。否则，偷千罚一，盗窃之风必然盛行。

专栏29：

开展同查同处工作实践及取得的成效

某保监局积极落实全国保险监管会议精神，在对某产险公司省级分公司开展中介业务检查中，把对保险公司的检查直接延伸至保险中介机构，努力推进同查同处工作，极大地提高了现场检查的系统性和有效性，综合成效比较明显。

一、主要做法

根据中国保监会整体要求，保监局结合辖区实际，精心组织，慎重操作，大胆尝试，扎实推进，在检查过程中初步形成了一套有效的方法。

（一）确定一个基本出发点，抓住一条主线

以每张保单为出发点，逐张跟踪，覆盖签发、财务实收、手续费支付、批单退费、赔款支出等环节，逐单核查投保单、车辆行车证，着力查清查实。以现金流为主线，从每笔业务现金流入到现金的分解流出，跟踪至保险中介机构和每个营销员，摸清费用支付的真实情况。

（二）多管齐下，查深查透

根据中介业务违法违规行为多样性、隐蔽性的特点，检查人员采取由点到面、由表及里、由浅入深等方式，着力查深查透。一是开展穿行测试，验证系统可靠性，确保检查结果的真实性和准确性。二是逐单多环节核对，以每份保单为线，通过对保单、批单、赔案等环节核查，弄清问题的是非曲直。三是利用保险稽核系统，锁定可疑目标，设计筛查程序，科学抽样，重点排查，提高检查的针对性。四是对与检查对象营业部有业务往来的保险专业中介机构和保险兼业代理机构进行延伸检查，弄清楚问题的来龙去脉。

（三）利用信息技术，提高检查效率

充分发挥保险稽核系统的作用，做好“三个结合”，提高检查效率。一是保险稽核系统与公司信息系统相结合，通过增加数据库表与视图，将公司信息系统数据导入保险稽核系统，扩展了稽核系统功能。二是稽核信息技术手段与传统检查手段相结合，通过信息技术手段，扩大筛选范围，对问题的普遍性和严重性作出判断，再以传统方法查深查透。三是业务处室稽查人员与IT技术人员相结合，充分发挥个人专长，实现监管资源的优化配置。

二、取得的成效

检查人员经过50余天的全面检查，共检查保单、批单6.3万份，延伸检查保险专业中介机构、保险兼业代理机构9家，对检查对象运营体制机制、问题症结有了比较全面的了解和把握。

（一）基本查清检查对象违法违规的主要形式

表现为：一是通过虚假事项套取资金；二是虚假批退；三是虚假注销保单；四是保单虚假作废；五是保费少入账；六是违规支付咨询费；七是虚假赔案和虚假批退车船税。2008年，检查对象营业部通过以上方式变相支付手续费1 738.47万元，查实手续费率23.06%。存疑变相支付手续费

716.75 万元，实际手续费率为 29.76%，经营费用率在 40% 左右。

（二）全面掌握检查对象体制机制上风险隐患

检查对象在业务运作上实行团队营销，在财务管理上实行费用层层包干，虚拟大量营销员套取现金，投入市场，抬高手续费，招揽业务，还把与其签订代理合同的车商等兼业代理机构和专业代理机构的保险业务虚挂在营销员名下，对这些机构现金支付手续费，导致这些保险中介机构不开据或少开据保险中介发票、偷税漏税，严重扰乱保险市场。

（三）深入了解检查对象违法违规问题深层次原因

一是总公司制度导向、政策默许纵容，技术操作上故意预留缺口。二是检查对象运用团队营销模式开展业务，现金套费补贴市场，很大程度上是应对规范的产险市场秩序的新策略。

（四）监管干部普遍得到实战锻炼

通过参加对保险公司和保险中介机构的综合性检查，监管干部对保险公司和保险中介机构合作中的细节问题有了更加清晰的认识，政策水平、执法水平、工作能力、专业素质得到了全面提升。

三、体会

（一）领导重视，思想统一，组织到位，是做好此次检查的根本保障

对保险公司中介业务开展检查，是一项全新的检查课题，保监局高度重视，积极组织实施，突出三方面保障。一是组织保障。成立了由分管局领导担任组长、相关处室负责人任成员的检查工作小组，加强对此次检查工作的组织领导，为做好工作提供了强有力的组织保障。二是思想保障。入场前，专门组织召开了思想动员会议，要求大家充分认识到检查的重要意义，坚定不移地贯彻落实中国保监会精神。在检查期间，保监局领导又多次听取汇报，统一思想，鼓舞士气，有力地促进了检查工作的开展。三是人力保障。抽调 10 名业务骨干，组建联合检查小组，加强沟通协调，为做好检查工作提供了强有力的人力保证。

（二）不断总结，反复研究，把握规律，是做好此次检查的核心

在现场检查过程中，检查人员先后组织召开各种形式的政策学习会、问题分析会、阶段小结会、小组讨论会等数十次，总结了对中介业务**“四核，四查，四看”**的检查方法，确保了检查工作的科学性、全面性、系统性和完整性。一是业务系统与财务系统核对，查保费数据的真实性，看是否存在套开保费收据、少收保费、埋单等问题。二是将业务信息系统保单信息与纸质承保档案、批单档案等核对，查保单信息真实性、完整性，看是否存在行车证与系统不符、系统外协议承保等问题。三是将财务信息系统与财务凭证原始票据核对，查资金流向合规性，看是否存在虚挂中介业务套取资金、真发票假事项套取资金等问题。四是将制度体系与实际操作核对，查制度合规性和合法性，看是否存在总公司或省级分公司制度设计缺失，导致操作层面违法违规等问题。

（三）联合检查，延伸检查，同查同处，是做好此次检查的关键

抽调各处室业务熟练、政策清楚、作风扎实、市场明白的检查人员进行综合性检查，把对保险公司的检查和对保险中介机构的检查紧密联系起来，对查清查实问题、弄清楚问题的来龙去脉起到了关键性作用。这次检查搜集了大量市场信息，整理积累了大量数据，基本摸清了市场主体体制、机制方面存在的突出问题及风险隐患，把当前保险公司中介业务经营状况、管控水平、违法违规表现、问题症结等情况，向制度制定者进行了及时、全面的反映，为有针对性地解决市场热点难点问题、完善中介业务管理制度提供了强有力支持。通过这次检查也深深感到，在当前保险市场尚处于初级阶段、监管资源相对不足的情况下，集中力量开展检查，对于查深查透某个或某类市场热点问题，弄清楚问题产生的深层次原因，在实践中锻炼提高监管干部非常有效和关键。

十九、检查中如何做好违法案件及线索的移送工作

案件移送有利于借助其他行政执法机构和司法机构的力量打击违法犯罪行为，共同维护保险市场秩序，切实维护保险消费者利益。因此，保险监管部门在查处保险公司中介业务违法行为过程中，发现存在涉嫌非法集资、传销、洗钱、违反国家税收管理规定等应当由其他部门查处的违法行为的，监管部门应当将案件移送司法机关追究刑事责任，不得以行政处罚代替刑罚。发现国有保险公司工作人员贪污贿赂、挪用公款等违法违规、犯罪线索的，应当根据案件的性质，依法及时向监察机关或者司法机关移送。发现非国有保险公司及其工作人员的违法行为，涉嫌构成职务侵占罪、非国家工作人员受贿罪、对非国家工作人员行贿罪、偷税罪等，需要追究刑事责任的，应当依法及时向司法机关移送。

根据《中国保监会关于在行政执法中及时移送涉嫌犯罪案件的规定》的有关要求，在移送过程中，要注重把握移送的程序规定和证据材料审核。一是要指定2名或者2名以上行政执法人员组成专案组专门负责。二是对移送涉嫌犯罪案件或其他行政机关管辖的案件要提出书面报告，制作《案件移送书》，连同涉嫌案件情况的调查报告、涉案物品清单、有关检验报告或者鉴定结论以及其他有关涉嫌犯罪的材料交法制部门会签，并报中国保监会负责人或者派出机构负责人批准。三是移送证据材料包括涉嫌案件移送书、涉嫌案件情况的调查报告、涉案物品清单及主要证据目录、有关的检验报告和鉴定结论、其他有关的材料。

同时，在案件移送过程中，要正确把握案件移送与处罚决定之间的关系。案件移送前已作出行政处罚决定的，行政处罚不停止执行，但罚款和没收违法所得的除外。移送后未被追究刑事责任的，已经作出的罚款和没收违法所得的处罚应当继续执行。

第六部分　附　　录

附录1：

2009年保险公司中介业务违法违规行为查处情况通报

各保险公司、各保监局：

根据年初全国保险监管工作会议精神，1月13日至5月13日，在保监会统一部署和领导下，保监会有关部门会同相关保监局，开展了保险公司中介业务专项检查工作。此次专项检查选取部分财产险公司的基层机构，实施“解剖麻雀式”的检查。在近4个月的时间里，共查阅各类业务凭证近8万份，涉及保费2.1亿元，占被检查公司总保费的58.81%，延伸检查保险中介机构30余家。结果表明，被检查公司在中介业务方面的问题比较突出，存在财务数据失真、业务弄虚作假、利用中介业务套取费用、经营成本因中介业务违规操作而居高不下等违法违规问题。现将有关情况通报如下：

一、中介业务数据严重失真

（一）中介渠道实现的保费数据失真

某支公司2008年虚列中介渠道保费7 256.14万元，占总保费的33.03%，虚列中介业务套取资金478.13万元。

（二）手续费数据失真

某分公司营业部手续费科目列支手续费729.28万元，手续费占保费（即手续费率）7.47%。检查发现，公司实际手续费支出2 467.75万元，手续费率为23.06%，是账面列支金额的3.38倍。

（三）虚构营销人员

某分公司营业部记录发放现金的营销员有1 765人，经随机抽查100名营销员资料，发现81%的人头是虚构的。

二、以各种手段弄虚作假，违规套取资金

（一）虚列营业、管理费用

某支公司2008年虚增营业费用226万元，占营业费用74.66%。某支公司2008年通过虚开发票、虚列费用，套取资金794.11万元。某分公司营业部2008年合计虚列费用支出1 763.6万元，其中，记账反映车辆使用及修理费234.17万元，包括燃油费110.70万元、路桥费68.40万元、车辆修理费55.07万元，但该公司没有配备任何车辆。

（二）虚假批退、虚假注销和作废保单、保费不入账等

某支公司通过虚假批单退费方式，给予投保人保险合同以外的利益，涉及金额187万元。某分公司营业部通过虚假批退19.21万元，虚假注销保单41.29万元、虚假作废保单68万元、少入账保费99.56万元、合计套取资金228.06万元。

三、经营行为涉嫌严重违法违规，甚至触犯刑律

发现被检查公司弄虚作假套取资金达2 601.94万元，很多都用于不法目的。大致可以分为以下几种：

（一）给予相关经办人

某支公司将通过虚构中介业务套取资金15.2万元用于支付保险公司以外相关经办人员。此行为不仅违反了《保险法》第一百零六条等相关规定，还涉嫌账外暗中给予他人财物，构成行贿罪。

（二）给予投保人或被保险人

某支公司通过虚假批单退费方式，给予投保人保险合同以外的利益，涉及金额187万元。某支公司通过中介费用套取53.51万元，用于返还投保人。此类行为不仅违反了《保险法》第一百零六条等相关规定，还涉嫌账外暗中给与对方单位或者个人回扣，构成行贿罪。

（三）违规支付手续费

某支公司将套取的 56.4 万元手续费，支付无保险代理资格的单位或个人。

（四）无法说明用途

某分公司营业部 2008 年的业务及管理费用支出为 1 720.60 万元，其中套取现金高达 828 万元，占其业务及管理费用 48%。公司采用大量现金结算方式，资金去向和用途也得以隐藏，涉嫌构成职务侵占罪、行贿罪等。

四、业务管理粗放

某支公司对中介渠道的管理以代理资格管理为主，与中介机构是否续签代理合同也以是否能按期结算保费为主要标准，对中介业务和中介机构的管控严重缺位。检查发现，该公司允许兼业代理机构自身业务也提取手续费，还受理被保险人委托代理机构领取赔款的申请等。

某分公司营业部对营销团队管理流于形式。2008 年营销团队实现保费 7 200 万元，占总保费 73.78%，以现金形式向团队支付各种费用高达 828 万元。现金由内勤负责管理，存储于个人账户，公司对团队现金使用没有任何有效管理。

五、财务管理混乱

被检查公司普遍采用“简单”的考核办法控制营业费用。某支公司仅审核费用票据真实性、费用总额是否超标以及财务科目使用是否正确，而对费用开支实际用途不进行核实。某支公司实行了“三费合一”的考核制度，即手续费支出、薪酬、营业费用 3 个科目均可用来核算业务员展业费用，并对内容真实性不作任何要求。该政策导致公司虚列费用、虚构中介业务行为“合理化”。某分公司营业部在下达业务考核指标时，规定变动业务及管理费用列支不超过 17%，不超过比例可使用各类发票报销。

以上问题和事实是检查基层公司发现的，但在行业中具有代表性和普遍性，应当引起全行业的高度警觉。这是保险业经营粗放、内控薄弱、非理性竞争的重要体现，也是导致一些保险公司经营效益低下的重要原因。这种状况与保险业进入新起点新阶段的要求不符，严重影响了保险业持续健康发展。保监会将高度重视，认真研究政策，不断健全法规，采取有力措施，坚决加以制止。

保监会将把对保险公司中介业务合规性检查作为保险中介监管的重要内容，坚持标本兼治、突出治本，重点加强制度机制建设，抓问题产生的根源，从源头上预防和打击这些违法违规行为。

各保险公司要按照保监会的统一部署，主动查找中介业务经营过程中的问题，认真分析问题产生原因，切实采取措施进行整改；要建立健全责任追究机制，对直接责任人要进行处理，同时，追究同一层级和上级机构主管人员的领导责任，涉嫌犯罪的，要依法向司法机关移送；要定期开展自查自纠，加强内部审计和稽核工作，落实整改成果，切实防范化解中介业务经营风险；要深入开展依法合规宣传教育工作，使包括基层员工在内的全行业都充分认识违法行为的危害性，提高规范经营的自觉性；要不断完善管理制度，围绕经营行为依法合规、业务、财务数据真实等内容制定全面、科学的保险中介业务经营管理制度，并严格执行。保监会将出台《保险公司中介业务违法违规行为处罚办法》，为严厉查处保险公司中介业务中常见而严重的违法违规行为确立了处理原则和依据，以强化公司的管控责任、明确禁止行为、严肃法律追究。

各保监局要对利用中介渠道和中介机构进行弄虚作假的保险公司及其工作人员依法从重处理，对涉嫌犯罪的要坚决移送司法机关，追究刑事责任；要通过对保险公司中介业务的有效监管，督促保险公司切实转变经营理念，加强内部管理，切实纠正中介业务经营过程中的不规范做法；要进一步创新监管手段与方法，及时发现和查处保险公司中介业务违法违规行为，从源头上治理保险中介市场秩序。

二〇〇九年九月十六日

附录2：

2010年保险公司中介业务违法违规行为查处情况通报

为贯彻全国保险监管工作会议精神，规范保险公司中介业务行为和保险中介市场秩序，依据《保险公司中介业务违法行为处罚办法》，2010年上半年，中国保监会统一部署开展了保险公司中介业务检查工作，共检查21家保险公司的58个基层机构，重点查处了保险公司利用中介业务和中介渠道进行弄虚作假、虚增成本、非法套取资金等突出问题。有关情况通报如下：

一、检查发现的普遍性问题

数据和事实表明，目前保险公司利用中介业务和中介渠道违法违规问题相当普遍、性质比较严重，58个机构全部存在中介业务违法违规问题，非法套取资金1.4亿元，集中表现为保险公司与保险中介机构之间的业务关系不合法、不真实、不透明。具体包括：

（一）虚构保险中介业务套取资金

33个机构通过虚挂专（兼）业保险代理机构、虚增保险营销员数量、虚挂保险营销员等方式虚增中介业务、少计直接业务，非法套取资金7 105.20万元，其中14个机构该项套取资金占其同期手续费/佣金支出的30%以上。天安财险深圳分公司虚挂专业代理机构保费近1.3亿元，非法套取手续费1 660.86万元、占其手续费支出的42.53%；平安财险东莞市常平支公司虚挂10家保险中介机构实现保费3 371.80万元，套取资金718.56万元、占其同期手续费支出的85.66%；中华联合重庆永川支公司将直接业务虚挂保险兼业代理机构，套取资金106.50万元。都邦财险贵州分公司虚构中介业务套取资金

43.49 万元。中国人寿岳阳楼、君山支公司虚构 67 名保险营销员，套取资金 197.12 万元。国寿财险常州中心支公司通过编造业务员虚假列支手续费套取资金 168.33 万元。华安财险南宁市新兴支公司在业务系统中虚构了大量业务员，将直接业务 365.36 万元虚挂中介业务，套取资金 69.56 万元。

（二）虚列费用套取资金

35 个机构以虚列营业管理费、使用假发票、虚列查勘费用等多种方式非法套取资金 3 433.52 万元。长安责任北京分公司虚列费用 232.93 万元；嘉禾人寿辽宁分公司在“营业费用”科目下虚假列支航意险业务宣传费、印刷费等，套取资金 154.09 万元；太保财险云南春城中心支公司被抽查的 391 张费用发票中全部为假发票。华夏人寿阜阳中心支公司从阜阳市地税局骗开税票、套取资金 72.23 万元。新华人寿乐山中心支公司虚列业务及管理费 59.59 万元。平安财险杭州萧山支公司以在赔款支出科目中虚假列支费用形式、套取资金 16.30 万元。

（三）截留保费套取资金

7 个机构以虚假批单退费、虚假核销、埋单和出具阴阳保单等违法手段截留保费，套取资金 3 193.05 万元。人保财险襄樊市分公司营业部、襄樊市襄城支公司通过虚假批单退费非法套取资金分别达 153.57 万元和 75.12 万元，各占其大项目保费的 40.45% 和 75.23%。大地财险临沂中心支公司通过部分保费不入系统，私设银行账户开展账外经营等手段，3 年累计截留借款人意外伤害险保费（借意险）2 177.47 万元，截留比例为 40.66%。

（四）利用非法资金进行暗箱操作

非法套取资金中，1 085.39 万元被用于支付投保人保险合同以外利益，756.08 万元被用于支付投保单位经办人员，157 万元被集体或个人私分，58.55 万元涉嫌私设小金库，954.77 万元用于支付无代理资质的机构和人员，7 774.72 万元无法证明用途和去向，其余部分用于违规支付中介机构手续费。华安财险陕西分公司给予被保险人保险合同以外利益 88 万元，平安财险上饶中心支公司将虚假批退套取的资金 47.20 万元支付工业园区管委会、卫生局、煤监局等 5 家行政管理部门，有的高达 20 万元。

（五）违反其他相关法律法规的问题

私刻其他单位印章、偷漏国家税款及私印假保单等。阳光财险哈尔滨营业部私刻省政协、省农行、空军房地产管理局等 13 家单位公章；平安财险东莞市常平支公司私刻印章 48 枚；安诚财险河南分公司未履行车船使用税扣缴义务人的义务，默许保险代理公司伪造车船税完税凭证 1.2 万余份、涉嫌偷逃税款 432.14 万元；大地财险临沂中心支公司私印借意险保单 60 164 份，使用 59 669 份，截留保费 1 134.72 万元。

中国保监会及保监局根据《保险法》《保险公司中介业务违法行为处罚办法》《关于依法严肃处理保险公司中介业务违法违规机构和责任人员有关问题的通知》等法律、规章和文件，依法处理 121 名保险公司各级各类管理人员，其中处罚省公司高管 15 人，罚款 11 人次计 39 万元、撤销任职资格 1 人；处理保险机构 51 个，吊销经营保险业务许可证 1 家（省级公司营业部），责令停止接受新业务 11 家、涉及业务 14 项，最长期限达 1 年，罚款保险机构 49 家次计 1 077 万元，单家机构最高罚款 95 万元；处罚保险中介机构 62 家；向司法、税务、公安等执法部门移送违法犯罪线索 13 起，其中保险公司 7 起、保险中介机构 6 起。

二、对部分严重违法保险机构的查处情况

阳光财险黑龙江分公司及所属相关机构。一是私刻印章。所属哈尔滨营业部私刻省政协、省农行、空军房地产管理局等 13 家单位公章。二是业务、财务数据不真实。2009 年，所属哈尔滨营业部虚列业务及管理费用 678.18 万元。三是截留保费。所属哈尔滨营业部以埋单、阴阳保单、虚假批退多种形式截留保费 472.42 万元。如 2008 年 1 月和 12 月、2009 年 1 月和 9 月，在承保哈尔滨热电有限责任公司、哈尔滨供水工程有限责任公司、黑龙江华电齐齐哈尔热电有限公司、华电能源股份有限公司佳木斯热电厂、哈尔滨供排水

集团有限责任公司等单位保险业务中，以阴阳保单或埋单方式分别截留保费20.27万元、143.74万元、127.31万元、114.33万元、9.01万元。四是虚假核销应收保费。2009年12月，所属哈尔滨营业部虚假核销哈尔滨公安交警支队应收保费52.26万元。五是虚列业务及管理费用。阳光财险黑龙江分公司使用假发票52.93万元，用于虚假列支汽油费、车辆修理费、办公用品费等。六是保费未如实入账。承保黑龙江省吉黑高速公路北安至黑河段工程等8笔保险业务，保费发票记载金额与实际入账保费金额相差31.76万元。

黑龙江保监局依法对分公司及所属哈尔滨营业部合计罚款80万元，并吊销哈尔滨营业部业务许可证；对公司总经理警告、罚款5万元；对公司财务部经理警告、罚款7万元；对公司财产险部经理警告、罚款3万元。对哈尔滨营业部时任总经理警告、罚款10万元，对时任副总经理警告、罚款7万元，对时任财务负责人警告、罚款1万元，对现任总经理、现任财务负责人罚款3万元，对现任业务管理部负责人警告、罚款1万元，对南岗营销服务部经理警告、罚款5万元。对哈尔滨营业部私刻其他单位公章问题向公安机关移送。

平安财险东莞市常平支公司。一是虚构中介业务。2009年，公司将自身业务员保险业务虚构为10家保险代理公司业务，虚增手续费773.46万元，代理公司扣除“开票费”后，将718.56万元返还公司39名业务员。二是不实列支业务及管理费用。2009年，以业务员提供燃油费发票方式不实报销99.36万元，用于业务员通讯、宣传、培训、招待、购买办公用品和小礼品等费用。三是以净保费录入财务系统。2008年3月至2009年8月，共收取出租屋及租住人员综合保险保费50.52万元，但仅以团险保单形式录入系统25.34万元，套取资金25.18万元。四是私刻投保单位印章。私刻印章48枚、涉及单位42家。经查其2009年1月至2010年2月业务档案，7枚已用于30笔保险业务理赔申请书、划款转账授权书等书证材料。

广东保监局依法对公司罚款40万元，责令停止接受车险新业务、人身意外伤害险新业务、家庭财产保险新业务各3个月；责令撤换公司原经理，对其上级公司东莞分公司副总经理警告；对涉案保险专业代理公司依法一并处罚；将私刻公章行为移交公安机关查处。

大地财险临沂中心支公司。一是私印保单。私印借款人人身意外伤害保险（简称“借意险”）保单60 164份，使用59 669份，用于截留保费。二是截留保费。2007～2009年，部分借意险仅按签单保费60%录入系统，累计截留保费2 177.47万元。三是虚挂应收保费。2009年3月，所属营业一部虚挂应收借意险保费29万元。四是私设账户。在临沂市兰山农村合作银行私设银行账户，未将账户资金往来纳入财务核算。该账户资金涉及时间为2007年4月～2009年3月，资金交易达2 736万元。五是其他问题。如向非法中介支付手续费、阴阳支票、倒签批单、虚列费用等。

山东保监局依法对公司罚款50万元，责令停止接受交强险新业务、意外伤害保险新业务3个月和1年；对时任公司总经理罚款2万元、责令予以撤换，对公司财务部经理予以责令撤换。

安诚财险河南分公司。一是虚构中介业务。2009年，将直销业务挂靠两家保险代理公司，套取资金43.55万元。二是财务数据不真实。2009年，通过虚列事项、从一家印务公司开具虚假发票38.24万元。三是涉嫌偷逃国家税款。未履行车船使用税扣缴义务人的义务，默许保险代理公司伪造车船税完税凭证1.2万余份、涉嫌偷逃税款432.14万元；四是虚构劳务派遣事项。2009年5～11月，以虚构劳务派遣事项，向河南众泰人力资源服务有限公司支付劳务派遣费106万元；后者扣除3%开票费，将剩余资金返还公司，具体用途不明。

河南保监局依法对公司罚款50万元，责令公司在郑州、洛阳、南阳三市停止接受交强险新业务1个月；对公司总经理警告、罚款5万元，对公司原副总经理撤销任职资格，对公司个人代理部经理责令予以撤换，对公司专业代理事业部经理警告、罚款5万元；涉嫌偷逃税款问题依法移送地方税务局；虚构劳务派遣事项，资金去向不明问题移送司法机关；涉案保险代理公司一并处罚。

中国人寿岳阳分公司及所属机构。一是虚构保险营销员套取资金。所属岳阳楼、君山支公司虚构67名保险营销员、套取资金197.12万元。二是虚列费用。通过“应付手续费及佣金——附佣——非制式培训”科目虚假列支会议培训费用24.65万元。三是委托无合法资质机构代理业务。2009年10月~2010年1月，所属君山支公司委托农业银行岳阳青年路分理处等10个无代理资格的银行网点代理保险业务415.50万元。

湖南保监局依法对岳阳分公司及所属机构合计罚款95万元；对公司银保部经理警告、罚款1万元，对个险部经理警告、罚款0.5万元，对个险部副经理警告、罚款0.3万元；对岳阳楼支公司经理撤销任职资格，对时任岳阳楼支公司副经理警告、罚款1万元；对时任君山支公司副经理撤销任职资格，对现任副经理警告、罚款2万元；向省分公司出具监管函。对涉案的深圳市财富保险经纪公司湖南业务代表实施终身禁入保险业的处罚，并将其与深圳市财富保险经纪公司资金往来频繁、大量现金流向不明的违法违规事实作为涉嫌经济犯罪线索移送公安机关。

华安财险南宁市新兴支公司。一是直销业务虚挂保险中介业务套取资金。2009年，将劳动合同制员工保险业务365.36万元虚构为代理业务，套取资金69.56万元。二是虚列商业车险手续费。2009年，在标的车同时投保交强险和商业车险时，以提高商业车险代理手续费比例方式，超4%支付交强险手续费，导致交强险手续费率高达到25%。三是虚列业务及管理费用。2009年，以贴票报销方式虚列业务及管理费用165.02万元。

广西保监局依法对公司罚款30万元，责令公司停止接受交强险新业务6个月，撤销总经理任职资格，对广西分公司副总经理警告、罚款5万元；对广西分公司承保中心经理、计划财务部副经理警告、罚款1万元；向广西分公司出具监管函。

保险公司上述违法违规行为，严重扰乱了市场秩序、扭曲了行业形象、损害了被保险人利益，滋生和诱发了行贿受贿、贪污、洗钱、职务侵占、私设小金库等各类违法犯罪，性质严重、危害极大，全行业必须高度重视、切实整治。各公司要引以为戒，切实整改。一是切实加强依法合规教育。及时、全面地将本通报传达到每个机构、每个岗位和每个工作人员，采取多种方式对中介业务相关的管理、业务、财务人员进行教育培训，特别是要切实提高对《保险法》《保险公司中介业务违法行为处罚办法》《关于依法严肃处理保险公司中介业务违法违规机构和责任人员有关问题的通知》严肃性的认识。二是切实完善制度机制。要对照问题，全面完善中介业务管理制度体系，要对管理制度完备性、内控机制健全度、执行彻底性进行全面检查。三是切实加大内部监督检查。要根据《保险法》和《保险公司中介业务违法行为处罚办法》，对本级及下级机构中介业务自查自纠，要把监督检查中介业务合法合规工作制度化、常规化，切实防范违法行为发生。四是切实进行责任追究。要严格落实内部处理制度，严格按照《保险机构案件责任追究指导意见》及相关公司内部责任追究制度进行责任追究，确保责任到位、处理到位，涉嫌违法犯罪的，坚决依法移送司法机关处理。

保监会将持续加大保险公司中介业务检查力度，严查严处中介业务违法违规问题，将把是否有完善的管理制度、是否定期开展监督检查、是否严格内部问责作为今后中介业务检查的重要内容；将继续加大对上级机构和相关人员的责任追究，依法坚决向司法等机关移送违法犯罪线索，制度不健全或者不切实落实的、重点追究上级和高层级管理人员的责任。

各公司务必采取措施，认真落实以上要求，并于2010年10月15日前向保监会提交落实情况报告。

二〇一〇年九月二日

（注：通报数据截至到2010年8月26日，部分数据为不完全统计。）

附录3：

2011年保险公司中介业务违法违规行为查处情况通报

为贯彻2011年全国保险监管工作会议精神，进一步规范保险公司中介业务经营管理行为和保险中介市场秩序，2011年，中国保监会进一步加大力度，持续深入开展了保险公司中介业务检查，36个保监局共派出43个检查组、检查人员317人次、检查20家保险公司共103个省级及以下保险基层机构，着力查处保险公司利用中介业务和中介渠道弄虚作假、虚增成本、非法套取资金等突出违法违规问题，依法严肃处理违法保险机构和相关责任人员。现将有关情况通报如下：

一、检查发现的主要问题

检查表明，尽管保险公司中介业务依法合规意识有所增强，管理措施不断改善，市场秩序有了一定好转，但中介业务违法违规问题仍然十分普遍，在各地区、各类机构均不同程度存在。103个保险机构共非法套取资金8065.8万元，涉及保费8.55亿元，保险公司与保险中介机构之间关系不合法、不真实、不透明问题仍然相当严重，集中表现为通过假业务，假人员，假费用等方式非法套取资金。具体包括：

（一）虚挂专业保险中介机构业务

103个机构中，有24个基层保险公司通过虚挂专业保险代理机构、保险经纪机构等方式虚增中介业务，非法套取资金1866.63万元，占全部非法套取资金的23%。其中5个基层保险公司通过该违法方式非法套取的资金，在其同期手续费/佣金支出中的占比超过20%，永安财产保险股份有限公司陕西高新支公司甚至高达95%。

（二）虚挂兼业代理机构业务

103个机构中，有12个基层保险公司通过虚挂汽修、汽贸等兼业代理机构业务方式，非法套取资金526.29万元。其中3个基层保险公司以该违法手段套取的资金，在其同期手续费/佣金支出中的占比超过10%，民安保险（中国）有限公司海南琼海支公司高达92%。

（三）虚增营销员数量或虚挂营销员业务

一些保险机构为达到非法套取资金目的，大量虚增营销员数量或者大量虚增营销员业务，少数保险公司营销员业务变相成为非法套取资金的主要手段。103个机构中，有25个基层保险公司通过虚增营销员数量或将直销业务虚挂保险营销员方式，非法套取资金2009.42万元，占全部非法套取资金的24.91%。其中7个基层保险公司以该违法手段套取的资金，在其同期手续费/佣金支出中的占比超过20%，永安财产保险股份有限公司湖北襄阳支公司高达93%。

（四）自身投保业务虚挂中介业务

中国人民财产保险股份有限公司北京分公司2010年将集团公司、总公司及自身下属各分支机构投保的自有车辆、楼宇、计算机设备等财产保险和人身保险业务记录为中介业务列支手续费，涉及149张保单，保费222.62万元。

（五）虚列中介业务费用

103个机构中，有37个基层保险公司通过虚增相关费用列支中介业务等支出2449.33万元，占全部非法套取资金的30.37%。其中，6个基层保险公司非法套取资金额超过100万元、共计1478.31万元。

中国保监会和保监局依据《保险法》、《保险公司中介业务违法行为处罚办法》等法律法规，本着从严处理原则，依法处理保险公司各级各类管理人员87名。其中，处罚省公司高管人员14人，罚款14人次计54.5万元；处理保险机构55个，责令停止接受新业务7家，涉及业务4项、销售渠道3个，最长期限达一年，罚款保险机构54家次计1014万元，单家机构最高罚款120万元；处罚保险中介机构54家，吊销经营许可证21家；向税务部门移送涉嫌偷漏税款的保险中介机构2家。

二、对部分严重违法保险机构的查处情况

（一）永安财产保险股份有限公司湖北分公司及所属相关机构

主要违法违规行为包括：业务、财务系统未如实记载中介业务信息，费用列支用途与经济事项不一致等问题。所属武汉中心支公司2010年虚构中介业务套取资金68.55万元，虚列费用94.97万元，以向签订劳动合同的公司员工支付手续费、向未签订代理合同人员支付手续费、虚增营销员311名领取手续费等方式套取手续费合计348.85万元。所属襄阳中心支公司通过向签订劳动合同的员工支付手续费、虚增营销员124名和向被保险人支付手续费等方式套取资金145.98万元，虚列费用173.84万元，给予投保人保险合同以外利益2.88万元。

湖北保监局依法对永安财产保险股份有限公司湖北分公司及所属机构合计罚款30万元，其中，对湖北分公司罚款5万元；对武汉中心支公司罚款15万元；对襄阳中心支公司罚款10万元，对总经理处以警告、罚款1万元。

（二）中国平安财产保险股份有限公司河南分公司及所属相关机构

主要违法违规行为包括：2010年，将6434.31万元直销业务挂靠3家保险代理公司、1家兼业代理机构、6名营销员名下，套取资金511.19万元；承保某电力公司等5家单位的财产一切险业务过程中，保费发票金额合计1668.74万元，计入保费收入科目1334.66万元，截留保费334.08万元；所属郑州、新乡中心支公司指使代理公司和营销员作虚假书面证据和证言。

河南保监局依法对中国平安财产保险股份有限公司河南分公司罚款60万元、责令停止在郑州接受企财险新业务一年。对郑州中心支公司罚款40万，对新乡中心支公司罚款20万元；对河南分公司2名副总经理均处以警告并罚款5万元，对郑州中心支公司警告并罚款3万元、对新乡中心支公司总经理

警告并罚款3万元。对郑州中心支公司银保部经理处以警告并罚款2万元，对新乡中心支公司代理业务部总监处以警告并罚款1万元。

（三）永安财产保险股份有限公司陕西分公司及其所属相关机构

主要违法违规行为包括：2010年，陕西分公司营业部将2469.64万元直销业务虚挂1家保险代理公司名下，套取资金360.68万元；给予投保人保险合同以外利益323.88万元。所属高新支公司2010年将1365.31万元直销业务虚挂为代理业务，套取资金155.75万元。

陕西保监局依法对永安财产保险股份有限公司陕西分公司及高新支公司合计罚款20万元，对陕西分公司总经理助理处以警告并罚款2万元，对高新支公司经理处以警告。

（四）中国人民财产保险股份有限公司南宁市分公司及所属相关机构

主要违法违规行为包括：2010年，将2544.57万元直销业务虚构为中介业务、套取资金369.15万元；虚挂应收保费354.63万元。所属江南支公司2010年1月至2011年2月，虚列电子设备运转费、公杂费、车辆使用费、防预费、印刷费、会议费和业务招待费等费用101.83万元；2010年以报销办公用品费用形式，虚列与理赔无关的间接理赔费用14.27万元。

广西保监局依法对中国人民财产保险股份有限公司南宁市分公司罚款30万元，责令公司停止接受个人代理渠道新业务3个月，对所属江南支公司经理处以警告并罚款5万元。

（五）中国人寿保险股份有限公司内蒙古分公司及所属相关机构

主要违法违规行为包括：所属赤峰分公司2010年虚列个险营销员套取资金104.89万元，虚列团险营销员套取资金19.19万元，虚构银邮代理业务套取资金85.20万元。所属呼和浩特分公司2010年将直销业务304.57万元虚挂为代理机构业务套取资金91.37万元，虚增营销员套取资金2.29万元，虚列银保客户经理绩效套取资金95.08万元。

内蒙古保监局依法对中国人寿保险股份有限公司内蒙古分公司下发监管函，对呼和浩特分公司罚款20万元，对赤峰分公司罚款15万元。

（六）都邦财产保险股份有限公司广东中山中心支公司

主要违法违规行为包括：2010 年，将 2599.61 万元直销业务挂在 5 家保险中介机构及 108 名营销员名下，套取资金 288.4 万元；以报销汽油费、会议费、办公用品等费用发票的方式套取资金 29.32 万元；以虚列业务员绩效工资方式套取资金 72.85 万元；批改和理赔管理不规范。

广东保监局依法对都邦财产保险股份有限公司广东中山中心支公司罚款 25 万元，对其副总经理警告并罚款 2 万元；将 2 家涉嫌偷漏税款的保险中介机构移送税务机关。

（七）中国人民财产保险股份有限公司长春市第三营业部

主要违法违规行为包括：2010 年，将 2207 笔直销业务、454 笔营销员业务、781 笔无证人员业务、140 笔其他中介机构业务，合计保费 1653 万元虚挂在 1 家保险代理机构名下，套取资金 131.20 万元；公杂费科目、车辆使用费科目、电子设备运转费科目部分报销票据未反映真实经济往来，虚列费用总额 66 万元；业务管理信息系统未真实、准确、完整地记录中介业务的业务信息，部分赔案的案卷内容缺少保单、查勘记录要件等。

吉林保监局依法对中国人民财产保险股份有限公司长春市第三营业部罚款 35 万元，责令停止接受商业车险新业务 3 个月；对经理处以警告并罚款 4 万元；向吉林省分公司发出监管函，责令整改，要求依据《保险机构案件责任追究指导意见》，对负有直接和间接责任的上级公司人员进行责任追究。

（八）永诚财产保险股份有限公司安徽分公司及所属相关机构

主要违法违规行为包括：2010 年，在 1 家保险代理公司、1 家兼业代理机构名下共虚挂业务 715.85 万元，套取资金 93.6 万元；虚列 313 名保险营销员，套取资金 90.2 万元；给予投保人合同约定以外的利益 223.4 万元。所属合肥中心支公司 2011 年虚列保险营销员 214 名，套取资金 21.2 万元；给予投保人合同约定以外的利益 37.5 万元。

安徽保监局依法对永诚财产保险股份有限公司安徽分公司罚款 15 万元；对所属合肥中心支公司责令其停止接受个人代理人渠道新业务 6 个月；

对安徽分公司市场部负责人警告并罚款2万元；对营业一部负责人、营业二部负责人各处警告并罚款1万元；对合肥中心支公司总经理警告并罚款1万元。

（九）中国人民财产保险股份有限公司深圳市分公司及所属相关机构

主要违法违规行为包括：2010年，所属新洲支公司等机构利用保险专业代理机构虚构保险中介业务，虚假列支手续费223.24万元。所属罗湖支公司利用专业代理机构，将直接承保的某公司车辆保险业务虚构为代理业务，套取手续费15.16万元。2011年，深圳市分公司给予客户保险合同约定以外的利益，向电销客户赠送积分、礼品，涉及保单共计4012单，合计金额45.7万元。深圳市分公司存在未按照规定使用经批准的条款费率，部分费用不真实问题。

深圳保监局依法对中国人民财产保险股份有限公司深圳市分公司罚款55万元，责令其自2011年9月1日起至2011年11月30日，停止接受保险中介机构渠道车险新业务（车行、银行代理，以及保险公司相互代理渠道除外）；对深圳市分公司销售管理部总经理警告、罚款1万元，对车险业务部副总经理警告、罚款1万元，对新洲支公司总经理警告、罚款1万元，对罗湖支公司总经理警告、罚款1万元。

三、整改要求

上述中介业务违法违规行为，违反国家法律法规，违背社会主义市场经济基本规则，背离保险业转方式、调结构的科学发展目标。各保险公司务必清醒认识，高度重视，引以为戒，采取切实措施，认真整改。

（一）切实加强责任追究

基层机构和相关人员受到监管部门处罚的，相关公司要进一步严格按照《保险机构案件责任追究指导意见》及内部制度进行责任追究，特别是要严格落实对高层级管理人员和上级机构管理人员的问责和内部处理。对被处罚和问责的机构和人员要向全公司通报。

（二）开展全面自查自纠

各公司要对照本通报，进一步举一反三，以省级公司为单位部署基层机构开展中介业务合规性自查自纠。彻底查清虚假的、不真实的中介业务规模，全面清理无资质的、不规范的中介业务渠道和机构。在省级公司自查自纠基础上，进一步组织抽查，确保基层机构自查自纠不走过场。

（三）加强改进中介业务管理制度和流程

各公司要着力从制度流程等方面强化中介业务合规管理，科学设定绩效考核机制，将合规要求嵌入考核指标体系；细化对中介渠道、销售人员、代理关系等方面的管理要求；加强内部授权管理，改造优化计算机业务财务管理流程，确保业务财务系统完整真实反映实际业务操作过程和信息；定期开展制度执行情况检查，确保制度有效落实。

各保险公司务必按照上述要求，切实做好整改工作。对不如期整改或者整改走过场的，保监会将视具体情况，进一步采取严厉的后续监管措施。

二〇一一年十一月十四日

附录4：

运用系统管理科学创新构建保险公司中介业务监管检查新体系

——2011年“保险管理科学创新奖”申报材料

近年来，保险中介监管工作紧紧围绕保险监管的根本目标和中心任务，立足保险市场和保险中介监管实际，将系统管理科学创新运用到监管实践中，以监管理论创新为先导、以监管制度创新为依托、以监管实施创新为保障，有效整合监管资源，大力加强保险公司中介业务监管、开展中介业务检查工作，取得了良好的监管效能。从系统管理科学看，加强保险公司中介业务监管（以下简称“项目”）是一个统一整体和系统工程，具有开放性、统一性、整体性、层次性、关联性和结构性等基本特性，是监管实践与管理理论有效结合，本质上是一个整合实践经验的系统性、集成性、整体性监管检查体系创新。

一、项目切合当前形势和背景

加强保险公司中介业务监管、持续开展检查工作，是认真总结中国保监会成立十多年来保险中介监管工作得失、反思监管中所遇到的问题和困境、积极探索的结果，是在新形势下寻求保险中介监管工作跃上新台阶的重要突破口。

（一）原有监管思路和方式面临困境

保险中介监管一直随着我国保险中介市场的发展而探索前行，监管的内涵和外延也在实践中不断丰富和拓展，从单纯的多层次的行政许可工作到形成了一个由市场准入、市场行为监管等许多环节构成的多层次的基本体系。但是，在我国保险业发展站在新起点、进入新阶段的新时期，保险中介市场问题在增多、矛盾在集聚和凸显，保险中介监管在规范市场秩序、保护保险消费者利益上出现了一定的不适应。特别是出现了片面地、孤立地、单纯从保险中介方面来解决保险中介市场中问题的思想，形成了就中介论中介、就中介管中介的思维定式。在认识上将中介市场中的问题简单归咎于保险中介机构，认为管好了保险中介机构，中介市场秩序就好了；在思路上只关注保险中介机构本身，只查处保险中介机构，而忽略对保险公司中介业务经营行为的管控。

在监管实践上，中国保监会成立以来，采取了不少中介监管举措，动用大量监管资源进行现场检查。以2008年为例，现场检查546家保险中介机构，处罚机构112家，吊销12家保险中介机构业务许可证，罚款287.9万元，力度不可谓不大，处罚不可谓不严。然而总体上看，没有达到标本兼治的效果，还出现了一些带倾向性的现象，如对于由保险中介机构和保险公司合谋而为的违法行为，在执行检查及处罚过程中，对二者做不到同查同处，处罚二者的尺度也不一致，存在对保险中介机构畸重、对保险公司畸轻的倾向，这既影响到保险中介机构发展壮大的环境，也制约了保险中介监管的效果。多年来，保险中介市场粗放格局没有根本性的改变，保险中介市场秩序较为混乱的局面没有撼动，严重违法违规行为的势头没有得到遏制，违法违规行为的方式、性质乃至严重程度也未能从根本上改变。一方面，监管部门殚精竭虑地查处各种中介机构非法开展业务、虚开发票等违法行为；另一方面，一些保险公司却乐在其中地利用不真实、不合法、不透明的中介业务操作，非法走费套费行为普遍。这种局面如果不改变，保险中介监管就难以走出监管资源耗费严重、监管效能不高、“违法——查处——反弹——再查处”的困境。

（二）探索构建新体系的实践

为使保险中介监管走出“就中介论中介，就中介管中介”的思维定势，使保险中介市场秩序规范工作实现标本兼治，我们及时总结监管实践的得失，对保险中介监管的重点和方向作出新的判断，确定从源头入手，针对保险中介市场中的突出问题和抓住保险中介监管中的主要矛盾，着重瞄准保险公司，把大力加强保险公司中介业务监管作为重要监管取向，并以持续深入开展保险公司中介业务检查为着力点，着力构建保险公司与保险中介之间真实、合法、透明的合作关系，着力探索从体系创新方面进行中介业务监管的新思路。制度设计上重点强调：一是要确保履行职责，切实反映中介市场的规律，能够抓住主要矛盾，取得扎实成效。二是突出可推广价值和可操作性，有利于在全国范围内大规模铺开检查，要有新的整体设计。三是严格履行相关法律法规的规定要求，以保护保险消费者利益为出发点。四是要坚持创新，优化资源组合，注重提高效率，强调功效突出、分工合理、高效有序。

为此，采取了先小范围求证、后全面推进的方式，首先在北京、上海、河南进行尝试性检查、“解剖麻雀”，揭示出保险公司存在大量虚构中介业务、虚列业务及管理费用、虚减保费、虚构营销员等严重问题。如某支公司虚列中介渠道保费7 256.14万元，占总保费的33.03%，套取资金478.13万元；某营业部虚列业务及管理费用达1 510.41万元，占全部业务管理费的87.78%；某分公司名义营销员数量1 765人，经随机抽查100名营销员资料，81%是虚构的。检查事实表明，保险公司中介业务弄虚作假之风相当严重，证明我们对市场的总体判断是正确的，证明监管检查新体系能够极大地整合监管资源、提高检查效率，创新是卓有成效的。

“解剖麻雀”成功后，立即着手将监管检查新体系在全系统实施运行，进一步取得了良好的效益，验证了创新体系的科学合理，在监管理念、制度实施、检查组织、后续处理等方面走出了一条不同以往的新路，创新了体系，开拓了思路，延展了手段，解决了“做什么，谁来做，为谁做，怎么做，做多少”等一系列问题。当前，保险公司中介业务检查工作已经成为保险中介监管的常规任务，今后将进一步持续深入地加大查处力度。

二、项目丰富了保险中介监管的内涵与做法

监管检查新体系借鉴了系统管理科学理论，将系统管理的开放性、统一性、整体性、层次性、关联性和结构性六个重要特性与中介监管具体实践有效结合，抓理念创新、抓制度创新、抓实施创新。在理念上转变“就中介管中介”的监管思路，在制度上夯实监管检查的法规基础，在实施上抓住关键环节统筹安排。具体内涵和主要做法包括：

（一）创新监管理念——按照系统开放性要求，树立着眼全局、打破封闭、主动出击、抓住关键的全新监管思路

系统管理的开放性要求高度重视系统与周围环境发生的相互联系和相互作用。具体到中介监管中，就是要看到中介监管包括保险公司与保险中介机构两个方面，涉及到业务、财务、资金三个关键因素，是一个开放性的体系，监管要取得实效必须打破原有的只管中介机构的封闭体系，下大力气推进保

险公司中介业务检查工作。要在多个方面实现突破性转变。监管理念上，站在更宽广的视角审视保险中介监管工作，不就中介管中介，从保险公司入手来解决保险中介市场上的问题和矛盾。监管思路上，坚持既管保险中介也管保险公司，重点着眼解决监管上的主要矛盾和市场中的突出问题，旗帜鲜明地将保险公司与保险中介之间不合法、不真实、不透明的合作关系作为保险中介监管重点；监管目标上，务求治本，既要查处市场层面的违法违规问题，更要深入挖掘违法违规原因，彻底铲除市场混乱的根源。

（二）创新监管制度——按照系统统一性要求，出台职责清晰、定性准确、强化检查、严肃处罚的专门规章

系统管理的统一性认为不同层次上的系统运动都存在组织化的倾向，不同系统之间存在着系统同构。因此，保险公司中介业务违法违规具有普遍性、相似性，必须制定统一的监管规则，以制度化的法规提升监管的针对性、操作性、威慑性、有效性。

在“解剖麻雀”中介业务检查取得较好成效基础上，我们进一步针对检查及监管实践中暴露出来的问题，制定了《保险公司中介业务违法行为处罚办法》。这是中国保监会首次就某个领域的违法行为出台专门的处罚规章，是为检查有效实施提前进行的制度创新。该办法在《保险法》基础上更加细化了保险公司中介业务检查的制度条文，从内控管理的规定和要求、禁止性市场行为的规定、违法行为处罚的规定三个角度，对市场上一些较为复杂或危害性大的违法行为的构成要件及特征作了比较全面的界定，依法设定了严厉的罚则，为查处中介业务违法违规建立起了明确的、操作性强的依据和指南；同时，进一步明确了各级保险监管部门对中介业务的监管职责，以法规的形式正式将保险公司中介业务检查纳入保险中介监管常规工作范畴，通过监管创新制度化、体系化，形成了常态化监管的良好态势。

（三）创新组织领导和工作机制——按照系统整体性和层次性要求，建立起统分结合、保障有力、职责清晰、协调配合的组织领导体系和工作模式

系统管理的整体性要求着眼于有机整体，正确处理全局与局部的关系，系统管理的层次性要求处理好系统不同层次的关系，注意它们的区别和联系，抓住关键的层次。在全系统开展检查工作，既涉及工作任务的部署，也涉及保监局的具体执行。通过创新强化了组织领导体系，建立了坚实的检查保障，将各参与主体的职责进行有效划分、层层落实、逐级负责，保证了检查效率和质量。

我们着力构建起一个统分结合、上下一体、左右联动的工作机制，在大的原则、总体目标和基本要求等方面统一规划，通过统一下发检查通知，明确检查深度、时间进度、处罚力度，从整体上把握住检查的大方向和主基调；在具体组织落实上，充分尊重保监局的检查第一责任人角色，放手鼓励保监局结合本地实际开展工作，不设条条框框。保监局在保监会党委统筹领导下，在法律和授权范围内，自主决策和全面履行职责，在统筹全局工作基础上，统一从保监局层面落实任务，打破业务条块界限、跨处室抽调人员组成联合检查组，最大化程度整合监管资源，形成监管合力。中国保监会相关部门立足部门职责，相互配合，多次召开会议推动检查，积极做好督促、服务工作，在政策法律方面加强规划研究，在专业性问题和技术手段上加大支持指导，在一些牵涉广的问题上强化协调沟通，但是不直接介入保监局检查、处罚的具体意见，各司其职，各负其责，形成了检查“比学赶帮超”的良好氛围，为检查工作创造了好的环境和条件。

（四）创新检查制度保障——按照系统关联性要求，建立突出重点、畅通信息、双向对查、强化合作的检查制度

系统管理的关联性要求把握系统、要素、环境之间相互依存、相互制约的关系。具体到中介业务检查中，就是要将检查放在整治市场秩序、保护保险消费者利益的大背景下进行，密切关注信息交流、违规链条、外部协作等要素，既抓重点，又注意关联，形成完善的制度保障。

明确以查处保险公司利用中介业务和中介渠道弄虚作假、虚增成本、非法套取资金等突出问题为重点，集中精力查深查透。选择检查对象强调“选得准、查得了、罚得下”，强调严查重处，保证检查对象的可查性和代表性。

以强化信息交流为主线，营造系统联动、信息顺畅、充分披露的氛围。对内建立开放性信息交流平台、编发检查简报，做到互相促进；对外强化新闻披露，做好行业通报，做到监管压力与市场约束有机结合来促进市场主体合规经营。以做好对保险中介的延伸检查，坚持对同一违法事实双向对查、双向取证、核实证据，根治违法违规的利益链条，贯彻同查同处。积极与工商、税务、银监部门以及检察院、公安系统经济犯罪主管部门沟通协调，寻求外部职能部门支持，突破涉嫌商业贿赂和不正当竞争等多个检查难点。

（五）创新实施运行——按照系统结构性要求，建立把住关口、扎牢过程、严肃处罚、后期跟进的工作运行体系

系统管理的结构性要求正确认识系统内部结构对其整体性能的决定作用，力求形成合理结构。中介业务检查理顺检查工作流程，优化内部工作机制，建立健全各种工作制度，形成一个结构完整、逻辑严密的监管检查链条。

注重检查前期现场培训，采用实地模拟调研、专题剖析案例、角色互动，编写重大疑点询问预案等方式，充分做好对检查人员的前期培训，把检查基础打牢固。积极探索使用各种有效检查手段，充分利用信息技术做好数据提取和证据采集工作，借助外部审计力量迅速找准检查突破口。法制部门介入检查过程，确保程序合法性及法律适用性，把检查过程做扎实。查处中切实做到“责任到人”“处罚到位”，下发《关于依法严肃处理保险公司中介业务违法违规机构和责任人员有关问题的通知》，采取多种方式严肃处理处罚违法违规机构和责任人员，依法严厉实施首次吊销经营保险业务许可证，实施“终身禁止进入保险业”等行政处罚，切实落实依法移送，上追总公司的管控责任，向基层机构问题严重的保险总公司发出监管函，力求从根源上消除违法违规，把检查威力显出来。采取多种后续措施巩固检查效果，积极布置强化非现场监管，组织“回头看”检查以巩固检查成效，编制检查材料汇编，总结固化检查经验，出台下发了针对性的管理文件，把检查效果长效化。

总之，保险公司中介业务监管检查体系创新，抓住系统管理的六个重要特性，结合实际，创新性地把计划、组织、指挥、协调、控制等管理要素要求全面融入检查整体，管理制度上实现统分结合、各负其责；管理理念上找准市场违规要害、重在治本；管理功能上讲求整合监管资源、形成合力；管理方式上力求多措并举，务求实效。整体来看，监管检查新体系针对性好、可实施性强，在组织部署、职责功能、检查效果等方面的成效均较以往大大提高。

三、项目实施成效明显

加强保险公司中介业务监管检查的出发点和落脚点在于保护保险消费者利益，而评判检查成效的标准在于监管效益。监管检查体系创新必须能在一定的监管资源约束条件下实现最大的监管、经济、社会效益，即最大程度地统筹好、利用好有限的监管资源。中介业务监管检查体系取得了良好效益，开创了保险中介监管的新局面，可简要概括为以下几个方面：

（一）深刻揭露了违法违规问题，意义深远

中介业务检查深刻揭露了违法违规问题，从违法违规涉及的保费来看，被查处的保险公司均有相当程度的保费被用来不法套取资金，数据真实性存在较大的偏差；从保险公司的利润来看，大量被套取资金流向了公司体系外部，直接损害了公司的经营成果。由此可见，保险公司的保费和利润就在弄虚作假的违法违规中被消耗。保险公司中介业务检查就是要加强监管、堵住漏洞，现实意义毋庸讳言。

（二）严厉重处了违法违规行为，影响广泛

以2010年的检查为例，查实58个基层保险机构通过各种违法违规手段非法套取现金达1.4亿元。其中，33个机构通过虚增中介业务、少计直接业务，非法套取资金7 105万元；35个机构以虚列业务及管理费用等多种手段非法套取资金3 466万元；7个机构以批单退费、虚假核销、埋单和阴阳保单截留保费收入等违法操作少计保费收入、非法套取资金3 193万元；20个机构向投保人给予合同以外利益1 085万元、向投保单位经办人员提供不当利益756万元，还有大量资金被私分和近6 000万元的资金去向不明。检查事实有

力揭示了保险公司中介业务违法违规的普遍性和严重性。

查深查透、“出重拳、动真格”给了保险公司很大震撼，之后的严肃处罚则在行业内警示了市场主体。在2010年检查中，共处罚保险公司及保险中介机构117家，向15家保险总公司下发监管函，吊销1家省级公司营业部经营保险业务许可证，罚款合计1 323万元；处理责任人员138名，行业终身禁入2人；向税务、公安、司法等部门移送违法线索15起。这些处罚切实让违法违规机构和人员付出代价，有效地将监管促变的外部压力转化为保险公司求变的内在动力。

（三）树立了监管部门良好的社会形象

保险公司中介业务检查组织严密、措施得力，是监管部门整合监管资源、加大监管力度的持续性监管动作，向外界表明监管部门对于行业中出现的问题有对策、有行动、有效果，得到了社会各界的认可，树立了监管部门“敢抓敢管、守土有责”的正面形象。检查震动了市场主体，减少了商业贿赂发生的风险，规范了经营行为，优化了市场环境。同时，督促市场主体树立长期健康可持续发展的价值观，有效促进了行业发展风气的转变。2010年的保险公司中介业务检查，分别入选由《金融时报》、中国保险行业协会与中国保险学会联合评选的“2010年中国保险十大新闻”、由《证券日报》评选的“2010年中国保险业十大焦点事件”，以及由《中国保险报》评选的“2010年中国十大保险新闻”，充分肯定了检查取得的社会成效，表明检查得到了社会各方面的认可。

（四）理顺了工作机制，锻炼了监管队伍

监管检查新体系理顺了上下一体、内外协调的工作机制，可操作性高，实践性强，使得检查组织体系更加完整，检查效率大为提高，具有很强的推广性、适应性。检查组织领导、过程监控、工作要点、实施控制都已明确，联系、反馈机制更加完善。保监局对于组织开展检查更加得心应手，信心明显增强，各保监局之间工作交流增加，经验方法能及时共享。监管干部在检查中提高了现场检查的实战能力，深化了对市场问题和监管规律的认识，提高了对市场系统性风险的敏锐度，增强了从整体上把握判断保险市场问题和风险的能力。可以说，检查有效地提高了监管队伍的整体水平和能力。

（五）提升了保险数据真实性和全行业经营管理水平

保险公司中介业务检查实实在在地触动了保险公司，在保监会明确要求加强保险中介业务整改之后，各保险公司纷纷采取专项审计稽核、内部追责、法规培训、系统改进等措施，规范业务、财务操作，强化信息系统的建设。检查的切实举措不但使保险经营数据真实性大为提高，同时保险公司经营各项指标也相应向良好的方向转变。如：某保监局监测显示，经过2010年的检查后，辖区内中介渠道数据真实性有所提高，全省产险公司通过中介渠道实现的保费占比由2009年的89%下降为2010年79%。某保监局监测显示，被检查对象2010年年底直接业务保费占比同比上升20.36个百分点；同时，已赚保费综合费用率、综合赔付率、综合成本率分别同比下降。某保监局监测显示，被检查对象综合费用率下降5个百分点，承保利润率上升5.15个百分点。

总之，保险公司中介业务监管检查新体系突出了创新性、实践性和效益性这三个关键因素，紧紧抓住“现场检查”一条线，作用于“规范市场”一个面，服务于“保护保险消费者利益”一个整体，取得了较好的成效。创新性方面，以丰富的监管实践和统筹思考为基础，寻找到中介监管的突破口，提出了全新的中介监管理念，开辟了中介监管的全新领域。实践性方面，注重监管检查的具体实施，既设定统一的检查目标，也尊重各保监局的监管实际，突出可操作性、有效性。效益性方面，检查把能否取得实效作为评价检查的重要标准，做到“看结果、见实效”，争取监管目标、行业发展和社会评价的一致性。

保险公司中介业务监管检查体系创新得到了中国保监会党委的充分肯定，监管思路措施、独创做法、关键原则及实践经验在保险监管系统内得到广泛认可。会党委从政策支持、机构设置、人员配置等方面为检查工作提供了更为便利的条件，支持保险公司中介业务监管检查成为一项常态化监管措施。2010年和2011年的检查通知均以该年保监发1号文形式下发，证明了保险公司中介业务监管检查经受了实践的检验，是一项有效、有力的监管创新。这项工作的开展标志着保险中介监管工作更加成熟，必将更大地促使保险中介市场秩序有效好转，更好地保护广大被保险人的利益。

附录5：

保险公司中介业务检查记事

（2009～2011年）

2009年

1月　中国保监会根据年初全国保险监管工作会议精神和工作重点，选择在北京、上海、河南进行保险公司中介业务检查，“解剖麻雀”。

2月　中国保监会在北京召开专题会议，陈文辉主席助理布置检查工作任务，3家保监局开始进场检查。

3月　中国保监会在上海召开检查交流会，研究进一步深入推进检查工作。

4月　中国保监会在郑州、北京分别召开检查及监管规定制定工作交流会，研究检查收尾阶段工作及监管规定制定细则。

5月　3家保监局检查结束，并向中国保监会提交检查报告。

6月　中国保监会有关部门形成《保险公司中介业务检查报告》并报中国保监会会领导。

7月　中国保监会组织相关部门、部分保监局、专家学者起草出台《保险公司中介业务违法行为处罚办法》。

8月　中国保监会召开主席办公会专题研究保险中介监管工作，吴定富主席发表重要讲话，充分肯定了检查的成效。

9月　中国保监会颁布《保险公司中介业务违法行为处罚办法》（中国保

险监督管理委员会令2009年第4号)，为规范保险公司中介业务违法违规提供了明确的政策法规。

10月26日　中国保监会在北京召开贯彻落实《保险公司中介业务违法行为处罚办法》视频工作会议，陈文辉主席助理发表重要讲话，保监局、保险公司相关人员参加会议。

11月4日~6日　中国保监会在长沙举办保险中介监管培训会议。陈文辉主席助理出席会议并讲话，保监局中介处处长和业务骨干、中国保监会机关有关部门共100余人参加。陈文辉主席助理强调，保险监管干部要在实地检查中提高基本功，在实战中增长才干，切实抓好保险公司中介业务检查工作。

11月16、17日　陈文辉主席助理在北京主持召开保险公司中介业务座谈会，了解保险公司贯彻执行《处罚办法》情况。6家保险公司总公司、7家保险公司在京分支机构负责人分别参加了座谈。

11月19日、20日　陈文辉主席助理在海口召开座谈会，听取保监局对检查工作的意见和建议，并深入海南省2家保险公司县支公司实地调研，进一步了解掌握基层保险机构对《处罚办法》的落实情况。

12月4日、5日　陈文辉主席助理在武汉召开座谈会，听取保监局对检查工作的意见和建议。会议就开展保险公司中介业务检查进行了深入探讨，进一步统一了思想认识，在抓好保险公司中介业务检查、从根本上规范保险中介市场秩序的思路上取得了统一。

12月7日　在上海召开2010年保险公司中介业务检查现场检查方案征求意见座谈会，部分保监局提出了相关意见建议，进一步完善检查方案。

12月24日　吴定富主席就保险公司中介业务检查工作作出重要批示，充分肯定了前一阶段的工作成果，对2010年严肃查处保险公司中介业务违法违规行为提出了明确的时间和任务要求。

12月28日　陈文辉主席助理主持召开会议，专题研究保险公司中介业务检查工作。中国保监会产险部、寿险部、中介部、法规部、稽查局负责同志对如何进一步做好中介业务检查工作提出了意见建议。

2010 年

1 月 1 日　中国保监会以“保监发［2010］1 号”下发了《关于开展保险公司中介业务现场检查工作的通知》，部署 2010 年中介业务现场检查工作。

1 月 5 日　中国保监会召开 2010 年保险公司中介业务检查工作会议，陈文辉主席助理发表重要讲话，就做好 2010 年中介业务检查工作提出明确而具体的要求。

2 月 10 日　陈文辉主席助理专门听取检查工作情况汇报，并就下一步检查工作作出重要指示。

3 月 17、19 日　陈文辉主席助理相继在福州、郑州召开座谈会，部分保监局，中国保监会中介部及法规部负责人参加了会议，陈文辉主席助理对下一阶段工作提出了明确要求。座谈会上，相关负责人就大家提到的有关问题及《关于依法严肃处理保险公司中介业务违法违规机构和责任人员有关问题的通知》作了说明。

3 月 26 日　中国保监会召开第二次保险公司中介业务检查工作会议，陈文辉主席助理发表了重要讲话，充分肯定了前期各局的检查进展，对下一阶段查深查透、严肃处理提出了明确要求。

4 月 1 日、7 日、9 日　连续在西安、重庆、杭州召开保险公司中介业务检查工作主查人经验交流会议。中国保监会中介部及法规部有关负责人、保监局主查人参加了会议，北京、河南、广西三个保监局介绍了检查经验与做法。

4 月 21 日　陈文辉主席助理在贵州主持召开座谈会，听取保险公司中介业务检查检查进展，与部分保监局、中国保监会相关部门共同研究下阶段如何做好严肃依法处理违法违规机构和责任人员问题。

4 月 28 日及 5 月 14 日、21 日　中国保监会中介部及法规部分别在郑州、济南、南宁三地与河南、山东、广东、广西四家保监局进行了检查及处罚情况交流，就检查处罚适用条文、如何依法从重处理、移交移送等进行了交流讨论。

5月28日　陈文辉主席助理在哈尔滨主持召开了依法处理保险公司中介业务违法违规问题座谈会议，针对保监局反映比较集中的有关问题以及保监局提及的有关顾虑，重申了中国保监会严肃查处的态度。

6月10日　陈文辉主席助理在宁波主持召开第二次依法处理保险公司中介业务违法违规问题座谈会议，针对保监局反映比较集中的有关问题以及保监局提及的有关问题，重申了中国保监会严肃查处的态度。

7月27日　魏迎宁副主席召集会机关相关部门及北京保监局研究对某保险公司北京分公司的处罚意见，并约见该保险公司总公司负责人。

8月25日　中国保监会召开2010年保险公司中介业务检查情况通报会，陈文辉主席助理发表重要讲话，全面总结回顾了这次检查工作，指出要坚持对保险公司中介业务违法违规问题严查重处、常抓不懈，并对下一步工作提出了具体要求。

8月26日　中国保监会相关部门组织召开2010年保险公司中介业务检查情况媒体记者通报会，向15家中央媒体的记者通报了检查情况。

11月1日　陈文辉主席助理在长沙组织召开2010年保险公司中介业务检查总结座谈会，充分肯定2010年中介业务检查的成绩，听取了与会保监局对工作的建议和体会，对下一阶段继续开展中介业务检查作出了明确指示。

11月18日、19日及12月9日、10日　在北京组织2010年保险中介监管干部培训班，相关负责人介绍了中介监管工作情况，部分保监局主查人员讲解了现场检查方法与技巧，与会人员就中介监管进行了充分交流与互动。

2011年

1月1日　中国保监会以“保监发［2011］1号”下发了《关于进一步加大保险公司中介业务违法行为查处力度　清理整顿保险代理市场的通知》，部署2011年中介业务现场检查工作。

1月　2010年的保险公司中介业务检查分别入选由《金融时报》、中国保险行业协会与中国保险学会联合评选的“2010年中国保险十大新闻”、由《证券日报》评选的“2010年中国保险业十大焦点事件”以及由《中国保险报》评选的“2010年中国十大保险新闻”，保险公司中介业务检查得到了社会各方面的认可。

2月　《保险公司中介业务检查指引》编写小组在广州召开编写座谈会，就本指引的编写体例、框架、内容、进度进行了研究和安排。

3月　在北京组织召开了中介业务检查主查人培训会议，组织36家保监局主查人交流检查经验及方法；组织稽核软件培训视频会议，统信部有关人员为全系统中介监管干部进行了系统的稽核软件培训。

4月　分别在济南、南宁、广州调研中介业务检查处理情况，传达中国保监会会领导对于中介业务检查处罚工作的指示精神，推动检查工作深入开展。

5月　陈文辉主席助理在厦门组织召开保险公司中介业务检查座谈会，系统回顾了三年来检查的经验和心得，高度肯定了中介业务检查取得的成效，并对尽快完成2011年检查工作提出了明确要求。

6月　魏迎宁副主席在关于中介业务检查处罚措施签报上批示：“保监局对保险公司中介业务进行现场检查，不仅周密部署，查深查透，而且依法处罚，坚持‘同查同处’和‘双罚制’原则，值得肯定。建议进一步从制度、机制上杜绝保险公司中介业务违规问题。”充分肯定了中介业务检查中一直坚持的严肃处罚原则。

7月　在甘肃召开2011年保险公司中介业务检查处罚会议，与会保监局交流了中介业务检查处罚处理情况，充分肯定了严肃查处对检查成效的深化和推动作用，对做好下一步的工作进行了深入探讨。

11月　保险公司中介业务检查项目获中国保险学会“保险管理科学创新奖”。该奖项评选主要面向2006年《国务院关于保险业改革发展的若干意见》文件下发以来、保险企业经营管理领域和保险监督管理领域在创新科学发展方面的有效成果。

附录6：

保险公司中介业务检查相关法律法规名录

《中华人民共和国保险法》

（2009年2月28日第十一届全国人民代表大会常务委员会第七次会议修订）

《保险营销员管理规定》

（中国保险监督管理委员会令2006年第3号）

《保险公司管理规定》

（中国保险监督管理委员会令2009年第1号）

《保险公司中介业务违法行为处罚办法》

（中国保险监督管理委员会令2009年第4号）

《保险专业代理机构监管规定》

（中国保险监督管理委员会令2009年第5号）

《保险经纪机构监管规定》

（中国保险监督管理委员会令2009年第6号）

《保险公估机构监管规定》

（中国保险监督管理委员会令2009年第7号）

《中国保险监督管理委员会行政复议办法》

（中国保险监督管理委员会令2010年第1号）

《保险公司董事、监事和高级管理人员任职资格管理规定》

（中国保险监督管理委员会令2010年第2号）

《中国保险监督管理委员会行政处罚程序规定》

（中国保险监督管理委员会令2010年第5号）

《关于印发〈保险兼业代理管理暂行办法〉的通知》

（保监发［2000］144号）

《关于印发〈关于保险业开展治理商业贿赂专项工作的实施意见〉的通知》

（保监发［2006］26号）

《关于印发〈中国保监会关于在行政执法中及时移送涉嫌犯罪案件的规定〉的通知》

（保监发［2008］37号）

《关于加强协作配合共同打击保险领域违法犯罪行为的通知》

（保监发［2009］87号）

《关于印发〈中国保监会现场检查工作规程〉的通知》

（保监发［2009］115号）

《保险机构案件责任追究指导意见》

（保监发［2010］12号）

《关于严厉打击利用保险业务从事商业贿赂行为的通知》

（保监发［2010］106号）

《关于加强保险公司中介业务管理的通知》

（保监发［2010］107号）

《关于印发〈商业银行代理保险业务监管指引〉的通知》

（保监发［2011］10号）

《中国保险监督管理委员会、中国银行业监督管理委员会关于保险监督管理机构查询保险机构及相关单位和个人在金融机构账户有关问题的通知》

（保监发［2011］21号）

《关于印发〈中国保监会行政处罚裁量适用规则（试行）〉的通知》

（保监发［2011］51号）

《关于依法严肃处理保险公司中介业务违法违规机构和责任人员有关问题的通知》

（保监中介［2010］248号）

《关于明确保险机构案件责任追究管理有关问题的通知》

（保监稽查［2011］1539号）

《中华人民共和国发票管理办法》

（根据2010年12月20日《国务院关于修改〈中华人民共和国发票管理办法〉的决定》修订）

《中华人民共和国反不正当竞争法》

（1993年9月2日第八届全国人民代表大会常务委员会第三次会议通过。1993年9月2日中华人民共和国主席令第10号公布，自1993年12月1日起执行。）

《中华人民共和国税收征收管理法》

（2001年4月28日第九届全国人民代表大会常务委员会第二十一次会议修订）

《中华人民共和国会计法》

（1999年10月31日第九届全国人民代表大会常务委员会第十二次会议修订）

《中华人民共和国治安管理处罚法》

（2005年8月28日第十届全国人民代表大会常务委员会第十七次会议通过）

《中华人民共和国行政处罚法》

（1996年3月17日第八届全国人民代表大会第四次会议通过，1996年3月17日中华人民共和国主席令第六十三号公布，自1996年10月1日起施行）

《中华人民共和国刑法》

（1997年3月14日第八届全国人民代表大会第五次会议修订）

《最高人民检察院公安部关于公安机关管辖的刑事案件立案追诉标准的规定（二）》

后　记

在中国保监会陈文辉副主席的直接领导和指导下，保险公司中介业务检查工作已经持续进行了三年，取得了行业和社会公认的监管实效。在实践中形成了许多好的经验和做法。及时整理、提炼，使之成为比较系统、完整的检查方法体系，对于进一步提高监管水平和效率，具有重大意义。

我们本着边探索、边总结的原则，群策群力，历时10个月完成了《保险公司中介业务检查指引》一书。期间在系统内两次征集检查方法、案例，两次召开编写专题会议，一次公开征求意见。《保险公司中介业务检查指引》聚焦于保险公司中介业务检查，坚持从检查中来，到检查中去，力求能为广大监管干部提供借鉴和参考。

在本书编写过程中，各保监局认真整理并提供检查方法和检查案例，积极提出修改意见和建议；黑龙江保监局、江苏保监局、安徽保监局、河南保监局、广东保监局、广西保监局、宁夏保监局为编写工作提供了支持和便利。张静波、田滨、吴俊、王建涛、徐君良、雷军、莫利宁、宫润兰等同志做了许多协调工作，郑立平、封扬、刘文、马长林、刘昕、杜鑫等同志在完成繁重本职工作的同时，还承担了相关部分的撰写任务。在此，我们一并表示诚挚谢意。

由于水平有限，不足之处，敬请指正。

本书编委会

二〇一一年十一月